Maruszki Judit

SZÓ, AMI SZÓ

Magyar–angol tematikus szólástár
Hungarian Idioms by Topic

Maruszki Judit

SZÓ, AMI SZÓ

Magyar–angol tematikus szólástár
Hungarian Idioms by Topic

AKADÉMIAI KIADÓ

Szakmai lektor:
MORVAY ZSUZSANNA

Angol fordítás és lektorálás:
ELISABETH SZASZ
JANE POGSON

Szerkesztő:
THIMAR MÁRTA

Munkatársak:
PAPP ZSUZSANNA
TÖRÖK TÜNDE

ISBN 978 963 05 9063 1

Kiadja az Akadémiai Kiadó
1117 Budapest, Budafoki út 187–189.
www.akademiai.hu
www.szotar.net

Első kiadás: 2012
Változatlan utánnyomás: 2023

A kiadásért felelős az Akadémiai Kiadó igazgatója
Felelős szerkesztő: Thimar Márta
Termékmenedzser: Kiss Zsuzsa
Tördelés: Alinea Kft.
Borítóterv: Gerher Gábor/Art-And
Nyomdai munkálatok: Sowa Sp. z o.o.

Minden jog fenntartva, beleértve a sokszorosítás, a nyilvános előadás, a rádió- és televízióadás, valamint a fordítás jogát, az egyes fejezeteket illetően is.

Printed in Poland

TARTALOM

1. KIRÁZZA A KISUJJÁBÓL 9
A kulcsszavak az emberi testtel, a testrészekkel, a szervekkel, a külső megjelenéssel kapcsolatos főnevek
Feladatok 31

2. KITESZÜNK MAGUNKÉRT 41
A kulcsszavak emberekkel, emberi tulajdonságokkal kapcsolatos főnevek

3. HELYBEN VAGYUNK 44
A kulcsszavak mindennapi életünk helyszíneivel kapcsolatos főnevek
Feladatok 49

4. SZÖGET ÜTHET A FEJÉBE 54
A kulcsszavak hétköznapi használati tárgyakkal, élelmiszerekkel, bútorokkal, ruhaneműkkel, a ház részeivel, járművekkel kapcsolatos főnevek
Feladatok 77

5. A BŐSÉG ZAVARA 86
A kulcsszavak átvitt fogalmakkal, érzésekkel, állapotokkal kapcsolatos névszók
Feladatok 114

6. NAPNÁL IS VILÁGOSABB 124
A kulcsszavak természeti, időjárási és fizikai jelenségekkel kapcsolatos főnevek
Feladatok 134

7. NEM ÁRULUNK ZSÁKBAMACSKÁT 139
A kulcsszavak állatokkal, az állatok élőhelyével, állati szervekkel, az állatok gondozásával és szerszámokkal kapcsolatos főnevek
Feladatok 146

8. KEMÉNY DIÓ 151
A kulcsszavak növényekkel, gyümölcsökkel, fűszerekkel és a növények részeivel kapcsolatos főnevek

9. HÁNYADÁN ÁLLUNK? 156
A kulcsszavak igék vagy határozószók
Feladatok 164

10. BEDOBJUK A MÉLYVÍZBE 170
Összefoglaló feladatok

MUTATÓ 192

MEGOLDÓKULCS 210

Kedves Nyelvtanuló! Kedves Nyelvtanár!

Az anyanyelvi nyelvhasználó gyakran használ és könnyen értelmez szókapcsolatokat, szólásokat, idiómákat. A magyar nyelvet tanuló külföldiek azonban általában nehezen igazodnak el az idiómák világában. A közkézen forgó magyar mint idegen nyelv tankönyvek és segédkönyvek tapasztalataink szerint mostohán bánnak az állandósult szókapcsolatokkal. Ritkán fordulnak elő bennük idiómák, a használatuk gyakorlásához szükséges feladatokra pedig szinte nincs is példa. Könyvünk azoknak készült, akik a magyar nyelv tanulásában, a szókincs elsajátításában már eljutottak a biztos alapok megszerzéséig, és erre a tudásra támaszkodva szeretnék fejleszteni nyelvtudásukat. A szókincs szisztematikus bővítéséhez nyújtunk segítséget: ahhoz, hogy a nyelvtanuló megismerkedjen a szólásokkal, és eligazodjon az idiómák körében – elsősorban a passzív készségekre, azaz a megértésre összpontosítva, ugyanakkor a játékosabb feladatokkal az aktív nyelvhasználatra is ösztönözve.

Hogyan épül fel a könyv?
A köznyelvi, a mindennapi nyelvhasználati körből kiválasztott idiómákat kulcsszavuk alapján nagyobb tematikus csoportokba osztottuk: az ember, állatok és növények, természeti jelenségek stb. Az idiómák az ábécé szerint sorba rendezett kulcsszó alatt jelennek meg magyar nyelvű magyarázatukkal, angol megfelelőjükkel és minden esetben egy élő nyelvi, autentikus példamondattal. A szólások angol megfelelőinek megadásakor – amennyiben több lehetőség is volt – azokat a fordításokat részesítettük előnyben, amelyek szóhasználatukban, szerkezetükben a legközelebb állnak a magyar idiómához. A példamondatok témáihoz, szókincséhez felhasználtuk az internetes sajtót, valamint a beszélt nyelvet, hogy a nyelvtanuló a lehető legaktuálisabb nyelvi környezetben találkozzon az idiómákkal. A tematikus fejezetek végén az adott fejezet szólásait gyakoroltató feladatok találhatók, amelyeket egyéni vagy tanár által vezetett, csoportos felhasználásra egyaránt ajánlunk. A 2. és 3. rész, illetve a 8. és 9. rész anyagát közös feladatsorok gyakoroltatják. A feladatsorok záró feladatát (szerepjátékokat) kifejezetten csoportban és tanári segítséggel javasoljuk feldolgozni. A tematikus fejezetek és feladatok, valamint a kötet teljes anyagára támaszkodó összefoglaló feladatok után következik a kötet valamennyi szólását tartalmazó, ábécérendes *Mutató*. A *Megoldókulcs* segítségével a kötetet önállóan használók is ellenőrizhetik megoldásaikat.

Hogyan érdemes használni a könyvet?
A tanuló érdeklődésének vagy az általa éppen tanult témakörnek megfelelően javasoljuk az anyagban való szemezgetést és válogatást. Az idiómatanulás a szókincs tanulásának szerves része lehet, tehát a szókincs tanításában bevált módszereket és feladatokat érdemes alkalmazni. Ugyanakkor, ha valakinek éppen az angol megfelelőre vagy a magyar nyelvű magyarázatra van szüksége egy idióma értelmezéséhez, a kötet ebben is segítséget nyújt. Egy-egy feladat megoldásával is el lehet kezdeni az idiómákkal való ismerkedést, például a szövegértési feladatokkal. Az összefoglaló feladatokba akkor érdemes belekezdeni, amikor a tematikus részben való jártasság már kialakult.

Kiknek ajánljuk a könyvet?
A könyv idiómái és feladatai elsősorban a középszintet, azaz a B2-t célozzák meg. Minden esetben jelöltük, ha az adott idiómát már B1-es (kezdő) szinten is érdemesnek tartjuk megmutatni, illetve ha az idiómát alkotó szavak vagy az egész idióma jelentése, esetleg stílusértéke miatt inkább a C1-es (felsőfokú) szinthez tartozik. A köznyelvi kifejezések mellett nagyobb számban közlünk bizalmas *(biz.)* stílusrétegű szólásokat, ennél jóval ritkábban szleng szófordulatokat. A könyvet tehát elsősorban azoknak a magyart mint idegen nyelvet tanuló külföldieknek ajánljuk, akik a nyelvtanulásnak megközelítőleg B2-es szintjén állnak. Feltétlenül hasznosnak gondoljuk ECL vagy Origo nyelvvizsgákra való felkészüléshez. Ajánljuk másod- vagy harmadgenerációs, magyar származású diákoknak is, akik szeretnék elmélyíteni, bővíteni magyar nyelvi tudásukat. Haszonnal forgathatják a szombati és vasárnapi iskolák idősebb diákjai (12-14 éves kortól kezdve), illetve az őket tanító tanárok is meríthetnek belőle ötleteket.

Kellemes böngészést, sikeres nyelvtanulást kívánunk!

A szerző

Dear Students and Teachers,

When using your own first language, you will often use – and easily understand – idiomatic expressions and stock phrases. However, learners of a foreign language – in our case, Hungarian – usually find it quite difficult to make head or tail of such phrases. In our experience, the standard textbooks and other supplementary materials for Hungarian as a second language do not pay particular attention to idiomatic expressions: phrases are rather scarce in them, and there is hardly any precedent for practice tasks that focus on them. Our book has been designed for people who have already reached a certain level of proficiency in Hungarian, have established a firm basis in terms of the essential vocabulary, and now wish to broaden their knowledge of the language. We aim to help these learners to systematically expand their vocabulary by familiarizing them with some idiomatic expressions. Although we focus mainly on receptive skills – comprehension in particular – we also offer some more communicative activities that are designed to promote the active use of the language.

The structure of the book
We have divided the idiomatic expressions, which were carefully selected from plain and simple, everyday Hungarian, into broad thematic groups such as people, animals, plants, natural phenomena, etc. on the basis of their key words. The idioms are listed in the alphabetical order of their key words, with an explanation or definition in Hungarian, the English translation and a sample sentence which has been taken from authentic, living Hungarian in each case. When choosing the English equivalent for a Hungarian idiom, if there were multiple solutions available, we always picked the one that stood closest to the Hungarian phrase in terms of its word-content and structure. In order to provide you with the most natural linguistic environment, we used the internet and the spoken language as sources for the sample sentences. At the end of each thematic chapter, you will find tasks and activities that focus on the expressions introduced in that particular chapter. The materials in Chapters 2 and 3, as well as in Chapters 8 and 9, can be practiced with common tasks and activities. We strongly recommend that the final tasks (the role-play activities) in each section should be carried out in groups with the help of a teacher. Following the thematic chapters and the corresponding tasks, you will find an Index which lists all the idiomatic expressions that are introduced in the book in alphabetical order. If you are using the book on your own, you can check your answers with the help of the Key at the end of the volume.

What is the best way to use the book?
We suggest that the student should browse through the book and select the idioms they will focus on according to the students' interest or the thematic nature of the material that they are currently studying. Learning idiomatic expressions can be regarded as an integral part of vocabulary development, so it is quite likely that the techniques, tasks and activities that are routinely used in the teaching of vocabulary will also be appropriate here. At the same time, however, if you require an English equivalent or a Hungarian language explanation to be able to understand an idiom, you will find help in the book as well. You can also start studying stock phrases by doing a particular task, such as one of the reading comprehension tasks. The comprehensive tasks at the end of the book should, however, be done only when you have acquired the necessary skills in the individual thematic chapters.

Who is this book meant for?
The idiomatic expressions in this book represent Intermediate or B2 level. In each and every case we indicated whether we thought it was worth introducing a phrase as early as the B1 (Beginner) level, or where we believed that a particular idiom belonged to the C1 (Advanced) level. Besides standard idioms, we also use quite a large number of informal (marked *biz*) expressions, and, in a very limited number of cases, even slang terms. So the book is meant primarily for students who are approximately at a B2 level of proficiency. We believe that it will definitely be useful when preparing for the ECL or Origo language examinations. We also recommend it for second- or third-generation descendants of Hungarian emigrants. It is also likely to be useful for the more mature (age 12-14 onwards) students of Saturday and Sunday Schools, and will probably prove to be useful resource material for the teachers who teach them.
Happy browsing and successful learning to all!

The Author

KIRÁZZA A KISUJJÁBÓL

AGY

agyára megy vkinek *biz.*   *B1* drive sy round the bend
a) bosszant, idegesít vkit annoy sy; irritate sy
b) megbolondul vmitől make sy crazy

| Két nappal hamarabb hazajöttünk a nyaralásból, mert már egymás agyára mentünk.
| Nem tudok egy értelmes mondatot se kimondani, agyamra ment a sok tanulás.

agyba-főbe dicsér vkit praise sy to the skies; sing sy's praises
eltúlozva dicsér praise to excess

| A bátyám agyba-főbe dicsérte az új barátnőjét, pedig se nem szép, se nem okos.

agyba-főbe ver vkit thrash sy to within an inch of his life
nagyon megver beat hard

| A meccs után a részeg szurkolók agyba-főbe verték egymást, végül a rendőrségnek kellett közbelépnie.

eldurran az agya *biz.* blow one's top
elveszti a türelmét, mérges lesz lose one's patience; become angry

| Eldurrant az agyam, mikor megtudtam, hogy az öcsém tönkretette a vadonatúj biciklimet.

AJAK

csüng vki ajkán hang upon sy's words
ámulva/csodálattal figyel vkit watch sy with wonder/admiration

| Olyan érdekesen mesélt afrikai kalandjairól, hogy mindannyian csüngtünk az ajkán.

ÁLL

leesik vkinek az álla vmitől   *B1* make sy's jaw drop
nagyon meglepődik, csodálkozik vmin be very surprised or amazed at sg

| Mindenkinek leesett az álla, mikor megtudták, hogy a főnök már 60 éves. 50-nek se néz ki.

ARC

vkinek az arcába *v.* **a képébe vág vmit** let sy have sg straight; give sg to sy straight
kellemetlen dolgokat kíméletlenül megmond tell sy sg unpleasant in a frank way
vkinek

| A vendég dühös lett a rosszul sikerült frizura miatt, és a fodrász arcába vágta a véleményét.

vkinek az arcára fagy *v.* **lefagy az arcáról** his smile falls away; the smile (laugh) is wiped
a mosoly (a nevetés) off his face
abbahagyja a mosolygást, megdermed az stop smiling; his face freezes (e.g. on hearing
arca (pl. kellemetlen hír hallatán) bad news)

| A híres színésznőnek arcára fagyott a mosoly, mikor megtudta, hogy nem ő kapta meg a főszerepet.

vkinek az arcára van írva vmi   *B1* sg is written all over one's face
látszanak az arcán az érzései, gondolatai one's feelings/thoughts show on one's face

| A kisfiúnak az arcára volt írva, hogy utálja a párolt sárgarépát.

ég vkinek az arca (vmitől) — one's face is burning/flushed
nagyon szégyelli magát — be very ashamed of oneself

| Tamás arca égett a szégyentől, amikor az eredményhirdetésen megtudta, hogy egyedül ő bukott meg a vizsgán.

ARCIZOM
vkinek az arcizma se rándul C1 — not bat an eyelid; not turn a hair
nyugodt marad, nem mutatja ki az érzelmeit — stay calm; not show one's feelings

| Arcizma se rándult, mikor megtudta, hogy nem kap jutalmat.

BAJUSZ
a baj(u)sza alatt — under one's breath
halkan, magában — in a low voice; softly

| Az apám soha nem vitatkozik, csak a baj(u)sza alatt morog kicsit.

összeakasztja a baj(u)szát vkivel — be at loggerheads with sy
vitába száll/keveredik vkivel — enter into a controversy/debate

| A szobatársammal jól megértettük egymást, de most egy apróság miatt összeakasztottuk a baj(u)szunkat.

BÉL
elhúzza a belét *szleng* C1 — push off; bugger off *szleng*
elmegy, elfut — leave; run away

| A fickó gyorsan elhúzta a belét, amikor látta, hogy senki nem akar vele beszélgetni.

kihányja a belét *biz.* — be sick as a dog; throw one's guts up
mindent kihány, undorodik vmitől — vomit badly; have an avertion to sg

| A belem is kihánytam, olyan gusztustalan volt a döglött állat.

BOKA
megüti a bokáját C1 — get one's fingers burned
bajba kerül vmi miatt, megbüntetik vmiért — get in trouble because of sg; be punished for sg

| Könnyen megütheti a bokáját, ha továbbra is számla nélkül dolgozik.

BŐR
bőrig ázik B1 — get soaked to the skin
nagyon megázik, teljesen átázik az esőben — get very wet; get wet through in the rain

| Bőrig áztunk, mert elfelejtettünk esernyőt vinni.

ép bőrrel megússza (a dolgot) — get away in one piece
veszélyes helyzetből sérülés nélkül megmenekül, sértetlenül kerül ki vmiből — escape from a dangerous situation without injury; get out of sg uninjured

| A vízi mentők kimentették a bajba került vitorlázót, aki szerencsére ép bőrrel megúszta a balatoni vihart.

leég a bőr vkinek a képéről/arcáról — die (of embarrassment); sy's face is burning
nagyon szégyelli magát — be very ashamed or embarrassed

| Rajtam kívül mindenki vitt ajándékot a vendégségbe. Majd' leégett a bőr a képemről szégyenemben.

majd' kiugrik a bőréből — be beside oneself with joy; jump for joy
nagyon örül, boldog — be very pleased; be happy

| Majd' kiugrottam a bőrömből, amikor megtudtam, hogy elutazhatok New Yorkba.

nem fér a bőrébe
nyugtalan, nem bír magával, nem tud nyugodt maradni

have ants in one's pants; cannot sit still
be restless; cannot remain calm

| Látom, kisfiam, nem férsz a bőrödbe! Ha így folytatod, nem kapsz fagyit!

nincs jó bőrben v. **rossz bőrben van** B1
rossz egészségi állapotban van

look out of sorts; be in bad shape
be in bad health

| Aggódom a bátyám miatt, nagyon rossz bőrben van, amióta megoperálták.

vastag a bőr vkinek a képén v.
van bőr vkinek a képén C1
gátlástalan, szemtelen, nincs benne szégyenérzet

have no sense of shame
uninhibited; insolent; feel no shame

| Van bőr a képeden ennyit kérni ezért az ócska tragacsért?

BUROK
burokban született
(mindenben) szerencsés, jó körülmények közé született

born with a silver spoon in one's mouth
lucky (with everything); born into a comfortable lifestyle

| Ez az ember tényleg burokban született, még a balesetet is megúszta.

CSONT
csont nélkül B1
akadály nélkül, hibátlanul (sikerül)

without a hitch
with no difficulty; (succeed) perfectly

| A csapatunk csont nélkül nyert a tollaslabda-bajnokságon.

lerágott csont
sokszor hallott, túltárgyalt, ezért unalmas téma, ügy

sg has been done to death (e.g. a topic)
topic heard and discussed so many times that it has become boring

| Ez a kérdés már lerágott csont, én sem tudok többet mondani róla.

CSONTVÁZ
csontváz a szekrényben
régi, botrányos ügy (a múltból)

skeleton in the cupboard/closet
dark, shameful secret (from sy's past)

| A pénzügyi ellenőrzés során a minisztériumban egymás után estek ki a csontvázak a szekrényből.

DERÉK
beadja a derekát C1
nagy nehezen beleegyezik vmibe

give in/up; knuckle under
finally agree to sg

| Péter nem akart velünk jönni síelni, órákig kellett győzködni, de végül beadta a derekát. Holnap reggel indulunk!

derékba törik C1
(élet, pálya, karrier) idő előtt megszakad, tönkremegy

destroy; break/split in two
(life, career) is destroyed/ended early

| Miután eltört a jobb keze, már nem tudott olyan szépen zongorázni, mint azelőtt. Derékba tört a zenészi karrierje.

EPE
elönt vkit az epe C1
hirtelen dühös, mérges lesz

lose one's temper; see red
suddenly become angry or furious

| Amikor meghallotta a sértést, elöntötte az epe, és dühösen rákiabált a vele szemben állóra.

FEJ

vmire adja a fejét
foglalkozni kezd vmivel (pl. sporttal)
go in for sg; take sg up
start to do sg (e.g. sport, hobby)

| Nagyon sok türelemre és szabadidőre van szüksége annak, aki golfozásra adja a fejét.

vkinek a fejébe száll az ital *B1*
becsíp, részeg lesz
drink goes to one's head; get a bit squiffy
have a bit too much to drink; get drunk

| Egész nap nem ettem semmit, ezért rögtön a fejembe szállt a fél pohár pezsgő.

a fejébe vesz vmit *B1*
komolyan elhatároz vmit
get sg into one's head; make one's mind up to do sg
decide to do sg

| Mindennap úszik egy kilométert, amióta fejébe vette, hogy indul a Balaton-átúszás versenyen.

vkinek a fejéhez vág vmit
durván, sértőn megmondja a véleményét
cast sg in sy's face
give one's opinion in a rude or offensive manner

| Veszekedés közben a fejemhez vágta, hogy azért gondolok mindig csak magamra, mert egyke vagyok.

azt se tudja, hol áll a feje *B1*
olyan sok dolga van, hogy nem tudja,
mivel kezdje
be rushed off one's feet; run around like a headless chicken
sy has so much to do that he does not know where
to begin

| Azt se tudom, hol áll a fejem, még be se vásároltam, pedig mindjárt itt lesznek a vendégek.

beszél vkinek a fejével *B1*
igyekszik meggyőzni vkit
make sy see sense
try to convince sy

| Lili tényleg abba akarja hagyni a tanulást? Na, majd én beszélek a fejével!

elveszti a fejét *B1*
elveszti a türelmét, az önuralmát
lose one's head
lose one's patience or self-control

| László nagyon jó pilóta, nehéz helyzetben sem veszti el soha a fejét.

fej fej mellett *B1*
szoros küzdelemben, egyik sem marad le a másiktól
neck and neck
in a tight contest the competititors are very close or equa

| Már a start óta fej fej mellett haladt a két futó. A győzelmet a célfotó döntötte el.

fején találja a szöget
eltalálja a dolog lényegét, rátalál a helyes
megoldásra
hit the nail on the head
indentify what is causing a situation or problem;
find the right solution

| Péter sokszor beszél butaságokat, de most fején találta a szöget, teljesen igaza van!

felüti a fejét vmi *C1*
váratlanul megjelenik, és kezd elterjedni
sg raises its head
appear suddenly and start to spread

| Áprilisban már Nyugat-Európában is felütötte fejét az új vírus, több embert kórházba kellett szállítani.

fő a feje (vmi miatt)

nagy gondban van
worry one's head off (about sg); sg is giving him
a headache
be in big trouble

| Zsuzsa minden pénzét elköltötte a tengerparton, most fő a feje, hogy miből fizesse ki a hazautat.

(még) ha a feje tetejére áll is! *C1*
akármit csinál a másik, akármennyire akarja
(akkor sem…)
he can try all he likes!
whatever he does, however much he wants it
(not even then…)

| Próbálkozhatsz bármivel, ha a fejed tetejére állsz is, akkor sem segítek!

vmi jár vkinek a fejében
gondol vmire
sg is on sy's mind, a penny for sy's thoughts
think about sg

| Vajon mi járhatott a fejében Mona Lisának, miközben Leonardo da Vinci festette?

kiver a fejéből vkit/vmit
már nem gondol rá, megpróbálja elfelejteni

get sy/sg out of one's head/system
try to forget sy/sg; stop thinking about sy/sg

| A motorozást verd ki a fejedből, kisfiam, soha nem fogom megengedni, hogy motorra ülj!

megmossa vkinek a fejét *B1*
megszid, összeszid vkit

rake sy over the coals; give sy a piece of one's mind
reprimand scold sy

| A tanárnő jól megmosta a bátyám fejét, mikor megint elkésett az iskolából.

nem fér a fejébe

cannot get one's head round sg; be at a loss to understand

nem tudja megérteni, elképzelni, nem hiszi el

cannot understand; cannot believe

| Nem fér a fejembe, hogy tévedhettünk el, mikor jól ismerjük a várost, és térképünk is van.

összedugják a fejüket
tanácskoznak, megbeszélnek vmit

they put their heads together
discuss sg; talk about sg

| Összedugjuk a fejünket, és kitaláljuk a megoldást.

tömi a fejét *biz.*
eszik

stuff one's face; gorge
eat

| Nem lehet beszélni ezzel a gyerekkel, ül a tévé előtt egy zacskó chipsszel, és tömi a fejét.

töri a fejét (vmin) *B1*
kigondol vmit, erősen gondolkodik

rack one's brains (about sg)
think about sg; think hard

| Azon töröm a fejem, milyen ajándékkal tudnám meglepni a barátnőmet.

vmi rosszban töri a fejét
rosszat tervez

be up to mischief; get up to sg
plan sg bad

| Nagyon csendben van a kisfiam, félek, hogy valami rosszban töri a fejét.

FENÉK
a fenekén marad
ülve marad, nyugton marad

sit on one's behind
remain seated; keep still

| Nem tudsz a fenekeden maradni, kisfiam? Hová szaladgálsz állandóan?

nagy feneket kerít vminek *C1*
túl nagy jelentőséget tulajdonít vminek;
túlzott részletességgel mond el vmit

make a big deal of sg; spin a (long) yarn about sg
attribute too much importance to sg; say sg using too much detail

| Nem kell olyan nagy feneket keríteni a vendégségnek! Elég, ha készítesz néhány szendvicset!

nem fenékig tejfel *C1*
nem kifogástalan, nem tökéletes

not a bed of roses; not an unmixed blessing
not without problems; not perfect

| Ez a nyaralás nem volt fenékig tejfel. A bőröndjeinket már az első nap ellopták, másnap mindannyian betegek lettünk.

FOG
beletörik vkinek a foga vmibe
nem sikerül vkinek vmi, kudarcot vall
(mert túl nehéz)

come a cropper
sy cannot do sg; be a failure (because sg is too difficult)

| A felsőfokú vizsga túl nehéz volt Péternek, sajnos bele is tört a foga.

fáj vkinek a foga vkire/vmire *B1*
nagyon vágyik vmire, szeretne megszerezni vmit

sy would give his eye teeth for sg
long for sg; would like to have sg

| A születésnapi ajándékok közül ennek a nyakláncnak örülök a legjobban, már régóta fájt rá a fogam.

fél fogára sem elég
túl kevés, nem lakik jól tőle

scarcely a mouthful; next to nothing
too little; not enough to satisfy one's appetite

| Ez az egy szelet rántott hús maradt? Hiszen ez fél fogamra sem elég!

fogához veri a garast C1
túlzottan takarékos, nem szívesen ad ki pénzt

count every penny; be a skinflint
too thrifty; not like spending money

| Az apja jól keresett, de mindig fogához verte a garast, soha nem vett neki ajándékot.

(vmi) fogára való vkinek
vki szeretne megenni vmit, vmi ízlene vkinek

fancy sg (to eat)
would like to eat sg; sg would taste good

| Ha nem találok fogamra való ennivalót az asztalon, akkor inkább nem eszem semmit.

kimutatja a foga fehérét C1
kimutatja valódi (rossz) természetét

show one's true colours; show one's fangs
show one's true (evil) nature

| Eddig mindenki azt hitte róla, hogy kedves, türelmes ember, de tegnap, mikor üvöltözni kezdett a pincérrel, kimutatta a foga fehérjét.

mintha a fogát húznák
nem szívesen, kelletlenül, akarata ellenére (tesz vmit)

as if he were being led to the gallows
(do sg) reluctantly or unwillingly

| Bálint nagyon nem szerette a házimunkát, úgy indult mosogatni, mintha a fogát húznák.

otthagyja a fogát C1
(veszélyes helyzetben) életét veszti, meghal

bite the dust
die (in a dangerous situation)

| Az ittas sofőr majdnem otthagyta a fogát a balesetben, a tűzoltók mentették meg az életét.

szívja a fogát C1
nincs kedve megtenni vmit, nem tetszik vkinek vmi, akarata ellenére van vmi

gnash one's teeth
not want to do sg; not like sg; against sy's will

| A felvett hitelből mindenfelé utazgatott, most pedig szívja a fogát, mert vissza kell fizetnie a kölcsönt.

FÜL

egyik fülén be, a másikon ki B1
meghallgat vmit, de nem figyel rá, nem fogadja meg a tanácsot

(go) in one ear and out the other
listen to sg but not pay attention; not accept advice

| Neki aztán beszélhetsz, hogy öltözzön melegen, egyik fülén be, a másikon ki.

fülig ér a szája B1
nagyon mosolyog, boldog

grin from ear to ear; grin like a Cheshire cat
smile broadly; be happy

| Látom Katin, hogy sikerült a vizsgája. Fülig ér a szája.

megüti vkinek a fülét vmi
véletlenül meghall vmit

overhear sg
hear sg by accident

| A buszon két nő beszélgetett mellettem. Egyszer csak megütötte a fülemet egy ismerős név.

rágja a fülét vkinek
folyton kér, el akar érni vmit vkinél

badger sy; pester sy
keep on asking sy; to want to get sy to do sg

| A kislány addig rágta az anyukája fülét, míg meg nem kapta az új biciklit.

se füle, se farka
értelmetlen, zavaros (beszéd, írás)

be clear as mud; not to be able to make head or tail of sg
confused, unintelligent (speech or writing); gibberish

| Elolvastam a levelét, de nem értek belőle semmit, se füle, se farka.

süket fülekre talál
nem hallgatják meg, nem figyelnek rá

fall on deaf ears
not listened to; not paid attention to

| Megpróbáltam meggyőzni a többi lakót a szelektív hulladékgyűjtés fontosságáról, de süket fülekre találtam.

GYOMOR
jó gyomra van vkinek vmihez
könnyedén elvisel kellemetlen, undorító,
visszataszító dolgokat

have a strong stomach for sg
able to smell, taste or see unpleasant things
without feeling ill or upset

| Ehhez a filmhez jó gyomor kell. Inkább ne nézd meg, olyan durva!

megfekszi vkinek a gyomrát   *C1*
nehezen tud elviselni, elfogadni vmit

lie heavily on one's stomach
bear or accept with difficulty

| Nagyon megfeküdte a gyomromat, amit a barátunk nőügyeiről mondtál.

remeg a gyomra (az idegességtől)
nagyon ideges, izgul, szorong

have butterflies in one's stomach
very nervous or worried

| Mindig remeg a gyomrom az állásinterjúk előtt.

HAJ
égnek áll a haja (vkinek vmitől)
megrémül, elképed, felháborodik

one's hair stands on end
be terrified, astonished or shocked

| Mikor a sötét szobában lépéseket hallottam, minden hajam szála égnek állt az ijedtségtől.
| Daninak égnek állt a haja, amikor megtudta, hogy a takarítónő vízzel mosta le a számítógépet.

hajánál fogva előrángatott   *C1*
erőltetett, kényszerűségből kiagyalt
(érv, kifogás, terv)

far-fetched
convoluted or invented out of necessity
(e.g. reason, excuse, plan)

| Mondd meg őszintén, hogy nem akarsz eljönni velem a buliba! Ne gyere mindig valami hajánál fogva előrángatott kifogással!

haja szála se(m) görbül (meg)   *C1*
semmi baja sem történik, nem esik bántódása

come to no harm
nothing bad happens; be unhurt

| A kisbaba leesett az ágyról, de szerencsére a haja szála sem görbült meg.

hajba kap vkivel
összeveszik, összeverekedik vkivel

fall out with sy
quarrel; row with sy

| A testvérek rögtön hajba kaptak a közös biciklin.

HÁJ
minden hájjal megkent   *C1*
ravasz, agyafúrt, gátlástalan

know a trick or two; be streetwise
cunning, shrewd, uninhibited

| A régiségkereskedő minden hájjal megkent ember volt, még a barátainak is hamis festményeket adott el.

mintha hájjal kenegetnének vkit   *C1*
nagyon jólesik vkinek (elismerés, bók)

be like a dog with two tails; be as pleased as punch
be very pleased about sg (e.g. award, compliment)

| Mintha hájjal kenegettek volna, mikor azt mondta, hogy én vagyok a legcsinosabb az egész teremben.

HAJSZÁL
(egy) hajszál híján
majdnem, kis/csekély mértékben

within a hair's breadth (of sg)
nearly; be within an inch (of sg)

| Hajszál híján kikapott a csapat, de szerencsére az utolsó percben rúgtunk egy gólt.

(egy) hajszálon múlik vmi be touch and go; a close shave
nagyon kevés kell ahhoz, hogy bekövetkezzen sg nearly happened

| Egy hajszálon múlt, hogy nem történt szerencsétlenség. A pilóta az utolsó pillanatban engedte ki a repülőgép futóművét.

HÁLYOG
lehull(ik) a hályog vkinek a szeméről *C1* the scales fall from sy's eyes
(ügyet, problémát) már tisztán lát, rájön suddenly able to understand the truth (of a situation);
az igazságra suddenly see (a problem) clearly

| Éveken keresztül becsaptak, hazudtak nekem, de most lehullt a hályog a szememről.

HAS
vkinek a hasára süt a nap *B1* be a lazy bones
már nappal van, de ő még alszik it is daytime but he is still asleep

| Most már tényleg kelj fel! Dél is elmúlt, hasadra süt a nap!

a hasára üt off the top of one's head (e.g. number, price)
meggondolatlanul, ötletszerűen mond vmit, tippel say sg without thinking or at random; guess

| A szerelő meg sem nézte az ártáblázatot csak a hasára ütött és mondott egy árat.

elcsapja a hasát have the runs; have an upset tummy
ételtől, italtól gyomorrontást kap have diarrhoea due to food or drink

| Kristóf túl sok dinnyét evett, és elcsapta a hasát.

hason csúszik vki előtt grovel before sy; lick sy's boots
megalázkodik vki előtt, alázatosan behódol vkinek humiliate oneself in front of sy; humbly submit to sy

| Utálom, mikor valaki hason csúszik a munkahelyi főnöke előtt.

hasra esik vki előtt *B1* fall on one's knees before sy; worship the ground sy walks on
csodálja vkinek a tekintélyét, fölényét be admiring of sy's authority or superiority

| Nem kell hasra esni a brazil focicsapattól, őket is meg lehet verni.

szereti a hasát *B1* be a good trencherman
szeret enni, sokat eszik like eating; eat a lot

| Kövér ember a sógorom, látszik, hogy szereti a hasát.

HÁT
vkinek a hátán csattan az ostor *C1* carry the can; take the blame
(más hibája, bűne miatt) ő kap büntetést, be punished (for sy else's mistake or crime);
más helyett kell felelősséget vállalnia have to take the responsibility instead of sy else

| Már megint az én hátamon csattant az ostor, pedig legalább húszan voltunk ott a buliban, amikor összetört a nagy tükör.

tartja a hátát vkiért/vmiért *v.* **vmi miatt** take the rap for sy or sg
vállalja a büntetést, a felelősséget accept responsibility or punishment

| Ha még egyszer elkésel, nem tartom miattad a hátam.

HOMLOK
nincs vkinek a homlokára írva vmi not written across sy's forehead
külsőleg nem látni a tulajdonságait, sy's character, emotions or condition cannot
érzéseit vagy az állapotát be seen from the outside

| Mondhatta volna, hogy nem tud túlórázni. Nem volt a homlokára írva, hogy indul a vonata!

HÓN(ALJ)
vkinek a hóna alá nyúl *C1* lend sy a helping hand; give sy a leg up
(erkölcsileg, anyagilag) segít, támogat vkit help or support sy (financially or morally)

| A popszakmában nehéz sikereket elérni, ha nem nyúl egy menedzser az ifjú tehetség hóna alá.

IDEG
vkinek az idegein táncol get on sy's nerves
bosszant, nyugtalanít, idegesít vkit annoy or irrate sy

| A gyerek egész nap az anyja idegein táncolt: reggeltől estig ugyanazt a dalt énekelte.

ÍN
vkinek inába száll a bátorsága *C1* have cold feet
megijed, megfutamodik be frightened; have second thoughts

| Zsoltnak inába szállt a bátorsága, mikor meglátta, hogy milyen meredek a sípálya.

ÍNY
vkinek nincs ínyére vmi not be to sy's liking; not sit well with sy
nincs kedve vmihez, nem tetszik vmi vkinek not like; not feel like sg

| Katinak nem volt ínyére, hogy a férje minden délután futballmeccset néz.

ÍZ
ízekre szed vkit/vmit *C1* tear sy/sg to shreds; pick sy/sg to pieces
darabjaira szed vmit, kíméletlenül kritizál, megbírál take sg apart; criticize harshly

| Nekem tetszett ez az előadás, de a kritikusok ízekre szedték.

KAR
jó karban van *B1* be in good condition; be in good repair
(vmi) jó állapotban van, (vki) jól tartja magát keep oneself in good shape

| Jó karban lévő piros versenybicikli eladó!
| 80 éves apósom jó karban van, mindennap másfél órát sétál.

tárt karokkal fogad vkit receive or welcome sy with open arms
szívesen fogad, örömmel lát be happy to welcome sy; be pleased to see sy

| Sok házba bekopogtunk, mindenhol tárt karokkal fogadtak.

KÉP
vkinek a képébe vág vmit let sy have sg straight; give sg to sy straight
kellemetlen dolgokat kíméletlenül megmond vkinek tell sy sg unpleasant in a frank way

| Ne vágd a képembe, hogy te fizeted a számlákat, tudod, hogy munkanélküli segélyből élek!

van képe vkinek vmihez *v.* **vmit megtenni** have the nerve to do sg; have the cheek to do sg
nem szégyell vmit not be ashamed or embarrassed

| Van képe azt mondani, hogy ő is részt vett a munkában, pedig egyszer sem volt ott!

KÉZ
vkinek a jobb keze *B1* sy's right-hand man
a legjobb, nélkülözhetetlen segítőtársa, munkatársa the best, most indispensible helper or colleague

| Éva az igazgató jobb keze, őt biztosan nem fogják elküldeni.

vkinek a keze nyoma meglátszik vmin/vhol leave one's mark on sg
felismerhető vkinek a munkája, hatása, tanítása sy's work, influence or teaching can be recognized
| A lakás minden helyiségén meglátszik a gondos háziasszony keze nyoma.

benne van vkinek a keze vmiben *B1* have a hand in sg
(illetéktelenül) beleavatkozik vmibe, interfere in sg (in an unauthorized way);
befolyásol vmit influence sg
| A szomszédnak is benne volt a keze abban, hogy Zsigmond börtönbe került. Ő telefonált a rendőröknek.

ég a keze alatt a munka *B1* work like a Trojan
gyorsan dolgozik work quickly and efficiently
| Az új titkárnőnk sokkal szorgalmasabb, mint az előző volt, ég a keze alatt a munka.

el a kezekkel (vmitől)! hands off (sg)!
ne nyúljanak hozzá, hagyják békén! don't touch! leave alone!
| Az utca lakói „El a kezekkel a gesztenyefáinktól!" feliratú táblákkal tüntettek a fakivágás ellen.

első kézből straight from the horse's mouth
közvetlen forrásból from a direct source
| Első kézből tudom, hogy kedvenc színészem végre megkapja a Kossuth-díjat.

hamar eljár a keze *C1* be quick to start a fight
gyorsan dühös lesz, és haragjában pofon üt vkit get angry quickly and hit sy
| Nagyapám nagyon szigorú ember volt, hamar eljárt a keze, ha valami rosszat csináltunk.

kesztyűs kézzel bánik vkivel/vmivel handle sy with kid gloves
nagyon óvatosan, tapintatosan bánik vkivel/vmivel treat sy very carefully and tactfully
| Bánj kesztyűs kézzel ezzel a gyerekkel! Tudod, hogy az igazgató fia.

kéz a kézben *B1*
a) kézen fogva hand in hand; unitedly
b) baráti egyetértésben hand in glove; in close cooperation
| A két gyerek békésen, kéz a kézben sétált a kertben.
| A szorgalom és a siker, kéz a kézben járnak.

kézben tart vkit/vmit *B1* keep control of sy/sg; have sy/sg in one's grasp
fegyelmez; rendben tart, irányít discipline; keep in order; control
| A magyar játékvezető tökéletesen kézben tartotta a meccset.

kéz- és lábtörést! *B1* break a leg!
Sok sikert! (különösen vizsga előtt) good luck! (especially before an exam)
| Holnap vizsgázol angolból? Akkor kéz- és lábtörést!

kezére játszik vkinek vmit play into sy's hands (approx.)
ügyeskedésével hozzásegít vkit vmihez use cleverness or cunning to help sy get or achieve sg
| Az áruló szerb kapitány a törökök kezére játszotta a várat.
| Az igazgató egy külföldi cég kezére játszotta a gyárat.

kezet emel vkire lay a hand on sy
megüt vkit strike sy
| Ne merészelj kezet emelni a testvéreidre!

kezet rá! *B1* your hand on it!
ígérd meg! promise!
| Számíthatok rád, ugye? Ott leszel holnap? Kezet rá!

leveszi a kezét vkiről/vmiről
megvonja vkitől a támogatást, gondoskodást

drop sy; be off sy's hands
withdraw one's support or care from sy

| Leveszem a kezemet rólad, és nem segítek többé, ha soha nem fogadod meg a tanácsaimat.

lyukas a keze
ügyetlen, minden kiesik a kezéből

be butter-fingered
clumsy; always dropping things

| Mi van veled? Lyukas a kezed? Ma már a második tányért töröd össze.

megkéri vkinek a kezét *B1*
feleségül kér vkit

ask for sy's hand (in marriage)
ask sy to marry you

| Péter három és fél éve jár Évivel. Kíváncsi vagyok, megkéri-e végre a kezét.

meg van kötve vkinek a keze
nem cselekedhet, nem dönthet szabadon,
korlátozott a hatalma

sy's hands are tied
cannot act; cannot make decisions freely;
one's authority is restricted

| A HR-vezetőnek meg van kötve a keze, a főigazgató beleegyezése nélkül nem vehet fel új alkalmazottakat.

messzire nyúlik/elér vkinek a keze
befolyásos, jó kapcsolatokkal rendelkezik

one's hands reach far
has influence/importance

| Ne mondj véleményt a volt főnöködről, tudod, hogy messzire nyúlik a keze.

mossa kezeit *B1*
nem vállalja a felelősséget vkiért/vmiért

wash one's hands (of sy/sg)
not take responsibility for sy/sg

| Mosom kezeimet, én ott sem voltam, amikor a fénymásoló elromlott.

ráteszi a kezét vmire
erőszakosan birtokba vesz, elfoglal vmit

get one's hands on sg
acquire sg by force; capture sg

| A törökök a XVI. században elfoglalták Szerbia nagy részét, és rátették a kezüket a legfontosabb ezüstbányákra.

szabad kezet kap vmiben
önállóan dönthet, cselekedhet

have a free hand
make decisions independently; act independently

| Rajtam múlik, kit veszek fel titkárnőnek. Szabad kezet kaptam a főnökömtől.

KISUJJ
vkinek a kisujjában van vmi *B1*
kiválóan ért vmihez, ismer vmit

have sg at one's fingertips
be expert in sg; know sg very well

| Az öcsémnek kisujjában van az informatika, két perc alatt beállította a számítógépemet.

a kisujját sem mozdítja vkiért/vmiért
semmit nem tesz vkiért/vmiért, nem nyújt
segítséget vkinek

not raise/lift a finger to do sg
not do anything to help; not offer help

| Amióta igazgató lett, a kisujját sem mozdítja a régi barátaiért, akkor se segít, ha bajba kerülnek.

kiráz vmit a kisujjából
könnyen megcsinál, jól tud vmit

it is a breeze for sy; it's a cinch
do easily; know well

| Kati nagyon jó matekos volt, bármit kérdeztek tőle, kirázta a kisujjából.

KIÜTÉS
kiütést kap vkitől/vmitől
nem bír elviselni vkit/vmit

give sy the creeps
cannot stand sy/sg

| Kiütést kapok a műsorvezető agresszív kérdezési stílusától.

KÖNYÖK

(már) a könyökén jön ki vkinek vmi *B1*
un vmit, már ezerszer hallotta

be fed up with sg
be bored with sg because you have heard it many times before

| Hetente kétszer utazom repülővel, a könyökömön jön ki a biztonsági bemutató.

KÖRÖM

vkinek a körmére ég a dolog
az utolsó pillanatig halogat vmit

be pressing (e.g. a problem)
put sg off until the last moment

| Tél óta nem tudom rávenni magam arra, hogy kihívjam a szerelőt, de most igazán a körmömre égett a dolog.

vkinek a körmére néz
szigorúan ellenőriz

keep an eye on sy
watch sy

| Piszkos tányérokat találtam a konyhaszekrényben. Jobban a körmére kell néznem a takarítónőnek.

LÁB

vkinek/vminek a lába nyomába se ér
kevesebbet ér, tud vkinél/vminél

can't hold a candle to; isn't a patch on
be worth less than sy; know less than sy

| Salieri Mozart lába nyomába se ért, mégis eleinte neki volt sikere.

alig áll a lábán
nagyon fáradt, kimerült

hardly able to stand on one's feet; feel like a wet rag
very tired; exhausted

| Két napja nem tudok aludni a náthától, alig állok a lábamon.

bal lábbal kelt fel *B1*
rosszkedvű, ideges

get out of bed on the wrong side
in a bad mood; irritable

| Miért veszekedsz mindenkivel? Bal lábbal keltél fel?

eltesz vkit láb alól
megöl, meggyilkol vkit

do sy in
kill; murder sy

| A nyomozó című magyar filmben a főszereplő pénzért eltesz láb alól egy ismeretlent.

gyenge lábakon áll
(érv, gondolatmenet, tudás) nem meggyőző, bizonytalan

shaky; dodgy
not convincing; unsure (argument, thought process, knowledge)

| Hiába érettségiztél, nagyon gyenge lábakon áll a földrajztudásod, ha nem tudod, hol van Tanzánia.

két bal lába van *B1*
nagyon ügyetlen (főleg táncban és futballban)

have two left feet
be very clumsy (especially when dancing or playing football)

| Ha úgy érzi, hogy két bal lába van, jöjjön el tánciskolánkba, mi megtanítjuk táncolni!

két lábbal áll a földön
nagyon gyakorlatias, realista

be down to earth
very practical; realistic

| Zoltán nagyszerű művész, ráadásul nagyon gyakorlatias is, két lábbal áll a földön.

kicsúszik vkinek a lába alól a talaj *v.*
elveszti a lába alól a talajt
bajba kerül (lelkileg, fizikailag, anyagilag), tönkremegy

pull the rug/carpet out from under sy's feet

become unstable (mentally, physically or financially); be destroyed

| Amikor a felesége elhagyta, és a munkahelyéről is elküldték, kicsúszott a lába alól a talaj, alkoholista lett.

kiteszi a lábát vhonnan   *B1*
elmegy

step out of somewhere
leave

| Amint kiteszem a lábamat otthonról, a gyerek bekapcsolja a tévét.

lába kel vminek   *C1*
eltűnik, elvész, ellopják

sg walks (e.g. out of a shop); disappear into thin air
disappear; be stolen

| Lába kelt az épület előtt parkoló bicikliknek, a rendőrség már nyomoz az ügyben.

láb alatt van
akadályoz, zavar vkit, útban van

be under sy's feet
obstruct sy; annoy sy; be in the way

| Vidd át a gyereket a nagymamához, mert csak láb alatt lesz a nagytakarításnál.

lábra kap
a) (váratlanul) elterjed, ismertté válik (eszme, hír)
b) vki betegségből meggyógyul

become fashionable; get back on one's feet
spread or become known (unexpectedly) (e.g. news, idea)
recover from illness

| A bajnokság után lábra kapott a hír, hogy a játékosok többsége doppingolt.
| A nagybátyám télen hónapokig beteg volt, nagyon legyengült, de tavasszal újra lábra kapott.

lejárja a lábát vmi után *v.* **vmiért**
mindenfelé keresi, sok helyen jár, míg megszerzi

run one's legs off in order to get/find sg
search everywhere and go to many places in order to find sg

| Lejártam a lábam, mire az összes karácsonyi ajándékot meg tudtam venni.

levesz a lábáról vkit
megnyer a szándékának, meghódít

sweep sy off his feet
win sy's heart; conquer

| A kislány kedességével mindenkit levett a lábáról, minden kívánságát teljesítették.

megáll a maga/saját lábán   *B1*
támogatás nélkül, önállóan él, gondoskodik magáról

stand on one's own two feet
live independently and look after oneself

| Éva már 20 éves, dolgozik, megáll a maga lábán, nincs szüksége a szülei támogatására.

megveti a lábát vhol

letelepedik vhol, terjeszkedik

gain a foothold somewhere; plant one's feet firmly somewhere
become established somewhere

| A japán autógyár megvetette a lábát Közép-Európában, hogy azután Dél-Európa felé terjeszkedjen.

nagy lábon él   *B1*
költekezik, sokat költ, szórja a pénzt

live in great style; live the high life
be extravagant; throw one's money around

| Balázs mostanában nagy lábon él, mindennap luxusétteremben eszik, és még egy méregdrága kocsit is vett.

nem teszi be a lábát vhova   *B1*
(szándékosan) nem megy el

not set foot somewhere
not go somewhere (deliberately)

| Soha többé nem teszem be a lábam oda, ahol egyszer becsaptak

szedd a lábad!
siess, igyekezz!

move it!; look lively!
hurry up!; come on!

| Szedd a lábad, mert elkésünk!

MAROK
vkinek a markában van
a hatalmában van vkinek

be under sy's thumb
be in sy's power

| A férfi teljesen a zsaroló markában volt, nem is mert a rendőrséghez fordulni.

markában tart vkit
befolyása, ellenőrzése alatt tart vkit,
hatalmában van vki

have sy in one's pocket; have sy under one's thumb
have influence or control over sy

| A maffiafőnök a markában tartotta a városi vezetőket és a nagyvállalatok igazgatóságát.

(pénzösszeg) üti vkinek a markát *C1*
nagyobb összegű pénzhez jut

get a windfall
receive a large amount of money

| Hárommilliárd forint üti a markát annak, aki megnyeri az ötöst a lottón.

MELL

vmi mellbe vág vkit
váratlanul és kellemetlenül érint,
megdöbbent vkit

knock sy for six; knock sy back
affect or shock sy in an unexpected
and unpleasant way

| Mellbe vágott a hír, hogy a legjobb barátom gyógyíthatatlan beteg lett.

vki mellének szegez (egy kérdést) *C1*
váratlanul kínos, kellemetlen kérdést tesz
fel vkinek

spring (a question) on sy
ask sy an unexpected and embarrassing question

| A riporter a filmsztár mellének szegezte a kérdést, hogy volt-e plasztikai műtétje.

mellre szív vmit *C1*
megsértődik vmin, túl komolyan vesz vmit

take sg to heart
be offended by sg; take sg too seriously

| Ne szívd mellre, amit a barátod mondott, csak viccelt! Nem gondolta komolyan!

NYAK

a nyakába szakad vkinek vmi
váratlanul nagy teher, sok gond hárul rá

get landed with sg
shoulder an unexpectedly large burden
or many problems

| Péter nyakába szakadt az egész család gondja, amikor a felesége kórházba került.

vkinek a nyakába ugrik
nagyon megörül vkinek

fling one's arms around sy's neck
be very pleased to see sy

| Az unokák a nagymama nyakába ugrottak örömükben, mikor megérkezett egy nagy kosár málnával.

a nyakába veszi a várost *v.* **az országot**
elindul felfedezni, megkeresni vmit

do a tour of/take in the town or country
go exploring or looking for sg

| A fotós nyakába vette a várost, minden híres épületről képet akart készíteni.

a nyakára hág vminek *C1*
(pénzt, vagyont) elpazarol, eltékozol

play ducks and drakes with sg; blow sg
waste or squander (money, fortune)

| Több milliót örökölt a nagyapjától, de három év alatt nyakára hágott a pénznek.

vkinek a nyakára küld vkit
kellemetlenséget, gondot okozó személyt küld

send sy over (to do sg)
send sy who can cause a problem or awkward situation

| Az idős nőnek elege lett abból, hogy a fölötte lakó fiatalok minden este bulit rendeznek. Egyik nap a nyakukra küldte a rendőröket.
| Ne küldd a nyakamra a barátnődet! Úgysem fogom felvenni az irodába.

a nyakát teszi vmire *B1*
teljesen biztos vmiben

stake one's life on sg; bet one's bottom dollar on sg
be completely sure about sg

| A nyakamat teszem rá, hogy 1-2 év múlva már minden gimnazistának lesz e-könyv-olvasója.

nyakig ül vmiben *B1* — be up to one's ears in sg
a) kellemetlen, nehéz helyzetben van — be in a difficult situation
b) nagy munkában van — have a lot of work to do

| Ne haragudj, ma nem tudok veled moziba menni, nyakig ülök a munkában.
| Minden kiderült, nyakig ülünk a bajban.

nyakon csíp vkit — collar sy; nab sy
elkap, elfog vkit — catch; grab sy

| Az éjjeliőr nyakon csípte a betörőt.

NYÁL
csorog a nyála vmi után — be slavering over sg; be drooling over sg
nagyon vágyik vmire — desire sg; wish for sg

| Láttam egy gyönyörű táskát. Sajnos nincs rá pénzem, de csorog a nyálam utána.

NYELV
vkinek a nyelve hegyén *v.* **a nyelvén van vmi** — have sg on the tip of one's tongue
nem jut eszébe, amit hirtelen ki akar mondani — not be able to remember sg that you usually know

| Hogy is hívják azt a színészt? Itt van a neve a nyelvemen!

a nyelvét köszörüli vkin *C1* — bad-mouth sy; bitch about sy
rosszindulatú, bántó, gúnyos megjegyzéseket tesz vkire — make unkind, hurtful remarks about sy

| A szomszédasszony elég rosszindulatú, pletykás nő, mindig a ház lakóin köszörüli a nyelvét.

beletörik a nyelve vmibe *B1* — not able to get one's tongue around sg
nehezen mond, ejt ki (főleg) idegen szavakat — find it difficult to say or pronounce sg (especially words in a foreign language)

| Beletört a nyelvem az új diák nevébe, olyan hosszú volt.

elvitte a cica a nyelvedet? *B1* — cat got your tongue?
nem tudsz beszélni? — can't you speak?

| Petike, miért nem köszönsz a nagymamának? Elvitte a cica a nyelvedet?

lóg a nyelve — be dog-tired
(sok munkától) nagyon fáradt, kimerült — very tired or exhausted (from too much work)

| Reggel óta megállás nélkül mosok, főzök, takarítok, már lóg a nyelvem.

vigyázz a nyelvedre! — watch your tongue/mouth!
ne beszélj szemtelenül, tiszteletlenül! — do not be cheeky and disrespectful!

| Az anyád vagyok, kisfiam, nem a haverod. Vigyázz a nyelvedre!

ORR
vkinek az orra alá dörgöl vmit *C1* — rub sg in
hibát, vétket felemlít, felhánytorgat vkinek vmit — reproach or remind sy of his mistake or fault

| Csak egyszer felejtettem el a barátnőm születésnapját, de azóta is mindig az orrom alá dörgöli.

vkinek az orra előtt ment el vmi *B1* — missed sg by inches; missed sg by a whisker
nem sikerült elérnie (járművet) — miss (bus, train, etc.)

| Az orrom előtt ment el az utolsó busz, és gyalog kellett hazamennem.

vkinek az orrára koppint C1
rendreutasít, megfegyelmez vkit

give sy what for
reprimand or discipline sy

| Nem csinálta meg a gyerek a házi feladatot? Majd az orrára koppintok.

beleüti az orrát vmibe
illetéktelenül beleavatkozik vmibe

poke one's nose into sg
interfere in sg without authority

| Az anyósom mindig mindenbe beleüti az orrát.

felhúzza az orrát (vmi miatt v. **vmin)** C1
megsértődik, neheztel

express contempt
be offended; take offence

| Ne húzd fel az orrodat, nem akartalak megsérteni a megjegyzésemmel!

vkinek jó orra van (vmihez)
megérzi, hogy mi várható, ráérez vmire

have a good nose for sg
have a sense of what is coming or what will happen

| A barátnőm szerint jövőre mindenki miniszoknyát fog hordani, márpedig neki jó orra van a divathoz.

lógatja az orrát
szomorkodik, búslakodik

be down in the mouth
be sad; be in low spirits

| Ne lógasd az orrod! Holnap biztosan szebb idő lesz, és mehetünk a strandra.

magasan hordja az orrát
túl büszke, túl magabiztos, lekezelő

put on airs; be stuck up
too proud or confident; condescending

| Nem rokonszenves nekem az új kollégánk, magasan hordja az orrát.

nem köti vkinek az orrára
nem mond el vkinek vmit, titkol vmit

keep mum about sg
not tell sy sg; make a secret of sg

| Nem kötöm az anyám orrára, hová megyek este. Nem tartozik rá.

(az) orránál fogva vezet vkit
hiszékenységét kihasználva becsap vkit

lead sy by the nose
use sy's gullibility to trick or mislead him

| Dénes nagyon jóképű férfi volt, minden nő beleszeretett, aki megismerte. Ő pedig az orruknál fogva vezette őket.

ÖL

az ölébe hull(ik) vkinek vmi C1
véletlenül, fáradság, munka nélkül jut vmihez

sg just falls into one's lap
achieve sg without work or effort

| Irigylem őt. Nem csinált semmit, egyszerűen az ölébe hullott egy fantasztikus munkalehetőség.

ölbe tett kézzel ül B1
nem csinál semmit

twiddle one's thumbs
not do anything

| Én pakoltam, miközben a többiek ölbe tett kézzel ültek.

ölre megy vkivel
verekedni kezd vkivel

come to blows with sy
start fighting with sy

| A mérkőzés után a két csapat szurkolói ölre mentek .

PÚP

púp a hátán vkinek vmi/vki
teher, kellemetlen kötelesség

a monkey on one's back, a thorn in one's side/flesh
load, burden, obligation

| Púp a hátamon, hogy az egész család adóbevallását nekem kell elkészítenem

SAROK

vkinek a sarkában van — be (hard) on sy's heels
kitartóan követ vkit — follow sy closely

| Zsuzsi néha nagyon szeretne egyedül lenni, de három gyereke közül egy mindig a sarkában van.

a sarkára áll — put one's foot down
határozottan állást foglal, nem hátrál meg, kitart vmi mellett — take a strong position; not give way; insist on sg

| Nem hallgathatsz tovább, állj a sarkadra, és mondd meg a véleményedet a főnöknek!

SEB

vkinek a sebeiben vájkál C1 — open up old wounds, rub salt in sy's wounds
kellemetlen kérdéseket hosszasan tárgyal, feszeget — harp on or rake up a difficult or awkward subject

| Nem tapintatos dolog mások sebeiben vájkálni. Ne kérdezgessük őt a szerelmi csalódásáról!

a sebeit nyalogatja — lick one's wounds
sajnálja magát, igyekszik elfelejteni a sérelmeit — feel sorry for oneself; try to forget one's injuries

| A megsemmisítő vereség után a csapat napokig csak a sebeit nyalogatta.

SZÁJ

vkinek a szájába rág vmit — drum sg into sy
többször elismétli, elmagyarázza — repeat or explain sg many times

| Az anya a gyerek szájába rágta, hány megállót kell utaznia, mégis rossz helyen szállt le.

a számból vetted ki a szót! — you took the words out of my mouth!
azt mondtad, amit én is akartam — you said exactly what I was going to say

| Nagyon jó ötlet, a számból vetted ki a szót, én is pont erre gondoltam.

be nem áll a szája — talk nineteen to the dozen
folyamatosan beszél, egy pillanatra sem hallgat — talk all the time; not be quiet for a moment

| Amióta Vilma megtanult beszélni, be nem áll a szája.

csak a szája jár — be all talk
csak beszél, de nem cselekszik — talks but does not take action

| Bencét nem lehet komolyan venni, csak a szája jár.

csak a száját tátja — be loafing around
nem csinál semmit, tétlenül álldogál — not do anything; just stand around

| Jó lenne, ha segítenél, és nem csak a szádat tátnád!

eljár vkinek a szája — open one's big mouth; let the cat out of the bag
titkot elmond, elszólja magát — tell a secret; give oneself away

| Mindenképpen titokban kell tartanunk a tervünket. Ha valakinek eljár a szája, az egésznek a sikerét veszélyezteti.

fogd be a szád! B1 — shut up!
ne beszélj! csönd legyen! — don't talk!; be quiet!

| Most már aztán elég volt! Fogd be a szád!

habzik vkinek a szája C1 — be foaming at the mouth
izgatott, dühös; gyűlölködő — be angry; be hateful

| A vita békésen indult, de azután az egyik résztvevő elkezdett ordítani, szinte habzott a szája dühében.

kinyitja a száját
megmondja a véleményét, kellemetlen dolgokról kezd beszélni

open one's mouth
give one's opinion; talk about sg (e.g. that will cause sy to get into trouble)

| Mindenki börtönbe kerül, ha én egyszer kinyitom a számat.

vkinek nagy szája van v. **nagy vkinek a szája**
dicsekszik, nagyképűsködik

be a loudmouth
boast, talk big

| Ne most legyen nagy a szád, hanem amikor csinálni kell valamit!

szájára vesz vkit
megrágalmaz vkit, pletykálni kezd vkiről

talk about sy
slander sy; start gossiping about sy

| Terit túl gyakran látták együtt a traktorossal: szájára vette őket a falu.

szájról szájra jár   B1
(hír) fokozatosan terjed, beszéd tárgya lesz vmi

pass from mouth to mouth
spread; become a topic of conversation (e.g. news, folk tales)

| Régen a népmesék szájról szájra jártak, nem könyvből olvasták fel őket.
| Szájról szájra terjedt a hír, hogy új igazgatót fognak kinevezni.

tartja a száját
szándékosan nem mond el vmit

hold one's tongue
intentionally not say sg

| Tartsd a szád, ha továbbra is velünk akarsz dolgozni!

vigyázz a szádra!   B1
ne légy szemtelen!, ne szemtelenkedj!

watch it!; watch your mouth/tongue!
don't be cheeky!

| Vigyázz a szádra, ha velem beszélsz!

SZAKÁLL

a saját szakállára (csinál vmit)
saját kezdeményezésére, saját felelősségére

play a lone hand
on one's own initiative; at one's own risk

| Csak három tervet kértem az illusztrátortól, de saját szakállára készített még kettőt.

SZEM

a két szép szeméért   B1
semmiért, ingyen

in exchange for a smile
for nothing; free of charge

| A két szép szemedért senki nem fogja megjavítani a laptopodat.

a szemébe mond vkinek vmit   B1
kellemetlen dolgot őszintén, nyíltan megmond vkinek

say sg to sy's face
tell sy sg unpleasant in a direct, honest way

| Ferenc a kollégája szemébe mondta, hogy nem tud vele együtt dolgozni.

vkinek a szeme fénye   B1
vki számára a legfontosabb ember

the apple of sy's eye
sy's most important person

| A legkisebb lány volt a nagypapa szeme fénye. Bármit megtett volna érte.

vkinek a szemére hány vmit
hibáztat vkit vmiért

throw sg in sy's face
blame sy for sg

| A férfi a nő szemére hányta, hogy 40 percet késett a randevúról.

vkinek a szemével néz vmit   B1
vkinek az értékrendje szerint gondolkodik, vkinek a szemszögéből vizsgál vmit

look at sg through sy else's eyes
consider sg according to sy else's standards; look at sg from sy else's point of view

| Séta közben megpróbáltuk egy turista szemével nézni saját városunkat. Érdekes volt.

csukott szemmel is (megcsinál vmit) — (can do sg) with one's eyes shut
könnyen, játszva, minden nehézség nélkül — easily; with no problem
| Ne aggódj, csukott szemmel is felverem a sátrat!

vkinek jó szeme van vmihez *B1* — have an eye for sg
van érzéke vmihez, ért vmihez — have a feeling for or be knowledgeable about sg
| Az edző mindig tudta, melyik gyerekből lesz jó futballista. Jó szeme volt a tehetségekhez.

kiszúrja vkinek a szemét vmennyivel/vmivel — fob sy off with sg
a vártnál sokkal kevesebbet ad neki — give sy much less than expected
| Két évi munkáért ennyivel akarod kiszúrni a szememet?

(majd') kiszúrja vkinek a szemét vmi — be under sy's nose; stare sy in the face
vkinek a szeme előtt van, mégsem vesz észre vmit — not notice sg although it is in front of one's eyes
| Nem láttad a tollamat? Sehol sem találom.
| Ott van az asztalon, majd' kiszúrja a szemedet!

nagyobb a szeme, mint a szája *B1* — his eyes are bigger than his stomach
többet vesz a tányérjára, mint amennyit meg tud enni — take more food than one can eat
| Ott hagytad a sütemény felét! Nagyobb volt a szemed, mint a szád!

ne kerülj a szemem elé! — keep out of my sight!
látni sem akarlak, tűnj el innen — go away! I don't want to see you.
| Ne kerülj a szemem elé, amíg lila a hajad!

nem hisz a szemének *B1* — cannot believe one's eyes
nagyon csodálkozik, nem akarja elhinni, amit lát — be very surprised by what one sees
| Nem hiszek a szememnek! Tényleg elmosogattál?

nem néz vmit jó szemmel *v.* **rossz szemmel néz vmit** — not take kindly to sg; have a dim view of sg
helytelenít, ellenez vmit — disapprove; object
| A szülők nem nézték jó szemmel, hogy a lányuk egy nála húsz évvel idősebb férfival él.

rajta tartja a szemét vkin/vmin — keep an eye on sy/sg
figyelemmel kísér, figyel, ellenőriz vkit/vmit — watch sy/sg carefully; check sy/sg frequently
| Le kell mennem a postára, kérlek, tartsd a szemedet a húson, amit sütök.

szem előtt tart vmit — keep/bear sg in mind
nem felejt el, figyelembe vesz vmit — not forget; take into consideration
| Az edző mindig szem előtt tartotta a játékosok érdekeit.

szemet szúr vkinek vmi — catch one's eye
feltűnik vmi vkinek, vki észrevesz vmit — be noticeable; sy notices sg
| Mindenkinek szemet szúrt, hogy Péter milyen szótlan volt a bulin.

szemmel tart vkit/vmit — keep one's eye on sy/sg
figyel, ellenőriz — watch carefully; monitor
| A rendőrök már napok óta szemmel tartották azt a házat, ahová a rablók megpróbáltak betörni.

SZÍV

ami a szívén, az a száján *B1* — wear one's heart on one's sleeve
őszintén megmondja a véleményét, kimutatja mit érez — give one's honest opinion; show what one is feeling
| Attól nem kell félned, hogy Zsófi eltitkol előled valamit. Ami a szívén, az a száján.

vkinek a szívébe markol vmi   *C1*
vmi elszomorít, meghat vkit

be heart-rending; be agonizing
sadden; affect sy deeply

| A szívébe markolt a fájdalom a fiúnak, mikor arra gondolt, hogy a szerelme másnap elutazik.

a szívére vesz vmit
elszomorodik, megbántódik vmi miatt

take sg to heart
become sad; be offended by sg

| Ne vedd a szívedre, hogy nem te nyertél a sakkversenyen! Legközelebb majd jobban sikerül!

belopja magát vkinek a szívébe
megszeretteti magát vkivel

steal sy's heart; find one's way into sy's heart
make sy love you

| A kiskutya olyan kedves és okos volt, hogy mindenkinek azonnal belopta magát a szívébe.

kiönti a szívét vkinek
elmondja a bánatát vkinek

pour one's heart out to someone
tell sy what is troubling one

| Kicsit jobban érzem magam, mióta kiöntöttem neked a szívemet.

megesik vkinek a szíve vkin
megsajnál vkit

take pity on sy; one's heart goes out to sy
feel sorry for sy

| Miklós püspöknek megesett a szíve a szegény apán és három lányán, és egy zacskó aranyat tett az ablakukba.

nyomja vkinek a szívét vmi
bántja vmi

sg is weighing on one's mind
sg is worrying him

| Látom, hogy napok óta rosszkedvű vagy. Gyere, mondd el nekem, mi nyomja a szívedet!

összetöri vkinek a szívét   *B1*
bánatot okoz neki

break sy's heart
cause sy pain or sorrow

| Nagy nőcsábász ez a fiú, már sok lány szívét összetörte.

szívéhez nő vkinek   *B1*
nagyon megszeret vkit/vmit

take sy to one's heart
become very fond of sy/sg

| Szívemhez nőtt ez a kiskutya, remélem, nem találjuk meg a gazdáját.

szíven üt vkit
(rossz hír, kellemetlen esemény) megrendít, meghökkent vkit

stab sy in the heart
upset or shock sy (e.g. bad news, an unpleasant event)

| Szíven ütött, hogy a legjobb barátom miatt akar elválni a feleségem.

vérzik a szíve vkiért/vmiért
nagyon sajnál vkit/vmit

one's heart bleeds for sy/sg
feel very sorry for sy/sg

| Vérzik a szívem a művészmozikért. Ha nem kapnak anyagi támogatást, be kell zárniuk.

TALP
feldobja a talpát *szleng*   *C1*
meghal

kick the bucket
die

| Mi történt az öregasszonnyal? Feldobta a talpát?

talpra áll
a) nehéz helyzetből kilábal, rendezi anyagi helyzetét
b) betegségből felépül

pull through; find one's legs
get oneself straight; sort oneself out
get over an illness

| A válása után nagyon rossz állapotban volt, de egy év alatt sikerült talpra állnia.
| Hónapokig volt kórházban, de szerencsére már talpra állt.

TENYÉR

ismer vkit/vmit, mint a tenyerét *B1*   know sy/sg like the back of one's hand
a) (személyt) nagyon jól ismer   know (sy) well
b) jól tud tájékozódik vhol   know (a place) inside out

| a) Biztos vagyok benne, hogy Kornél eljön. Úgy ismerem őt, mint a tenyeremet.
| b) Nincs szükségem térképre, úgy ismerem ezt a várost, mint a tenyeremet.

tenyerén hordoz vkit   worship the ground sy walks on
kedvében jár vkinek, kényeztet vkit   try to please sy; pamper sy

| A gyönyörű színésznő csodálatos virágokat, drága ajándékokat kapott, a férfiak a tenyerükön hordozták.

TÉRD

térdre kényszerít vkit/vmit *C1*   bring sy/sg to its knees; bring sy/sg to heel
fizikailag, szellemileg legyőz   defeat sy/sg physically or mentally

| Az okostelefonokkal térdre kényszerítették a hagyományos mobiltelefonok gyártóit.

TOROK

a torkában dobog a szíve vkinek   have one's heart in one's mouth
nagyon megijed, izgul   be very frightened or worried

| Gábornak torkában dobogott a szíve, mikor bekopogott a főnöke ajtaján.

vkinek a torkán akad a szó   the words stick in one's throat
meglepetéstől, ijedtségtől meg sem tud szólalni   unable to speak due to surprise or fear

| A szónoknak torkán akadt a szó, mikor meglátta, hogy 10 000 ember várja a beszédét.

fojtogatja a sírás vkinek a torkát   have a lump in one's throat
erős érzelem miatt alig tud megszólalni   be hardly able to speak because of strong emotion

| A temetésen sírás fojtogatta a torkát, nem tudott megszólalni.

torkig van vkivel/vmivel *B1*   sick to death of sy/sg; fed up with sy/sg
elege van vkiből/vmiből   have enough of sy/sg

| A filmszínésznő, akiről mindennap új pletyka jelenik meg, torkig van már az újságírókkal.

UJJ

az ujja köré csavar vkit *C1*   twist sy round one's little finger
elbűvöl, és így ki tud használni vkit;   able to take advantage of sy by charming him;
kénye-kedve szerint bánik vkivel   do as one pleases with sy

| A kislány az egész családot az ujja köré csavarta.

egy ujjal sem nyúl vkihez/vmihez   not lay a finger on sy/sg; not go anywhere near sy/sg
nem bánt, hozzá sem ér vkihez/vmihez   not harm, not even touch sy/sg

| Nem tudom, miért szólalt meg az autó riasztója, én egy ujjal sem nyúltam hozzá.

ujjat húz vkivel *C1*   pick a fight with sy
ellenkezik, összeveszik vkivel, beleköt vkibe   oppose sy; quarrel with sy

| Jobb, ha nem húzol vele ujjat, nagyon veszélyes ember.

VÁLL

levesz vmit vkinek a válláról   take the weight off sy's shoulders
nehéz feladattól, gondtól megszabadítja   relieve sy of a difficult job or problem

| Sokat köszönhetek a testvéremnek, sok gondot levett a vállamról, míg a könyvet írtam.

sok van vkinek a vállán
sok gondja, baja, problémája van, sok dologért felelős

have the weight of the world on one's shoulders
have many problems or responsibilities

| Segíteni kellene Katinak, mert a férje betegsége óta túl sok van a vállán.

VELŐ
velejéig romlott *C1*
alapvetően erkölcstelen

rotten to the core
fundamentally dishonest

| Nem csodálkozom, hogy börtönbe került az az ember, rögtön látszott, hogy a velejéig romlott.

VÉR
vkinek a vérében van vmi
örökölt hajlama van vmire, tehetséges vmiben

sg is in one's blood
have an inherited aptitude or taste for sg

| Sokan azt gondolják, hogy a magyaroknak a vérében van a vízilabdázás.

vkinek a vérévé válik vmi
szokásává, természetévé válik

become a part of sy
become a habit; become natural

| Edit megszerette a futást, vérévé vált a mindennapos edzés.

kifut a vér vkinek az arcából
elsápad

the blood drains from one's face
become pale

| A baleset láttán kifutott a vér a nő arcából.

meghűl/megfagy/elhűl a vér vkinek az ereiben *C1*
nagyon megrémül, megijed

one's blood runs cold
be frightened or terrified

| A közönség ereiben meghűlt a vér, amikor meglátták, hogy a légtornász háló nélkül fog szaltózni.

rossz vért szül
rossz hatása van

make bad blood
have a negative effect; create ill-feeling

| Rossz vért szül, ha a munkahelyen épp a vezetők nem tartják be a szabályokat.

vérbe fojt vmit
(felkelést, lázadást) kegyetlenül lever

put down with ruthless violence
defeat cruelly (e.g. revolution, insurrection)

| 1514-ben vérbe fojtották a Dózsa-féle parasztfelkelést.

vérig sért vkit (vmivel)
mélyen megbánt, megsért

cut sy to the quick
hurt or offend sy deeply

| Klári vérig sértette az anyósát, amikor nem kóstolta meg a tortáját.

vérre megy
halálosan komoly, sok múlik rajta

a matter of life and death
extremely serious; much depends on it

| A repülőtéri taxisok között vérre megy a harc az utasokért.

vért izzad *C1*
keservesen kínlódik, erőfeszítéseket tesz, nagyon szenved vmely erőfeszítéstől

sweat blood
suffer greatly doing sg; try hard to do sg

| Vért izzadtunk, mire kitöltöttük az adóbevallást. Nagyon bonyolult volt.

VESE
vkinek a veséjébe lát
ismeri minden (titkos) gondolatát

read sy like a book
know all sy's (secret) thoughts

| Semmit nem tudok titokban tartani a barátnőm előtt, a vesémbe lát.

Feladatok

1. **Mikor mondhatjuk? Állítsa párba a mondatokat és a szituációkat!** B1

1. A könyökömön jön ki!
2. Neki ez a kisujjában van.
3. Hasadra süt a nap!
4. Nincs jó bőrben szegény!
5. Csont nélkül.
6. Mondd a szemembe!
7. Az orrom előtt ment el a busz.
8. Ne haragudj, elvesztettem a fejem.

a) Elkéstem az óráról, és megkérdezik, miért.
b) Elmesélem otthon, hogy találkoztam idős szomszédunkkal.
c) Megkérdezi a barátom, nyert-e a magyar futballcsapat.
d) A férjem még mindig alszik, pedig már 11 óra.
e) A nagypapám már tizedszer mondja, hogy vegyem fel a sapkámat, mert hideg van.
f) Megkérdezi a főnököm, hogy a kollégánk ért-e a számítógépes programokhoz.
g) Tudom, hogy a barátnőm a hátam mögött kritizált engem.
h) Kiabáltam a barátnőmmel az utcán.

1.	2.	3.	4.	5.	6.	7.	8.
e							

2. **Mikor mondhatjuk? Állítsa párba a mondatokat és a szituációkat!**

1. A torkomban dobogott a szívem.
2. Fején találtad a szöget!
3. Mosom kezeimet!
4. Állj a sarkadra!
5. Bocs, de nem volt a homlokodra írva!
6. Nyakamba veszem a várost.
7. Nem ég le a bőr a képedről?
8. Itt van a nyelvemen!

a) A legjobb barátom hazudott nekem.
b) A kollégám fizetésemelést szeretne, de fél beszélni a főnökkel.
c) A barátnőm fáradt és éhes, én pedig már a tizedik üzletbe vonszolom be.
d) Egy híres amerikai színésszel készíthettem interjút.
e) Nem jut eszembe egy író neve.
f) Táskát szeretnék venni, de nem találok olyat, ami tetszik.
g) Én ott sem voltam, mikor a baj történt.
h) A kollégám megkérdezte tőlem, hogy szeretnék-e érdekesebb munkát végezni.

1.	2.	3.	4.	5.	6.	7.	8.
d							

3. Mit jelent? Válassza ki a helyes jelentést!

1. *Rossz vért szül vmi*
   a) vkinek mindig bajt okoz
   b) rossz hatása van vminek ✓
   c) forradalom tör ki

2. *Fő a feje*
   a) nagy gondban van
   b) melege van, izzad
   c) fáj a feje

3. *Beadja a derekát*
   a) meghal
   b) beleegyezik vmibe
   c) férjhez megy

4. *Lóg a nyelve*
   a) hízeleg
   b) szomjas
   c) fáradt

5. *Szem előtt tart vmit*
   a) az asztalán tartja
   b) magánál hord
   c) figyelembe vesz

6. *Kezet emel vkire*
   a) megsimogat vkit
   b) védelmez vkit
   c) megüt vkit

7. *Feldobta a talpát*
   a) meghalt
   b) kézen állt
   c) lefeküdt

8. *Nem fér a bőrébe*
   a) meghízott
   b) nyugtalan
   c) boldog

4. Mit jelent? Válassza ki a helyes jelentést!   C1

1. *Habzik a szája*
   a) fáradt
   b) szomjas
   c) dühös ✓

2. *Az ujja köré csavar vkit*
   a) azt csinál vkivel, amit akar
   b) leszid vkit
   c) elhagy vkit

3. *Az ölébe hullik vmi*
   a) megázik
   b) könnyen hozzájut vmihez
   c) sok pénzhez jut

4. *Hamar eljár a keze*
   a) könnyen megüt vkit
   b) gyorsan és jól dolgozik
   c) kisebb értékeket ellop

5. *A nyelvét köszörüli vkin*
   a) veszekszik vkivel
   b) hízeleg vkinek
   c) gúnyos megjegyzéseket tesz vkire

6. *Megüti a bokáját*
   a) táncol
   b) baleset éri
   c) megbüntetik

5. Alkosson mondatokat a megadott szavakból!   B1

1. szememnek, a, ezer, találkoztunk, vagy, Béla, az, nem, éve, hiszek, te, nem
   ▶ *Te vagy az, Béla? Nem hiszek a szememnek, ezer éve nem találkoztunk.*

2. segíteni, tett, ne, gyere, is, ülj, kézzel, ölbe, te, ott
   ▶ ....

3. tettem, kutya, ágyamba, se, a, a, az, az, befeküdt, már, még, ki, ajtón, lábamat
   ▶ ....

4. lábamat, soha, egész, kaszinóban, oda, nem, elvesztettem, az, a, a, fizetésemet, be, teszem, többet

   ▶ ....

5. hétvégén, számolás, érettségire, megy, egész, sok, az, a, matek, agyamra, készültem

   ▶ ....

6. **Melyik szóval alkothatunk szólást? Válassza ki a helyeset!**

1. Találkoztam a régi szomszédunkkal. Nagyon rossz ....*bőrben*.... volt szegény, biztosan beteg.
   a) *lábon* (b) *bőrben* c) *testben*
2. Azt mondtam Péternek, hogy nem hittem a sikerében. Gondolhatod, hogy ezzel .... sértettem.
   a) *vérig* b) *szíven* c) *csontig*
3. Mikor megláttam őt zöldre festett hajjal, leesett az .... a meglepetéstől.
   a) *orrom* b) *állam* c) *agyam*
4. Ő törte be az ablakot, nem én. Őt kell megbüntetni, én nem fogom tartani a .... miatta.
   a) *hátamat* b) *fejemet* c) *kezemet*
5. A fiam nagyon makacs gyerek. Ha egyszer a fejébe .... valamit, arról senki nem tudja lebeszélni.
   a) *tesz* b) *tart* c) *vesz*
6. Mindkét modell gyönyörű volt, mégis hajba .... azon, hogy kinek szebb a ruhája.
   a) *kerültek* b) *kaptak* c) *fogtak*
7. Lacit ne hívjuk el kosarazni, mert lyukas a ....
   a) *foga* b) *feje* c) *keze*
8. A törpék tárt .... fogadták Hófehérkét.
   a) *kezekkel* b) *karokkal* c) *szemekkel*
9. Zuhogott az eső, két perc alatt .... áztunk.
   a) *csontig* b) *szőrig* c) *bőrig*

7. **Kapcsolódhatnak így a mondatok? Az első mondat jelentése alapján helyes-e a második mondat állítása? Igen (✓) vagy nem (✗)?**

1. Agyamra megy már a telefoncsörgés. Kikapcsolom a mobilomat. ✓
2. A kisfiú hetek óta rágta az anyukája fülét, hogy szeretne egy háziállatot. Tegnap kapott egy kutyát. ☐
3. Irén megáll a maga lábán. Minden hónapban a szülei fizetik a gázszámláját. ☐
4. Az öcsém egész nap csak lógatta az orrát. Vicceket mesélt a barátainak. ☐
5. Az ikrek hajba kaptak az új szánkón. Békés egyetértésben szánkóztak együtt. ☐
6. Éva majd' kiugrott a bőréből, mikor születésnapjára kalapot kapott. Már másnap továbbajándékozta a barátnőjének. ☐
7. Egy hajszálon múlt, hogy nem buktam meg. 100%-osra sikerült a vizsgám. ☐
8. Nem volt ínyemre, hogy mindig én takarítom a lépcsőházat. Szóltam a többi lakónak, hogy osszuk be a munkát. ☐
9. A nagymama nem tudta tartani a száját az esküvővel kapcsolatban. Már az egész rokonság tudja, hogy mikor lesz. ☐
10. Tárt karokkal fogadtak Ausztráliában a távoli rokonok. Szívesen meglátogatom őket máskor is. ☐

8. Melyiket mondhatjuk? Válassza ki a szituációba illő idiómát!

1. *Ketten voltak a szobában, Péter és a kistestvére. A kislány sírni kezd. Mit mond Péter?*
   a) Egy ujjal sem nyúltam hozzá.
   b) Nyakon csíptem!
   c) Kiszúrtam a szemét tíz forinttal!

2. *Mikor az anyja rájön, hogy Péter elvette a kislány játékát, mit mond neki?*
   a) Vigyázz a szádra!
   b) Szedd a lábad!
   c) Ne kerülj a szemem elé!

3. *A barátnőm megvett egy könyvritkaságot. Kérdésemre, hogy hol vette, ezt válaszolja:*
   a) Azt sem tudom, hol áll a fejem.
   b) Lejártam a lábamat utána.
   c) Első kézből kaptam.

4. *A kutyánknak kölyke született. Nagymama a kiskutyáról mesél a szomszédnak.*
   a) Nagyobb a szeme, mint a szája.
   b) Ő a szemünk fénye.
   c) Nagy lábon él.

5. *Mit szóltál, mikor megláttad, hogy a lányod kopaszra borotváltatta a fejét?*
   a) Torkomon akadt a szó.
   b) Kiöntöttem a szívemet.
   c) Be nem állt a szám.

6. *Miért nem dobod ki ezt a régi papucsot? Már nagyon kopott.*
   a) Mert alig állok a lábamon.
   b) Mert szeretem a hasamat.
   c) Mert nagyon a szívemhez nőtt.

9. Mit jelent? Keresse meg a *kéz* szóval kapcsolatos szólások jelentését! C1

1. ég a keze alatt a munka
2. benne van a keze vmiben
3. vkinek a jobb keze
4. kesztyűs kézzel (bánik vkivel)
5. meg van kötve a keze
6. szabad kezet kap
7. kézben tart vmit
8. hamar eljár a keze
9. leveszi a kezét vkiről
10. ráteszi a kezét vmire

a) kíméletesen, óvatosan kezel vmit
b) erőszakosan birtokba vesz vmit
c) beleavatkozik vmibe
d) vkinek a legjobb munkatársa, segítőtársa
e) önállóan dönthet, cselekedhet
f) döntésében korlátozva van, nem teheti azt, amit akar
g) nem gondoskodik róla tovább
h) erősen fegyelmez, határozottan irányít
i) könnyen megharagszik, és pofon üt vkit
j) gyorsan és jól dolgozik

1.	2.	3.	4.	5.	6.	7.	8.	9.	10.
j									

10. Melyik szó hiányzik? Egészítse ki a szólásokat a hiányzó kulcsszavakkal! Figyeljen a megfelelő toldalékok használatára!

1. vkinek az ..... *arcába* ..... vág vmit
2. egy .... híján
3. kiver a .... vmit
4. vkinek a .... néz
5. sok van a .... vkinek
6. rágja a .... vkinek
7. .... sért vkit
8. .... lát vkinek
9. a .... rág vkinek vmit
10. .... hány vkinek vmit

száj
váll ~~arc~~
hajszál
fül   vér
köröm
szem   vese
fej

11. Melyik szó hiányzik? Egészítse ki a szólásokat a hiányzó kulcsszavakkal! Figyeljen a megfelelő toldalékok használatára!

| fej (2×) | ~~orr~~ | gyomor | fog | láb | vér | has | bőr | agy |

1. beleüti az ...... *orrát* ...... vmibe
2. kicsúszik a .... alól a talaj
3. meghűl a .... vkinek az ereiben
4. .... csúszik vki előtt
5. megmossa vkinek a ....
6. vmi megfekszi vkinek a ....
7. fáj a .... vmire
8. .... -főbe ver vkit
9. ép .... megússza
10. vkinek a .... száll az ital

12. Melyik szó hiányzik? Egészítse ki a szólásokat a hiányzó igékkel, majd keresse meg a jelentésüket!

1. az arcára ...... *fagy* ...... a mosoly
2. vki .... a kisujjából vmit
3. vért .... vki
4. szabad kezet .... vmiben
5. .... a lábáról vkit
6. szemet .... vkinek vmi
7. .... a vér vkinek az arcából
8. vkinek a haja szála sem .... meg
9. inába .... a bátorsága
10. .... a keze nyoma vmin

levesz
kap   ~~fagy~~
meglátszik
kifut   kiráz
görbül
száll   szúr
izzad

a) nem lesz semmi baja ☐
b) önállóan dönthet ☐
c) kellemetlen hír miatt megmerevedik az arca [1.]
d) nagy erőfeszítéseket tesz ☐
e) megnyeri a rokonszenvét ☐
f) minden erőfeszítés nélkül tudja ☐
g) megijed ☐
h) feltűnik neki ☐
i) felismerhető a munkája ☐
j) elsápad ☐

13. Mit jelent? Fejezze ki a szavak jelentését az _orr_ szót tartalmazó szólással! C1

1. szomorkodik, csalódott ▶ *lógatja az orrát*
2. vkit tetszése szerint irányít ▶ ....
3. rendre utasít, észre térít vkit ▶ ....
4. nem árul el vkinek vmit ▶ ....
5. nem sikerült elérnie a buszt ▶ ....

14. Hogyan mondhatjuk? Fejezze ki a jelentéseket szólással a megadott a kulcsszó felhasználásával!

1. nem vállalja a felelősséget ▶ *mossa a kezeit* .... (kéz)
2. nem mer szólni ▶ .... (száj)
3. elege van vmiből ▶ .... (torok)
4. sok gondja van ▶ .... (váll)
5. nagyon megijed ▶ .... (vér)
6. sokat tárgyalt téma ▶ .... (csont)
7. megsértődik ▶ .... (orr)
8. ellopnak vmit, eltűnik vmi ▶ .... (láb)
9. semmit nem tesz vmiért ▶ .... (kisujj)
10. nincs kedve vmihez ▶ .... (íny)

15. Hogyan mondhatjuk? Alakítsa át a mondatokat a megadott kulcsszót tartalmazó szólás felhasználásával!

1. Teljesen biztos vagyok benne, hogy holnap esni fog. *(nyak)*
   ▶ *Nyakamat teszem rá, hogy holnap esni fog.*
2. Nem tudtam leszidni a gyereket, úgy megsajnáltam. *(szív)*
   ▶ ....
3. Nagyon unom ezt a témát, túl sokszor beszéltünk már róla. *(könyök)*
   ▶ ....
4. A testvérem reggel óta rosszkedvű, mindenkivel veszekszik, mindennel elégedetlen. *(láb)*
   ▶ ....
5. Már dél van, és a fiam még mindig nem kelt fel. *(has)*
   ▶ ....
6. Minden pénzt elköltöttünk. *(nyak)*
   ▶ ....
7. Minden problémával nekem kell foglalkoznom. *(nyak)*
   ▶ ....
8. Majd én figyelem a szerelőt, aki a tévét javítja. *(szem)*
   ▶ ....
9. Egy lángos nem lesz elég a férjemnek. *(fog)*
   ▶ ....
10. Ildikónak hiába beszéltem, egyáltalán nem hallgatott a tanácsaimra. *(fül)*
    ▶ ....

16. SZÖVEGÉRTÉS — Olvassa el a következő hétköznapi történetet, és húzza alá az idiómákat! B1

Lili egész héten <u>nyakig ült a munkában,</u> már a könyökén jött ki a sok számolás. Pénteken a fejébe vette, hogy elmegy táncolni. Törte a fejét, melyik barátját hívja el, de sajnos, mindegyiknek két bal lába volt, és nem is szerettek táncolni. Úgy döntött, elmegy egyedül a bárba, talán majd ott megismerkedik valakivel. Az orra előtt ment el a busz, ezért elindult gyalog.

Útközben megszólította egy nagyon jóképű, külföldi fiú, és megkérdezte, hol talál a közelben internetkávézót. Szerencsére Lili úgy ismerte a várost, mint a tenyerét, elmagyarázta tehát a fiúnak, merre kell mennie. Együtt sétáltak az internetkávézó felé, és a fiú meghívta őt egy italra. A lánynak fejébe szállt a pezsgő, és hajszál híján elmondta a fiúnak, hogy beleszeretett. Csak a nevét nem tudta megtanulni, olyan hosszú volt, mindig beletörött a nyelve. Egész éjszaka kéz a kézben sétáltak, pezsgőt ittak, s Lili csak hajnalban ment haza.

Másnap délben ébredt, és nagyon fájt a feje. Kávét főzött magának a konyhában, anyja pedig jól megmosta a fejét, amiért későn jött haza. Nemsokára csengettek. Egy tanítvány érkezett, Lili anyja ugyanis magyar nyelvet tanított külföldieknek. Lili fülét megütötte az ismerős akcentus. Torkában dobogó szívvel ment ki az előszobába, és valóban az előző napi fiú állt előtte.

1. A szövegben szereplő idiómák helyettesíthetők az alábbi szavakkal, kifejezésekkel. Melyik melyikkel?

1. sokat dolgozott ▶ *nyakig ült a munkában*
2. majdnem megmondta ▶ ....
3. kézen fogva ▶ ....
4. nagyon jól ismerte a várost ▶ ....
5. nem tudta kiejteni ▶ ....
6. leszidta ▶ ....
7. meghallotta ▶ ....
8. részeg lett a pezsgőtől ▶ ....
9. gondolkozott ▶ ....
10. izgatottan ▶ ....
11. lemaradt a buszról ▶ ....
12. unta ▶ ....
13. ügyetlen volt ▶ ....
14. elhatározta ▶ ....

2. Válassza ki a helyes megoldást a szöveg alapján!

1. *Lili foglalkozása*
   a) táncosnő
   b) könyvelő ✓
   c) nyelvtanár

2. *Lilinek*
   a) két bal lába van
   b) sok táncos barátja van
   c) vannak fiú ismerősei

3. *A fiú azért szólítja meg Lilit, mert szeretne*
   a) táncolni
   b) pezsgőzni
   c) e-mailezni

4. *Reggel az anyja*
   a) haragszik Lilire
   b) kávét főz Lilinek
   c) megmossa Lili haját

17. **SZÖVEGÉRTÉS** Az alábbi, Kleopátráról szóló szöveg bekezdései összekeveredtek.

A) Kleopátra maga *irányította* a politikai életet, 22 évig uralkodott. Híres rómaiakat *csábított el* – Julius Caesart és Marcus Antoniust –, akik bármit megtettek volna érte, *állandóan kényeztették*. A történészek szerint azonban mindebben nagyobb szerepe volt az uralkodónő intelligenciájának és politikai képességeinek, mint szépségének. Mondhatjuk, hogy *született tehetsége volt a politikához.*

B) Ami Kleopátra nagy orrát illeti: a történész itt is óvatosságra int. Nem kizárt, hogy az uralkodónőnek nagy orra volt, de lehet, hogy *igaza van annak,* aki azt állítja, csak az őt ábrázoló pénzérmék miatt gondoljuk ezt. Akkoriban egy karakteres orrábrázolás nem feltétlenül tükrözte az igazságot: szimbolizálhatta az uralkodó határozottságát, egyéniségét is.

C) Kleopátra szépségéről kevés az információnk. A korabeli ábrázolások nem tekinthetők hitelesnek, azok ugyanis mindig idealizálták a modellt. A római-görög források többsége 100-200 évvel későbbi és elfogult: Kleopátra általában konfliktusokat keltő politikusként jelenik meg, aki *folyamatosan ellenőrzi* ellenfeleit.

D) Egy olasz történész úgy véli, Kleopátra szépségének mítosza hosszú évszázadok során alakult ki. A huszadik században azután – tovább erősítve a sztereotípiát – a mozi is átvette a gyönyörű Kleopátra képet.

E) A nőnek, aki kora két nagyhatalmú vezérét is elcsábította, gyönyörűnek kellett lennie, gondolja Kleopátráról az utókor. Egyiptom egykori uralkodónője, akinek szépségéről már birodalmában *folyamatosan terjedt a hír,* a mai napig a női szépség egyik szimbóluma.

F) Ráadásul e források sok mindenben ellentmondanak egymásnak: míg Plutarkhosz *Híres rómaiak* című művében például azt írja, hogy „Kleopátra szépsége önmagában nem volt olyan, amelynek párját nem lehetne találni, s nem is *ezen csodálkoztak,* akik látták", addig Cassius Dio egyenesen a legszebb nőként jellemzi az uralkodót.

1. Állítsa helyes sorrendbe a szöveg részeit! C1

1.	2.	3.	4.	5.	6.
E					

2. A szövegben kiemelt kifejezések helyettesíthetők az alábbi idiómákkal! Melyik melyikkel?

1. fején találja a szöget ▶ ....
2. vérében volt ▶ ....
3. ujja köré csavarta ▶ ....
4. kézben tartotta ▶ ....
5. leesett az álluk ▶ ....
6. tenyerükön hordozták ▶ ....
7. szájról szájra járt a hír ▶ ....

18. **SZÖVEGÉRTÉS** A következő rövid életrajzban Liszt Ferencről, a magyar zenetörténet egyik leghíresebb művészéről olvashat. C1

Liszt Ferenc (németül *Franz Liszt*) (Doborján, 1811. október 22. – Bayreuth, 1886. július 31.) a 19. század nagy romantikus zeneszerzője, minden idők egyik legnagyobb zongoraművésze, csodagyerek, zongoravirtuóz, a nők kedvence és az európai koncerttermek ünnepelt sztárja, korának minden bizonnyal egyik legcsillogóbb zenei egyénisége volt.

Liszt Ferencnek már a születése előtt rendkívüli jövőt jósoltak: egy cigányasszony azt súgta a zeneszerző édesanyjának, hogy szépreményű fiút hoz majd a világra – nem csoda, hogy a kis Ferenc lett *a család szeme fénye*. A gyereknek *vérében volt a zene*, rendkívüli tehetsége korán megmutatkozott, s apjának szerencsére *jó szeme* (és füle!) *volt* a zenei tehetség felismeréséhez. Nem kellett hozzá sok idő, és már csodagyerekként tartották számon. A becsvágyó apa *nem ült ölbe tett kézzel*, megszervezte, hogy a gyakran betegeskedő és gyengélkedő fiúcska már 8 évesen Sopronban és Pozsonyban lépjen fel, és adjon koncertet a magyar főuraknak, akik nemcsak *szájukat tátották*, a csodagyermek tehetségét látva, hanem *összedugták a fejüket*, és egy ösztöndíjjal jutalmazták előadását.

Bár *nem éltek nagy lábon*, a gyerek tehetségén és koncertjei sikerén felbuzdulva a család 1823-ban Párizsba költözött, hogy Ferenc ott folytathassa zenei tanulmányait. A csodagyermeket mindenhol *tárt karokkal fogadták*, s a „petit Litz" elragadó virtuozitásával és gyermeki bájával *mindenki szívébe belopta magát*, viharos gyorsasággal *vette le lábáról*, az előkelő párizsi és londoni közönséget.

Rendkívüli kifejező erejű koncertjei elsősorban a hölgyhallgatóság körében váltottak ki hisztérikus eufóriát. Liszt Ferenc előszeretettel rázta hosszú sörényét, szinte kalapált a zongora billentyűin, sőt néha meg is rongálta azokat. Olyan *szívbe markolóan*, játszott, a közönség annyira lelkesedett érte, hogy nem tudtak ülve maradni, ezért Liszt a későbbiekben nem is tetetett székeket a terembe. Koncertjein még emléktárgyakat is osztottak a rajongóknak, akik *tenyerükön hordozták a művészt*.

Mindezek alapján joggal nevezhetjük őt a zenetörténet első igazi szupersztárjának.

1. A szövegben kiemelt idiómák helyettesíthetők az alábbi szavakkal, kifejezésekkel. Melyik melyikkel?

1. mindenkivel megszerettette magát ▶ *mindenki szívébe belopta magát*
2. a család kedvence ▶ ....
3. nem várt tétlenül ▶ ....
4. született tehetsége volt a zenéhez ▶ ....
5. elkényeztették ▶ ....
6. meghódította ▶ ....
7. volt érzéke ▶ ....
8. meghatóan ▶ ....
9. tanácskoztak ▶ ....
10. csodálkoztak ▶ ....
11. nem volt sok pénzük ▶ ....
12. örömmel, szívesen fogadták ▶ ....

2. Mit jelent? Keresse meg a szavak jelentését vagy rokon értelmű kifejezését!

1. csodagyermek
2. becsvágyó
3. gyengélkedő
4. felbuzdul
5. báj
6. sörény
7. billentyű

a) kedvesség, szeretetreméltóság
b) állatok nyakán, fején növő dús szőr; nagy haj
c) kiemelkedően tehetséges gyerek
d) nyomógomb (pl. zongorán, számítógépen)
e) ambiciózus
f) betegeskedő
g) fellelkesedik

3. Jól értette? A szöveg alapján válaszoljon a kérdésekre!

1. Honnan tudta Liszt családja, hogy a születendő gyermek tehetséges lesz?
2. Kik támogatták a gyermek Liszt tanulmányait?
3. Miért szerette meg mindenki a kis Liszt Ferencet?
4. Hogyan viselkedett Liszt Ferenc a koncerteken?
5. Miért nem voltak ülőhelyek a koncertteremben?
6. Mennyiben hasonlít Liszt Ferenc egy mai szupersztárhoz?

19. (SZEREPJÁTÉK) **Írjanak párbeszédet a megadott idiómák felhasználásával, majd játsszák is el!**

B1 szint

Szituáció: Egy barátnő elmeséli a másiknak, hogy a főnöke feleségül kérte.
Felhasználandó idiómák:
megkéri a kezét; nem hisz a szemének; a könyökén jön ki; szereti a hasát; elveszti a fejét; agyára megy; rossz bőrben van; azt se tudja, hol áll a feje

B2 szint

Szituáció: Két diák beszélget. Az egyik a sok tanulnivalóról panaszkodik, a másik beszámol arról, hogy Afrikába indul.
Felhasználandó idiómák:
a számból vetted ki a szót!; lóg a nyelve; torkig van vmivel; se füle, se farka; vmi jár a fejében; arcára van írva; mintha a fogát húznák; kéz- és lábtörést!; levesz vkit a lábáról

C1 szint

Szituáció: Két taxisofőr vitatkozik, mert az egyik elfoglalta a másik megszokott helyét a repülőtéri parkolóban.
Felhasználandó idiómák:
van bőr a képén; (még) ha a feje tetejére áll is!; ne szívja mellre!; nem fenékig tejfel; elhúzza a belét; szívére vesz vmit; felhúzza az orrát; fején találja a szöget; a saját szakállára

KITESZÜNK MAGUNKÉRT

BALEK
baleknak néz vkit *biz.* — take sy for a fool
butának, becsaphatónak tart vkit — consider sy stupid or easy to deceive

| Utálom, ha az árusok baleknak néznek a piacon, és megpróbálják eladni nekem a rohadt gyümölcsöt.

CSEH
csehül áll vmivel — be in the soup; be in a mess
rosszul, gyengén áll (anyagilag, egészségileg) — be badly off, in a poor situation

| Egy tavalyi felmérés szerint csehül állunk a nyelvtudással. A felnőtt lakosságnak csak körülbelül egynegyede beszél valamilyen idegen nyelven.

csehül érzi magát *C1* — feel low
rosszul van, beteg — feel unwell; be ill

| Nem megyek el a színházba, csehül érzem magam. Fáj a fejem, és a torkom, talán lázam is van.

EMBER
emberére akad — meet one's match
egyenrangú ellenfélre talál — face an equal opponent

| A magyar teniszező eddig minden ellenfelét simán verte, ám a spanyol versenyzőben emberére akadt.

embert farag vkiből — make a man (out) of sy
kitartó munkával értékes, tisztességes embert nevel vkiből — take the trouble to raise sy into a decent, worthy person

| Dénes elkényeztetett kisfiú volt. A nagypapája faragott embert belőle.

emberszámba vesz vkit — consider sy as an adult
egyenrangú félként kezel, komolyan vesz vkit — treat sy as an equal; take sy seriously

| A jó orvos nemcsak jó szakember, hanem emberszámba is veszi a betegét.

nem elveszett ember — have what it takes; be nobody's fool
nem kell félteni, minden helyzetben feltalálja magát — no need to worry about him, he's at home in any situation

| Ne aggódj a fiadért, nem elveszett ember, meg fogja oldani a problémát.

nem embernek való — not fit for humans
nagyon rossz, kellemetlen — very bad, unpleasant

| Abba a kempingbe ne menjetek, nem embernek való hely! Nincs zuhanyzó, beesik az eső a tetőn, bogarak mászkálnak az asztalon.

ÉN
a jobbik énje — sy's better side
jó tulajdonságai, természetének jobbik része — sy's positive characteristics or the better part of sy's nature

| A veszélyhelyzet mindenkiből kihozta a jobbik énjét, megpróbálták közösen elhárítani a katasztrófát.

megmutatkozik az igazi énje v. **megmutatja az igazi énjét**
teljesen megváltozik, rosszabbik énjét mutatja

show one's true colours

change completely and show the worse side of one's character

| Ha túl sokat iszik, megmutatkozik az igazi énje, és agresszív lesz.

GYEREK
gyerek még az idő
nincs késő, még korán van

the night is young
it's not late; it's still early

| Úgy örülök, hogy itt vagytok. Ne menjetek még haza! Gyerek még az idő.

kire ütött ez a gyerek?
kinek a tulajdonságait örökölte, kire hasonlít?

who does this child take after?
whose characteristics has the child inherited? who is he like?

| Nem értem, kire ütött ez a gyerek. Olyan szemtelen!

ne légy gyerek!   *B1*
ne butáskodj!

don't be childish; act your age!
don't be silly!

| Ne légy gyerek! Ugye nem mondod komolyan, hogy félsz az oltástól?!

nem mai gyerek   *B1*
nem fiatal

no (spring) chicken
not young any more

| Biztos, hogy le tudsz futni 30 kilométert? Nem vagy már mai gyerek.

KEFEKÖTŐ
iszik, mint a kefekötő   *C1*
részeges, sokat iszik

drink like a fish
drunkard, drinks a lot

| Ezt a szerelőt nem hívom többet, még munka közben is iszik, mint a kefekötő.

LUCA
lassan készül, mint a Luca széke
nagyon lassan halad, készül (munka)

at snail's pace
proceeds/gets done very slowly (e.g. work)

| Ez a szakdolgozat olyan lassan készül, mint a Luca széke. Edit már két éve írja.

MAGA
kitesz magáért
kiválóan teljesít, a lehető legjobbat nyújtja

do one's best; do oneself justice
do sg as well as you can

| Ildikó igazán kitett magáért, mikor az anyósa náluk ebédelt, még tortát is sütött.

maga alatt van   *B1*
testileg, lelkileg kimerült; el van keseredve

be down in the dumps; down in the mouth
be physically or mentally exhausted; be depressed

| Iván teljesen maga alatt van, mióta kitették az állásából.

magába száll
belátja, megbánja a hibáit, tévedéseit

feel remorse; withdraw into oneself
admit to one's faults/mistakes and regret them

| Ferenc nagyon goromba mindenkivel. Próbáljunk meg beszélni vele, hátha magába száll.

megmondja a magáét vkinek
kíméletlenül megmondja a véleményét, kifogásait

tell sy a few home truths
state one's opinion or objections unsparingly

| Én nem félek a főnökömtől, ha kell, megmondom neki a magamét.

MAGYAR
magyarán szólva — bluntly/frankly speaking
világosan, egyértelműen fogalmazva — to express oneself clearly, openly

| Juli újabban Xboxokat tesztel, magyarán szólva munkaidőben számítógépes játékokat játszik.

MINDENKI
mindenki magából indul ki *B1* — don't judge others by your own standards
bírálatába, megjegyzésébe a saját hibáját képzeli bele — read one's own faults into criticism or remarks about others

| Szerinted ő hazudik? Hát, mindenki magából indul ki.

PALI
palira vesz vkit *szleng* *C1* — lead sy up the garden path
becsap vkit — deceive sy

| A hipermarket palira vette a vásárlókat: több áruházukban hiába keresték a prospektusban reklámozott, olcsó termékeket.

ÚR
ura a helyzetnek — have a situation under control; have a handle on the situation
az ő kezében van a vezetés, irányítása alatt tartja a dolgokat — have things under control

| A bíró kiválóan vezette a futballmeccset, még a veszélyes pillanatokban is ura volt a helyzetnek.

vmi úrrá lesz vkin/vmin — master sg; get the upper hand of sy/sg
legyőz vkit/vmit — overcome sy/sg

| A vállalat az elmúlt évben úrrá lett a gazdasági nehézségeken.

úrrá lesz vmi vkin — fall into the grip of sg
(szenvedély, indulat) elhatalmasodik vkin, vki vminek az irányítása alá kerül — be overcome by an attidude, emotion; become dominated by sg

| Március végére a családban mindenkin úrrá lett a tavaszi fáradtság.

VAK
a vak is láthatja *B1* — as plain as the nose on your face
teljesen világos, egyértelmű, nyilvánvaló — completely clear, obvious

| A vak is láthatja, hogy szerelmes vagy Ibolyába.

vak vezet világtalant — the blind leading the blind
az ad tanácsot, aki szintén nem ért a dologhoz — giving advice to sy when you don't understand the situation yourself

| Péter megbukott a KRESZ-vizsgán, és most ő tanítja vezetni a feleségét. Vak vezet világtalant.

vakon követ vkit/vmit — follow sy/sg blindly; go it blind
teljes bizalommal követ vkit vmit — enter into sg/follow sy without knowing enough about it

| Panni annyira felnéz a bátyjára, hogy vakon követi bárhová.

vakon (meg)bízik vkiben/vmiben — have blind faith in sy/sg; trust sy/sg blindly
teljesen megbízik benne — have total, out-and-out trust in sy/sg

| Az igazgató olyan embert bízott meg ezzel a fontos munkával, akiben vakon megbízik.

HELYBEN VAGYUNK

ALAGÚT
már látszik az alagút vége see the light at the end of the tunnel
javul a helyzet, remélhető, hogy közel the situation is improving; hopefully a solution is near
van a megoldás

| Már látszik az alagút vége, idén talán véget ér a recesszió a magyar gazdaságban.

BANK
adja a bankot *biz.*   *C1* get above oneself; put on airs
nagyképűen viselkedik behave arrogantly

| Ne add a bankot, próbálj meg kicsit szerényebben viselkedni!

BOLT
becsukja a boltot   *B1* shut/close up shop; put up the shutters
tevékenységet abbahagy, vállalkozást megszüntet cease an activity; wind up an undertaking

| A német autógyár fél évre becsukja a boltot. A gazdasági válság miatt június végéig leállították az autógyártást.

DŰLŐ
dűlőre jut vkivel   *C1* come to an understanding with sy
megegyezik, megállapodik vkivel come to an agreement with sy

| A film producere és rendezője nem jutott még dűlőre egymással, ezért nem tudják elkezdeni a forgatást.

dűlőre jut vmi   *C1* sg is settled
megoldódik, elintéződik a vitás helyzet a disputed situation is solved, sorted out

| Az építési engedély ügyében végre dűlőre jutottak a tárgyalások. Jövő hónap elején megkezdik az új bevásárlóközpont építését.

EGÉRÚT
egérutat nyer get a head start; shake off / give the slip to one's pursuer
sikerül elmenekülnie succeed in escaping

| A menekülő bankrablónak egy piros lámpánál sikerült egérutat nyernie, és eltűnt a rendőrök szeme elől.

ERDŐ
bevisz vkit az erdőbe lead sy up the garden path
rászed, becsap vkit swindle, cheat, dupe sy

| A legjobb barátom bevitt az erdőbe, mikor egy biztosítási szerződést ajánlott nekem.

GÖDÖR
kimászik a gödörből get out of a scrape/mess
kijut a nehéz, rossz helyzetből get out of a difficult or bad situation

| Zitát sok kellemetlenség érte, sok nehézséggel kellett szembenéznie. A barátai próbálnak segíteni neki, hogy végre kimásszon a gödörből.

GYEREKSZOBA

volt gyerekszobája (vkinek) *B1* — sy is well brought up
jó nevelést kapott kiskorában — had a good upbringing when he was small

| A kollégám mindig nagyon udvarias, látszik, hogy volt gyerekszobája.

HATÁR

határ a csillagos ég — the sky's the limit; aim for the stars
nincsenek korlátok, nincs felső határ — no restrictions; no limits

| A legújabb divat szerint készült csizmák ára 200 eurótól indul, és a határ a csillagos ég.

mindennek van határa — enough is enough!; this goes too far!
ebből elég volt!, ez már túlzás! — that's more than enough; that's over the top

| A kutyáknak készült esőkabátot még megértem, de hogy táskát is gyártanak nekik?! Mindennek van határa!

túlmegy minden határon — cross the line; go too far
túloz, szélsőségesen viselkedik — exaggerated, extreme behaviour

| 1200 Ft-ot kérnek egy kávéért? Ez már túlmegy minden határon.

HÁZ

ahány ház, annyi szokás — every household has its customs; so many men so many minds
mindenhol más a szokás — customs differ everywhere

| Nem minden családban esznek kalácsot húsvétkor. Ahány ház, annyi szokás.

mindenki v. ki-ki söpörjön a saját háza/portája előtt! *C1* — sweep before your own door; mind your own business
mindenki törődjön a saját dolgával, ne szóljon bele mások életébe — everyone should take care of their own affairs and not interfere in others' lives

| Szerintem ne foglalkozz azzal, hogy a szomszéd fizet-e adót. Mindenki söpörjön a saját háza előtt!

telt ház *B1* — full house
megtelt nézőtér a színházban, nincs egy üres hely sem — the auditorium is full, not a single empty seat

| Azt a darabot hetek óta telt házzal játsszák.

HELY

egy ültő helyében — in one sitting
egyszerre — in one go

| Elemér nagyon jó étvágyú ember, egy ültő helyében megeszik egy egész sült csirkét.

helyben vagyunk — that's it; that's the point
erről van szó, a dolog lényegénél vagyunk — that's what it's about; we're down to essentials

| Nem akarsz eljönni velünk? Na, helyben vagyunk, kezdettől fogva tudtam, hogy így lesz.

helyén van vkinek az esze — have one's head screwed on the right way; be all there
józanul gondolkodik, nem lehet becsapni — have common sense; think straight

| Nem kell félteni Ottót, feltalálja magát külföldön is. Bátor fiú, és helyén van az esze.

helyt ad (kérésnek, véleménynek) — permit, give place to (a question, opinion)
elfogadja, elismeri vminek a jogosságát — accept, acknowledge the justification for sg

| A bíró a tárgyaláson helyt adott a felperes kérelmének.

HELYBEN VAGYUNK

hűlt helye vminek disappear
eltűnt has disappeared

| Ide tettem a csokoládét, de most hűlt helye. Ki vihette el?

megállja a helyét hold one's own; stand one's ground
jól teljesíti a feladatát, megfelel vminek carry out a task well; be fit for sg

| A volt válogatott futballista edzőként is megállja a helyét.

nem találja a helyét *B1* can't find his place
a) nem tud beilleszkedni doesn't fit in; can't adapt to sg
b) nyugtalan can't settle down

| Kinga elment a buliba, pedig nem ismert ott senkit. Nem panaszkodott, de látszott, hogy nem találja a helyét.
| Enikő egész este nem találta a helyét, annyira aggódott a fiáért.

ISKOLA
iskolát teremt vmivel set a fashion
művésznek, tudósnak sok követője, an artist or scientist will have many followers
tanítványa lesz

| A koreográfus iskolát teremtett, amikor elkezdte ötvözni a néptáncot a modern táncművészettel.

jó iskola vkinek *B1* a good lesson for sy
vki sokat tanul vmiből learn a lot from sg

| Remélem, jó iskola volt neked ez a külföldön töltött év!

KONYHA
hoz a konyhára vmennyit *B1* bring grist to the mill
hasznot hoz vkinek, jövedelmező bring sy sg useful or profitable

| Péternek a vállalkozásai mellett van egy klubja is, de az nem sokat hoz a konyhára.

LEJTŐ
a lejtőn nincs megállás once on the slippery slope there is no going back
rossz útra tér follow the bad track

| Dohányzik, iszik, nem dolgozik. Mi jön még? A lejtőn nincs megállás.

elindul a lejtőn go downhill; be on the downward path
erkölcsi hanyatlásnak indul, zülleni kezd become depraved; go down(hill)

| Elhagyta a családját, feladta az állását, elindult a lejtőn.

LYUK
lyukat beszél vkinek a hasába talk the hind leg off a donkey
a) elviselhetetlenül sokat beszél talk a lot
b) rábeszél vkit vmire persuade sy of sg

| Kedves az új szomszédom, de lyukat tud beszélni a hasamba.
| Ez az árus mindig lyukat beszél a hasamba, és megveszek valamit, amire semmi szükségem.

MALOM
vkinek a malmára hajtja a vizet *C1* play into the hands of sy
szándéka ellenére elősegíti vkinek az érdekeit, promoting sy's interests or aims without intending to
céljait

| A nagy meleg a fagylaltgyártók malmára hajtja a vizet.
| Az időjárás is a várvédők malmára hajtotta a vizet, az ostromlók ugyanis semmit sem láttak a ködtől.

egy malomban őröl vkivel *C1*
azonosak vagy hasonlók a szándékaik,
céljaik, terveik

be on the same wavelength as sy
have the same or similar intentions, aims
or plans as sy

| Azért nem értik meg egymást, mert nem egy malomban őrölnek.

MEDER
vmilyen mederbe terelődik vmi
megváltozik, átalakul

sg takes its course
changes, transforms

| András élete teljesen új mederbe terelődött, amióta külföldön dolgozik.

OLTÁR
oltár elé vezet vkit
feleségül vesz vkit

lead sy to the altar
marry sy (a woman); take a wife

| Az angol trónörökös végre oltár elé vezette menyasszonyát.

PALÁNK
átver vkit a palánkon
becsap vkit

pull a fast one on sy
cheat sy

| Jól átvertek a palánkon, nem is adtak kedvezményt a prospektusban hirdetett termékekre.

PORTA
**mindenki *v.* ki-ki söpörjön a saját
háza/portája előtt!** *C1*
mindenki törődjön a saját dolgával,
ne szóljon bele mások életébe

sweep before your own door; mind your own
business
people should take care of their own affairs
and not interfere in others' lives

| Szerintem ne foglalkozz azzal, hogy a szomszéd fizet-e adót. Mindenki söpörjön a saját portája előtt!

RÉV
révbe ér *C1*
nehézségek után nyugodt körülmények
közé kerül

reach a (safe) haven; be home and dry
be in peaceful circumstances after struggling with
difficulties

| Gergőnek sok magányos év után révbe ért az élete: tavaly megnősült, és idén megszülettek az ikrei.

SAROK
sarokba szorít vkit
döntésre kényszerít vkit

corner sy; force sy into a corner
force sy to make a decision

| A tévés vitaműsorban az újságírók sarokba szorították a minisztert.

SUT
sutba dob vmit *C1*
félredob, mellőz vmit

throw out; chuck out sg
throw away

| Amióta megjelentek az okostelefonok, sokan sutba dobják a régi mobiljukat.

TALAJ
ég a lába alatt a talaj
veszélyessé, tűrhetetlenné válik a helyzete

(get) too hot for sy; too hot to handle
the situation becomes dangerous or unbearable

| Ég a lába alatt a talaj, mert rájöttek, hogy lopott a munkahelyén.

ÚT

egyengeti vkinek/vminek az útját — pave the way for sy/sg
segíti vkit (a munkahelyén, karrierjében) előre jutni — help sy to get on in their workplace or career
| Könnyű volt sikereket elérnie, befolyásos apja egyengette az útját.

fel is út, le is út! — get out of here!; scram!
(felszólítás távozásra) menj el!, ne is lássalak! — go away!; get out of my sight!
| Mikor megtudta, hogy a felesége megcsalta, megmondta neki, hogy fel is út, le is út.

görbe utakon jár — employ devious/underhand means
nem legális dolgokkal foglalkozik — be involved in illicit/illegal things
| Nem merem megkérdezni a barátomat, miből keresi a pénzét, úgy érzem, görbe utakon jár.

jó útra tér — turn over a new leaf
megjavul — change for the better
| Szabó Magda meséjében Bárány Boldizsár, a rossz kisbárány végül jó útra tér.

kiadja vkinek az útját — send sy packing; give sy their marching orders
megszakítja a kapcsolatot vkivel, elküld vkit — break off relations with sy; send sy away
| A főnök azonnal kiadta a pincér útját, mikor megtudta, hogy lopja a kanalakat.

külön utakon jár — go one's own way
mással foglalkozik, mint a többiek — do different things from the others
| Tamás nem vesz részt semmilyen közös programban, mindig külön utakon jár.

szabad utat enged vminek — allow sg to take its course; make way for sg
lehetővé teszi, hogy érvényesüljön, nem akadályozza — allow sg to materialize, not put anything in its way
| Az új uniós szabályozás szabad utat enged a munkaerő-kölcsönzésnek.

útba ejt vkit/vmit — call in at a place; call on sy (on the way to)
útközben másik helyet is érint; meglátogat vkit — visit a place or person on the way to somewhere else
| A múzeumba menet útba ejtjük a könyvesboltot is.

útban van — be/stand in the way; block the way
akadályt jelent — be an obstruction
| Menj arrébb egy kicsit, kérlek! Nem látod, hogy útban vagy?

zöld utat kap *B1* — be given the green light / the thumbs up
engedélyt kap — get permission
| Zöld utat kapott az új bevásárlóközpont építése.

ZSÁKUTCA

zsákutcába jut/kerül — come to a dead end / deadlock; be up a blind alley
olyan helyzetbe kerül, amelyből nincs kiút, nincs megoldás — get into a situation where there is no way out, no solution
| Zsákutcába jutott a strandépítés terve. Nincs sem építési engedélyünk, sem pénzünk a munkákra.

Feladatok

1. Mikor mondhatjuk? Állítsa párba a mondatokat és a szituációkat! B1

1. Látszik, hogy volt gyerekszobája!
2. Mindenki magából indul ki!
3. Teljesen maga alatt van.
4. Becsukom a boltot.
5. Nem találom a helyemet.
6. Sajnálom, telt ház van!

a) Zoltán elvesztette az állását, otthagyta a barátnője, és a lakásából is ki kell költöznie.
b) Van egy biciklikölcsönzőm, de kevés a turista, nem tudok megélni belőle.
c) A kollégám azt mondja, hogy biztosan én öntöttem le kávéval a fontos papírokat.
d) Új munkahelyem van, de senkivel nem tudok beszélgetni, nem szimpatikusak a kollégák.
e) A bemutató előadás előtt tíz perccel szeretne jegyet venni egy néző, de már minden jegy elfogyott.
f) Találkoztunk egy fiatallal, aki nagyon udvariasan köszönt, és segített egy idős hölgynek.

1.	2.	3.	4.	5.	6.
f					

2. Mikor mondhatjuk? Állítsa párba a mondatokat és a szituációkat!

1. Csehül állunk!
2. Zsákutcába jutottam.
3. Ne add a bankot!
4. Vakon megbízom benne!
5. Kire ütött ez a gyerek?
6. Ez túlmegy minden határon!
7. Gyerek még az idő!
8. Már látszik az alagút vége!
9. Nyugi, ura vagyok a helyzetnek!
10. Ne nézzen baleknak!

a) A vendégeim el akarnak menni, de én szeretném, ha maradnának.
b) Egy ismerősöm azzal dicsekszik, hogy nem fél senkitől és semmitől.
c) A szomszédomnak kulcsa van a lakásomhoz. Egy barátnőm csodálkozik ezen.
d) A testvérem fia megbukott az iskolában, pedig a szülei diplomás emberek.
e) Hónapok óta próbálok megoldani egy bonyolult matematikai problémát. Rengeteg ötletet kipróbáltam, de egyik sem hozott eredményt.
f) A tűzhelyen odaég az ebéd, a kádból folyik ki a víz, a gyerek üvölt, és valaki aggódva megkérdezi, hogy baj van-e.
g) Egyik diákom mindennap elkésik, soha nem ír házi feladatot, és beszélget az órán. Megérkezik, és elkezd reggelizni a tanteremben.
h) Az étteremben a pincér ezer forintot számolt fel két szelet kenyérért.
i) A futballmeccs 83. percében az ellenfél 5:0-ra vezet.
j) Az elmúlt két évben gazdasági válság volt, de a közgazdászok szerint jövőre már javulni fog a helyzet.

1.	2.	3.	4.	5.	6.	7.	8.	9.	10.
i									

3. Mit jelent? Válassza ki a helyes jelentést!

1. *Kitesz magáért*
   a) kilép a munkahelyéről
   b) nagyon kiöltözik
   c) kiválóan teljesít

2. *Megállja a helyét*
   a) megfelelően teljesít
   b) megtartja állását
   c) nem mozdul a sorból

3. *Kiadja vkinek az útját*
   a) ismerteti vkivel az útitervet
   b) megengedi vkinek, hogy szabadságra menjen
   c) elküld vkit, megszakítja vele a kapcsolatot

4. *Emberszámba vesz vkit*
   a) beleszámít vkit a létszámba
   b) egyenrangú félként kezel vkit
   c) felvesz vkit munkatársnak

5. *Iskolát teremt*
   a) sok követője, tanítványa van
   b) megalapít egy oktatási intézményt
   c) kidolgoz egy továbbképzési programot

6. *Bevisz vkit az erdőbe*
   a) becsap vkit
   b) elvisz vkit kirándulni
   c) eltéved

4. Melyik szóval alkothatunk szólást? Válassza ki a helyeset!

1. A bankrabló elmenekült a színhelyről. A rendőrök üldözőbe vették, de ..... *egérutat* ..... nyert, és eltűnt.
   a) *macskautat* b) *egérutat* c) *agárutat*
2. Amikor Juli megtudta, hogy a férje megcsalta, rögtön kiadta az ....
   a) *útját* b) *helyét* c) *boltját*
3. A legkisebb királyfinak .... volt az esze, és legyőzte a sárkányt.
   a) *fejében* b) *helyén* c) *helyében*
4. Nem éreztem jól magam, mert kellemetlen .... terelődött a beszélgetés.
   a) *gödörbe* b) *lyukba* c) *mederbe*
5. Ne kritizáld a másik munkáját! .... a saját portád előtt!
   a) *Söprögess* b) *Takaríts* c) *Tisztogass*
6. Annyira udvariatlanul viselkedett velünk a pincér, hogy jól .... neki a magamét.
   a) *kimondtam* b) *elmondtam* c) *megmondtam*
7. A férfi nyugodtan fogadta a megrázó baleset hírét, de amikor egyedül maradt, utat ....
   az érzelmeinek, és sírni kezdett.
   a) *engedett* b) *hagyott* c) *mutatott*

5. Kapcsolódhatnak így a mondatok? Az első mondat jelentése alapján helyes-e a második mondat állítása? Igen (✓) vagy nem (x)?

1. Zöld utat kapott az amatőr színtársulat. Holnaptól kezdhetik a próbákat. ✓
2. Zoltán fiatalabb korában lopásokból, betörésekből élt, de már jó útra tért. Most is egy bankrablásra készül. ☐
3. A vak is láthatja, hogy szeretnél velünk jönni. Akkor holnap veled is találkozunk. ☐
4. Katikának volt gyerekszobája. Udvariasan előre köszön a felnőtteknek. ☐
5. Gábor nem mai gyerek. Biztos, hogy több mint 30. ☐
6. Ide tettem a poharamat, de most hűlt helye. Nem tudom, hová lett. ☐
7. Sok gondunk volt, de már úrrá lettünk a nehézségeken. Még mindig rengeteg a problémánk. ☐

6. Melyik szó hiányzik? Egészítse ki az idiómákat a megfelelő kulcsszóval!

1. ......*sarok*..ba szorít vkit
2. egy ....ban őröl vkivel
3. ....n van vkinek az esze
4. ....t farag vkiből
5. kimászik a ....ból
6. sokat hoz a ....ra
7. lassan készül, mint a .... széke
8. ....on követ vkit

Luca   ember
konyha
malom   gödör
~~sarok~~
vak   hely

7. Melyik szó hiányzik? Egészítse ki a szólásokat a hiányzó igékkel!
(Két ige esetében határozott ragozású alakot kell használnia!)

1. útba ....*ejt*........ vmit
2. lyukat .... vkinek a hasába
3. egérutat ....
4. dűlőre .... vkivel
5. vmennyit .... a konyhára
6. palira .... vkit
7. .... vkinek az útját
8. sarokba .... vkit
9. vakon .... vkiben
10. .... a helyét

jut   megáll
szorít   beszél
egyenget
~~ejt~~   hoz
megbízik
vesz   nyer

8. Pótolja a végződéseket vagy a névutókat az alábbi idiómákban, majd keresse meg a jelentésüket!

-ba/-be (2x)	-nak/-nek (2x)	-ban/-ben	-ból/-ből	alatt

1. embert farag vki...*ből*........
2. helyt ad vmi..............
3. maga.............. száll
4. maga .... van
5. szabad utat enged vmi..............
6. út.............. van vmi
7. zsákutca.............. jut

a) rossz lelkiállapotban van
b) belátja a hibáit
c) rossz helyen van, akadályoz vmit
d) kilátástalan helyzetbe kerül
e) megnevel vkit
f) lehetővé teszi, hogy érvényesüljön
g) elfogad vmit (kérést, véleményt)

9. Folytassa szólással! Használjon idiómát a megadott kulcsszó felhasználásával!

1. Közel a beadási határidő, de a pályázat még csak félig van kész. *(cseh)*
   ▶ *Csehül állunk.*
2. A szomszédom órákig mesélt valamiről. *(lyuk)*
   ▶ ....

3. Szerintem ez a hiba inkább az engem bírálókra jellemző. *(maga)*

   ▶ ....

4. Erre a kérdésre nem tudok válaszolni. *(sarok)*

   ▶ ....

5. Ne aggódj, tudom, mit csinálok, nem kell félni. *(úr)*

   ▶ ....

6. A pénztáros felháborítóan szemtelenül válaszolt, és még be is csapott. *(határ)*

   ▶ ....

10. Hogyan mondhatjuk? Fejezze ki a jelentéseket szólással a megadott kulcsszó felhasználásával! C1

1. világosan, egyértelműen ▶ *magyarán szólva* .... *(magyar)*
2. legyőz vmit ▶ .... *(úr)*
3. nyugodt körülmények közé kerül ▶ .... *(rév)*
4. vki más céljait segíti elő ▶ .... *(malom)*
5. nem legális dolgokkal foglalkozik ▶ .... *(út)*
6. megegyezik vkivel ▶ .... *(dűlő)*
7. félredob, mellőz ▶ .... *(sut)*
8. egyenrangú ellenfélre talál ▶ .... *(ember)*

11. SZÖVEGÉRTÉS Olvassa el a következő hétköznapi párbeszédet!

– Csókollak, Évikém, Hogy vagy?
– Ne is kérdezd, édesem. Teljesen *magam alatt vagyok*.
– Miért? Mi történt, szívem? Mesélj!
– *Kiadtam az útját* a férjemnek. Megmondtam neki, hogy *fel is út, le is út*.
– Te jó ég! Miért?
– *Mindennek van határa!* Nem bírtam már tovább, hogy mindig *görbe utakon járt*, engem meg *baleknak nézett*, az én pénzemből élt. Jól *megmondtam neki a magamét*, és összecsomagoltam a bőröndjét.
– Jaj, édesem. Mi lesz veled egyedül? Hol találsz új társat magadnak?
– Igaz, *nem vagyok már mai gyerek*. Ez a házasság mindenesetre *jó iskola volt*, senkiben sem szabad *vakon megbízni*.
– Azért ne keseredj el! Majd csak *kimászol a gödörből!*
– Most mindenesetre úgy érzem, hogy *zsákutcába jutott az életem*. Na, megyek is, puszillak.
– Ne siess úgy, *gyerek még az idő*. Igyunk meg egy kávét!
– Rendben. De azt hiszem, egy konyak inkább rám férne!

A szövegben kiemelt idiómák helyettesíthetők az alábbi szavakkal, kifejezésekkel. Melyik melyikkel?

1. azt gondolta, hogy becsaphat ▶ *baleknak nézett* ....
2. kidobtam/elküldtem ▶ ....
3. elegem volt ▶ ....
4. nem legális dolgokkal foglalkozott ▶ ....
5. tanulságos volt/tanultam belőle ▶ ....

6. 100%-osan megbízni ▶ ....
7. kijutsz a nehéz helyzetből ▶ ....
8. olyan helyzetben vagyok, amiből nincs kiút ▶ ....
9. nem vagyok fiatal ▶ ....
10. korán van még ▶ ....
11. rossz állapotban vagyok ▶ ....
12. megmondtam a véleményemet/megkritizáltam ▶ ....

12. **SZEREPJÁTÉK** **Írjanak párbeszédet a megadott idiómák felhasználásával, majd játsszák is el!**

B1 szint

Szituáció: Két színésznő beszélget a bemutató után. Az egyik főszerepet játszott, sikere volt, és most boldog, a másiknak csak egy mondat jutott.
Felhasználandó idiómák:
telt ház; nem találja a helyét; jó iskola vkinek; zöld utat kap; maga alatt van; a vak is láthatja

B2 szint

Szituáció: Egy apa veszekszik a fiával, mert az ismét otthagyta az állását egy hét után. Ez már a hetedik munkahely volt ebben az évben.
Felhasználandó idiómák:
helyben vagyunk; külön utakon jár; jó útra tér; kitesz magáért; embert farag vkiből; útban van; révbe ér; fel is út, le is út!; nem elveszett ember

C1 szint

Szituáció: Egy ház tulajdonosa alkudozik a lehetséges vevővel, de nem tudnak megegyezni, mert a vevő túl keveset kínál a házért, amelyet a tulajdonos egy élet munkájával épített.
Felhasználandó idiómák:
dűlőre jut; túlmegy minden határon; magába száll; sarokba szorít; útba ejt; palira vesz vkit; egy malomban őröl; határ a csillagos ég; ahány ház, annyi szokás

SZÖGET ÜTHET A FEJÉBE

ABLAK
nem tesz ki az ablakba vmit — be nothing to shout about
nem lehet büszke vmire, — cannot be proud of sg; not boast about sg
nem dicsekszik vmivel

| Ezt a bizonyítványt nem teszi ki az ablakba. Majdnem megbukott!

ÁBRA
mi az ábra? *B1* — what's the score?
mi a helyzet? — how are things?

| – Szia. Mi az ábra?
– Semmi különös.

ÁGY
ágyba bújik vkivel — sleep with sy
szexuális kapcsolatba kerül vkivel — have a sexual encounter with sy

| Aliz könnyűvérű lány, már az első este ágya bújik azzal, aki tetszik neki.

ágynak dől — take to one's bed
hirtelen megbetegszik — suddenly become ill

| Péter fél éven keresztül mindennap dolgozott, hétvégeken sem pihent. Nem csoda, hogy ágynak dőlt.

elválnak ágytól és asztaltól *C1* — separation from bed and board
a házastársak nem élnek tovább együtt — a married couple no longer live together

| A szomszédék évek óta rosszul éltek, végül elváltak ágytól és asztaltól.

nyomja az ágyat — be laid up
betegen fekszik — lie ill in bed

| Éva elkapott valami csúnya vírust, és két hétig nyomta az ágyat.

ÁGYÚ
süket, mint az ágyú — be as deaf as a post
nagyon süket, semmit nem hall — be very deaf; cannot hear anything

| A nagypapám 87 éves, teljesen egészséges, de süket, mint az ágyú.

AJTÓ
ajtóstul ront a házba *C1* — burst in; just come out with sg
megfelelő előkészítés nélkül tesz vagy mond vmit — do or say sg without appropriate preparation

| Ne azzal kezdd, hogy fizetésemelést kérsz, ne rohanj ajtóstul a házba!

ajtót mutat vkinek *B1* — show sy the door
elküld, eltanácsol vkit — send sy away; suggest that sy leaves

| Egyre több állam mutat ajtót a szoftveróriásnak, és tér át más operációs rendszerekre.

nyitott ajtókra talál
teljesítik, elfogadják a kérését

be given the green light
sy's request is granted or accepted

| A kiállítás terve kezdettől fogva nyitott ajtókra talált.

zárt ajtókra talál
nem kap segítséget, elutasítják

draw a blank
find no help; be rejected

| Feri feltaláló, de legújabb ötlete, a palackozott fröccs mindenhol zárt ajtókra talált.

ASZTAL
asztalt bont
befejezi az étkezést, feláll az asztaltól

leave the table
finish eating and get up from the table

| Bocsánat, hogy asztalt bontok, de indulnom kell.

az asztalra csap
határozottan elmondja véleményét,
érvényesíti akaratát

bang on the table
give one's opinion decisively; assert one's wish

| Feri igazán békés ember volt, de az új autó érdekében most az asztalra csapott.

(ez) nem az én asztalom *B1*
nem rám tartozik, nem én foglalkozom vele

(that's) not my line/field
nothing to do with me; not my job/concern

| Sajnálom, de ebben az ügyben nem tudok segíteni, ez nem az én asztalom.

letesz vmit az asztalra *B1*
eredményt tud felmutatni

put sg on the table
able to show results

| Imre még csak huszonnyolc éves, de már letett valamit az asztalra. Három könyve jelent meg.

ASZTALFIÓK
az asztalfióknak ír
nem jelennek meg az írásai

writing for one's desk drawer
sy's work is not published

| Az 1950-es években sok magyar író csak az asztalfióknak írt. A cenzúra miatt nem jelenhettek meg a műveik.

BAKANCS
feldobja a bakancsot *szleng* *C1*
meghal

pop one's clogs; kick the bucket
die

| Tényleg feldobta a bakancsot a szomszédunk, az a fura fazon?

BÉKEPIPA
elszívja a békepipát vkivel
kibékül vkivel

smoke the pipe of peace with sy
make peace with sy

| Hagyjátok abba ezt az értelmetlen ellenségeskedést! Jobb lenne, ha végre elszívnátok a békepipát.

BÉLYEG
rányomja a bélyegét vkire/vmire
hatással van vkire/vmire, látszik vmin

leave one's mark on sy/sg
have an influence on sy/sg; be apparent in sg

| A válság rányomta a bélyegét az idei könyvvásárra: az emberek többet nézegettek, kevesebbet vásároltak.

BICIKLI
told el a biciklit! *szleng*
menj el!, tűnj el!

on your bike!
go away!; disappear!

| Nem tetszik valami? Akkor told el a biciklit, de gyorsan!

BICSKA

beletörik vkinek a bicskája vmibe come a cropper
kudarcot vall vmivel, nem sikerül vkinek fail; not manage to do sg
vmit megcsinálni

| Sokan megpróbálták már legyőzni a címvédő olaszt, de eddig mindenkinek beletört a bicskája.

kinyílik (vmitől) a bicska vkinek get hot under the collar
a zsebében *biz.*
ideges lesz, feldühödik become irritated or angry

| Kinyílik a bicska a zsebemben, ha azt hallom, hogy a mai fiatalokat szidják.

BILI

kiborul a bili vkinél *biz.*   C1 be the last straw
elege lesz vmiből, kiborul have enough; get upset

| Sok bosszúság ért már ebben a boltban, de amikor romlott joghurtot akartak eladni, akkor kiborult a bili.

BONCKÉS

bonckés alá vesz vmit   C1 put sg under the microscope
alaposan elemez, megbírál (írásművet) analyse in detail; judge (e.g. writing)

| Az ifjú irodalomtörténész a költő néhány fiatalkori versét veszi bonckés alá.

BOR

a bor beszél vkiből   B1 it's the drink talking
nem józan, ezért nem kell komolyan venni, he is not sober, so you cannot take what he says
amit mond seriously

| Ne is foglalkozz vele, csak a bor beszél belőle!

bort iszik, vizet prédikál   B1 not practise what one preaches
kétszínű, hipokrita, mást mond, mint amit tesz have double standards; say one thing, do another

| Nekem hiába mondja, hogy ne dohányozzak. Ő maga bort iszik, miközben vizet prédikál.

BOROTVAÉL

borotvaélen táncol be on a razor's edge
kockázatos, veszélyes tevékenységet folytat, do risky dangerous work or activities and be on
a bukás szélén áll the brink of failure

| Borotvaélen táncolnak a kis gyógyszertárak. Az elmúlt fél évben harmadával csökkent a forgalmuk.

BOT

bottal ütheti vkinek/vminek a nyomát show a clean pair of heels; can whistle for sg
a) nem sikerül utolérni vkit not manage to catch up with sy
b) vmit már nem kaphat vissza, lemondhat vmiről no longer able to get sg back; can give up on sg

| Megszökött az állatkertből egy nőstény orangután. Mire a gondozók észrevették, már bottal üthették a nyomát.
| Nagyon kell vigyázni az internetes bankolásnál, mert ha nem vigyázunk, bottal üthetjük a pénzünk nyomát.

CÉRNA

nem bírja/győzi cérnával be at the end of one's tether
elveszti a türelmét lose patience

| A pénztárnál annyira lassan haladt a sor, hogy nem bírtam tovább cérnával, és visszatettem a kiválasztott ruhákat.

CERUZA
vastagon fog vkinek a ceruzája — charge the earth
magas összeget számláz — write a large amount on a bill; charge a lot for sg

| Ezt az éttermet nem ajánlom, itt nagyon vastagon fog a pincérek ceruzája.

CIPŐ
egy cipőben jár vkivel v. **ugyanabban a cipőben jár, mint vki** *B1* — be in the same boat as sy
hasonló helyzetben vannak, hasonlók a problémáik — be in a similar situation or have similar problems as sy

| Mindannyian munkanélküliek vagyunk, tehát egy cipőben járunk.

(tudja,) hol szorít a cipő — know where the shoe pinches
tudja, mi a baj, hol kell segíteni — know what the problem is or where help is needed

| A nagymamám nagyon okos asszony, mindig észreveszi, hol szorít a cipő.

CUKOR
veszik/viszik, mint a cukrot — sell like hot cakes
sokat vásárolnak vmiből — buy a lot of sg

| Az új mobiltelefont vitték, mint a cukrot, a teljes raktárkészlet elfogyott.

CSAP
a csapból is ez folyik *B1* — we hear about nothing else nowadays
mindenhol erről hallani, mindenki erről beszél, ír — it can be heard everywhere; everyone is talking or writing about it

| Unom már ezt a számot, hetek óta a csapból is ez folyik.

csapot-papot otthagy *C1* — just up and leave; take to one's heels
mindent abbahagyva hirtelen távozik — depart suddenly leaving everything behind

| Felmondott egy Michelin-csillagos étterem főszakácsa. Mikor meghallotta, hogy hamburgert kell készítenie, otthagyott csapot-papot.

CSATABÁRD
elássa a csatabárdot — bury the hatchet
békét köt, nem ellenségeskedik tovább — make peace; not fight anymore

| A két rivális cég elásta a csatabárdot, és közös terméket dobtak a piacra.

kiássa a csatabárdot — dig up the tomahawk
ellenségeskedni kezd — start to oppose sg

| Amikor a biciklisták azt tapasztalták, hogy az autósok nem tartják tiszteletben a kerékpársávot, kiásták a csatabárdot.

CSÁVA
benne van a csávában *C1* — be in a pickle
bajban, kellemetlen helyzetben van — be in trouble or in a difficult situation

kimászik a csávából *C1* — save one's hide; get out of a mess
sikerül kijutnia a nehéz helyzetből — manage to get out of a difficult situation

| A gazdasági válság idején a bankok is benne voltak a csávában, csak állami támogatással sikerült kimászniuk belőle.

SZÖGET ÜTHET A FEJÉBE

CSÍK
elhúzza a csíkot *szleng* C1
elmegy, elmenekül

make oneself scare
leave; run away

| A gyanúsított azonnal elhúzta a csíkot, amint meglátta a nyomozó kocsiját.

CSÍZIÓ
érti a csíziót C1
ügyes, ravasz, könnyen boldogul az életben

know what's what; know a thing or two
clever or cunning; gets on easily in life

| A reklám készítője érti a csíziót, tudja, mivel lehet hatni a potenciális vásárlókra.

CSIZMA
hogy kerül a csizma az asztalra?
ez hogy tartozik ide?

what's that got to do with it?
how is that connected with the current topic?

| Nem értem, hogy kerül a csizma az asztalra. Hogy kapcsolódik ez a hozzászólás az előadás témájához?

CSOMÓ
csomót köt a nyelvére
a) meggondolja, hogy mit mond
b) nem szól egy szót sem

button one's lip
consider what one says
not say a word

| Nem akarok senkit megsérteni, jobb lesz, ha csomót kötök a nyelvemre.

CSÓNAK
egy csónakban evez vkivel
hasonló helyzetben vannak, hasonló
problémákkal küzdenek

be in the same boat as sy
be in a similar situation or have similar
problems as sy

| Értsétek már meg, hogy egy csónakban evezünk. Fogjunk össze!

CSŐ
behúz a csőbe vkit *szleng* C1
becsap vkit, rávesz vkit vmire,
amitől az kellemetlen helyzetbe kerül

have sy on; pull a fast one
trick sy or persuade sy to do sg that gets him into
a difficult situation

| Ugye nem húzol be a csőbe? Tényleg számíthatok a segítségedre?

CSÖBÖR
csöbörből vödörbe (kerül) C1
egy nehéz helyzetből egy másik, hasonlóba kerül

out of the frying pan into the fire
go from one difficult or bad situation into another

| A város a török megszállás után az osztrákok uralma alá került: azaz csöbörből vödörbe.

DOB
(nagy)dobra ver vmit
kifecseg, elhíresztel vmit

shout sg from the rooftops
divulge or spread sg (e.g. news)

| Péter tegnap megkérte a barátnője kezét, egyelőre azonban nem akarják nagydobra verni, csak a szüleiknek mondták el.

DÖGROVÁS
dögrováson van C1
nagyon rosszul érzi magát, beteg

feel completely washed out; look like death warmed up
feel very ill

| Elkaptunk valami újfajta vírust, dögrováson van az egész család.

DRÓT

dróton rángat vkit — have sy on a string
irányít vkit, parancsolgat vkinek — control sy against his will; boss sy around

| Ne hagyd, hogy a gyerek dróton rángasson!

leadja a drótot vkinek *szleng* *C1* — put sy in the picture; give sy the lowdown
titokban értesít vkit, figyelmeztet vmire — give sy information in secret; warn sy of sg

| A nyomozó leadta a drótot a vízirendőröknek, akik motorcsónakkal várták a tengeren érkező embercsempészeket.

DUGA

vmi dugába dől *C1* — come to nothing; go up in smoke
meghiúsul, nem valósul meg — fall through; not happen

| Anita és Antal egy Föld körüli hajóútról álmodoztak, de pénzhiány miatt dugába dőlt a tervük.

ÉREM

az érem másik oldala — the other side of the coin
vmely kérdés, álláspont az ellenkező szempontból nézve, az ellene szóló érvek — the other (opposite) side of a situation, argument, issue, etc.

| Az autóversenyzésről mindenkinek a sebesség, a napsütés, a csillogás jut eszébe. Az érem másik oldalát azonban csak kevesek ismerik.

EZÜSTKANÁL

ezüstkanállal a szájában jött a világra *v.* **született** — born with a silver spoon in one's mouth
szerencsés körülmények közé, jómódba született — be born into a comfortable lifestyle

| Emília nagyon kényes lány, neki mindenből csak a legdrágább a jó. Biztosan ezüstkanállal a szájában jött a világra.

FABATKA

fabatkát sem ér *C1* — not worth tuppence; worth diddly squat
értéktelen, semmit nem ér — has no value; not worth anything

| Ez a laptop fabatkát sem ér, nyugodtan kidobhatod.

FAKÉP

faképnél hagy — leave sy standing; ditch sy
hirtelen, szó nélkül otthagy vkit — leave sy suddenly without saying anything

| A lány azonnal faképnél hagyta a fiút, amint megtudta, hogy a barátnőjének is udvarol.

FAL

a falnak beszél *B1* — talk to a brick wall
hiába beszél, nem hallgatnak rá — talk to sy who does not listen or accept advice

| Mondhatom én a gyerekeknek, hogy evés előtt mossanak kezet, mintha a falnak beszélnék.

a falnak is füle van! *B1* — walls have ears!
halkan kell beszélni, mert bárki meghallhatja, kitudódhat — talk quietly because sy might hear or be listening

| Ebben a házban egy napig sem lehet titokban tartani semmit, itt a falnak is füle van.

falból (csinál vmit) — to bullshit
színlelésből, megtévesztésül (tesz vmit) — (do sg) to mislead or as a pretence

| Sokszor csak falból hirdetnek meg egy állást, már előre tudják, ki fogja megkapni.

falra hányt borsó   a waste of breath
felesleges, eredménytelen, hatástalan   redundant, ineffectual, unproductive
(beszéd, figyelmeztetés)   (e.g. talk, warning)

| A tanár figyelmeztetése csak falra hányt borsó volt, a gyerekek nem törődtek a veszélyekkel.

(a) falra mászik vmitől *biz.*   drive sy up the wall
ideges, ingerült vmitől   irritated or annoyed by sg

| Hagyd már abba! A falra mászom ettől az álszent dumától.

FÁTYOL
borítsunk rá fátylat!   let bygones be bygones!
felejtsük el!, ne beszéljünk róla!   let's forget about it!; let's not talk about it!

| – Szeretnék bocsánatot kérni a tegnapi viselkedésemért. Sokat ittam, azt hiszem.
  – Borítsunk rá fátylat!

FEJSZE
veszett fejsze nyele   crumb of comfort
menthetetlen, nagy veszteség után   cannot be saved, small part remaining after a big loss
megmaradt kis rész

| Megpróbáltam új vírusirtót tenni a gépemre, de attól félek, veszett fejsze nyele. Már a merevlemez is károsodott.

FÜRDŐVÍZ
a fürdővízzel együtt a gyereket is kiönti   throw the baby out with the bathwater
a hibák kijavítása közben a jót is megsemmisíti   get rid of the good parts as well as the bad parts of sg when you are trying to improve it

| Vigyázni kell a reformokkal, nehogy a fürdővízzel együtt a gyereket is kiöntsük.

GARAS
leteszi a garast vki/vmi mellett   take a stand in favour of sy/sg
elkötelezi magát, határozottan állást foglal   commit oneself; take a definite position

| A bankelnök az óvatos pénzpolitika mellett tette le a garast.

GARAT
felönt a garatra   *C1*   have one too many
leissza magát, lerészegedik   get drunk

| Attila jóravaló, szorgalmas ember, de sajnos gyakran felönt a garatra.

GATYA
felköti a gatyáját   gird one's loins; pull one's socks up
összeszedi minden tudását, erejét   gather all one's knowledge and strength

| Nem lesz könnyű a holnapi vizsga, fel kell kötnöd a gatyádat!

gatyába ráz vkit/vmit   knock sy/sg into shape
a) megfegyelmez vkit   discipline sy
b) rendbe tesz vmit   sort sg out; put sg in order

| Az új osztályfőnök gatyába rázta az iskola legrosszabb osztályát.
| Ha az új séf gatyába rázza az éttermet, talán még Michelin-csillagot is szerezhetnek.

GOMB
gombhoz a kabátot
a mellékes rész(let)ek határozzák meg az egész alakulását
start with a detail (approx.)
minor detail(s) form the basis for the whole

| Tulajdonképpen a gombhoz választottam a kabátot, amikor a muránói tükörhöz illő hálószobabútort kerestem.

GYÉKÉNY
egy gyékényen árul vkivel *C1*
azonos a véleményük, összejátszanak
as thick as thieves; be hand in glove with sy
they have the same opinion; they are collaborating

| Én nem sok különbséget látok közöttük, szerintem egy gyékényen árulnak.

GYEPLŐ
rövidre fogja a gyeplőt *C1*
nagyobb fegyelmet tart, kevesebb szabadságot enged vkinek
keep sy on a tight rein
maintain strict discipline; allow sy less freedom

| Ez szigorú iskola, itt sokkal rövidebbre fogják a gyeplőt, mint máshol.

GYEREKCIPŐ
gyerekcipőben jár vmi *B1*
még (ki)fejletlen, kezdetleges állapotban van
be in its infancy
still in an undeveloped condition

| Magyarországon még gyerekcipőben jár a szélenergia termelése.

GYŰRŰ
leesne a gyűrű az ujjáról, ha...
méltóságán alulinak tart megtenni vmit
think that sg is beneath one
think it beneath one to do sg

| Leesne a gyűrű az ujjadról, ha egyszer te készítenéd el a vacsorát?

HAJÓ
egy hajóban eveznek *B1*
hasonló helyzetben vannak
be in the same boat
be in a similar situation

| A zenészek megértették, hogy egy hajóban eveznek. Mindenkinek az a fontos, hogy minél több ember járjon komolyzenei koncertekre.

elhagyja a süllyedő hajót
veszély esetén magukra hagyja sorstársait, elmenekül
abandon a sinking ship
abandon a situation that is about to fail, leaving one's colleagues, friends, etc.

| A válságban a bank elnöke elhagyta a süllyedő hajót: nem törődve a munkatársakkal lemondott, és elvállalt egy külföldi állást.

HÁLÓ
vkinek a hálójába kerül
enged vki csábításának
be ensnared
allow oneself to be tempted

| Az unokahúgom az igazgató hálójába került.

kiveti vkire a hálóját/hálót
el akar csábítani vkit
set one's cap for sy; have designs on sy
try to tempt sy

| A barátnőm egy házas emberre vetette ki a hálóját.

HÍD

minden hidat feléget maga mögött
nincs visszaút egy döntése után

burn one's boats/bridges
eliminate the possibility of returning or retreating

| A férfi minden hidat felégetett maga mögött, amikor külföldre költözött.

HOROG C1

horogra akad
elfognak vkit

take the hook
be caught

| Egy balatoni razzia során akadt horogra a régóta keresett betörő.

HÚR

egy húron pendül vkivel C1
jól megértik egymást

be on the same wavelength (was sy)
be very close; understand each other well

| A kézilabdás lányok egy húron pendültek: senki nem szólt az edzőnek, hogy fél éjszaka buliztak.

pattanásig feszíti a húrt C1
feszült helyzetet teremt, a végsőkig növeli
a feszültséget

stretch (sy's nerves) to breaking point
create a tense situation; increase the tension to
the limit

| Erre a filmre is jellemző a rendezőnek az a szokása, hogy pattanásig feszíti a húrt, és csak a végén tudjuk meg, ki volt a bűnös.

HUROK

szorul a hurok vkinek a nyaka körül C1

egyre több bizonyíték gyűlik vki ellen,
válságos helyzetben van

the noose is tightening around sy's neck; the net is
closing in (on sy)
the evidence against sy is building up;
be in a critical situation

| Szorul a hurok a számítógépes hacker nyaka körül. A rendőrségnek sikerült megállapítania, milyen IP-címről dolgozik.

ING

akinek nem inge, ne vegye magára
csak annak szól, akire vonatkozik

if the cap fits, wear it
is only for the person it applies to

| Utoljára szólok: délig le kell adni a házi dolgozatokat. Akinek nem inge, ne vegye magára.

inge-gatyája rámegy vmire
összes pénzét rákölti vmire

lose one's shirt
live beyond one's means

| A barátaink új bútort is vettek az új lakásba. Ingük-gatyájuk ráment a költözködésre.

KALAP

egy kalap alá vesz vkit vkivel v. **vmit vmivel**
azonos módon ítél meg, (nem elég átgondoltan)
egy csoportba sorol

lump sy/sg together with sy/sg
judge sy/sg by the same standards; put sy/sg in the
same category (without enough consideration)

| Nem lehet egy kalap alá venni a profi sportot és a tömegsportot, mindkettő más.

le a kalappal vki/vmi előtt B1
tisztelet, elismerés illet vkit/vmit

hats off to sy/sg; take one's hat off to sy
give respect or recognition to sy/sg

| Le a kalappal a Sziget idei programja előtt! A világ legjobb zenekarai adnak koncertet.

megeszem a kalapomat, ha … *B1*
biztos vagyok benne, hogy nem fog sikerülni
| Megeszem a kalapomat, ha fel tudsz mászni erre a fára.

I'll eat my hat if…
I'm sure that sg won't happen or sy won't be able to do sg

KANÁL
nagy kanállal eszik *B1*
sokat és jót eszik
| Ma nagy kanállal eszünk, este a kedvenc olasz vendéglőnkbe megyünk.

have a feast
eat well (quantity and quality)

KAPTAFA
egy kaptafára megy *C1*
ugyanúgy, azonos módon, egyedi jelleg nélkül készül
| Sokszor érezzük, hogy a televíziós sorozatok egy kaptafára készülnek.

come off a conveyor belt
made in the same way, with no individuality

KAPU
nyitott kapukat dönget
olyasmit kér, amibe mások már beleegyeztek
| Nyitott kapukat döngetnek a falu lakói, mert a polgármesteri hivatal már meghozta a döntést az új iskola megépítéséről.

push at an open door
ask for sg that other people have already agreed on

KÁRTYA
belelát vkinek a kártyáiba
ismeri, érti vkinek a titkolt szándékait is
| Erika nem tud becsapni, belelátok a kártyáiba.

see sy's hand; see through sy's plans
know and understand even sy's secret intentions

nyílt kártyákkal játszik *B1*
nem titkol semmit, kimutatja a szándékait
| László egyenes, őszinte ember, mindig nyílt kártyákkal játszik.

lay one's cards on the table
not keep anything secret; reveal one's intentions

KÁSA
nem eszik olyan forrón a kását!
nem annyira veszélyes a helyzet, mint amilyennek látszik
| Ne aggódj az átszervezés miatt, nem eszik olyan forrón a kását!

their bark is worse than their bite!
the situation is not as bad as it seems

nem kerülgeti a forró kását
nyíltan kimondja, amit gondol
| Ne kerülgesd a forró kását, mondd meg végre, mit akarsz!

not beat about the bush
say what one thinks

KÁSAHEGY
átrágja magát a kásahegyen
elvégez egy unalmas, hosszadalmas munkát
| Hónapokig tartott, míg átrágtam magam a kásahegyen, és minden cikket elolvastam a szakdolgozatomhoz.

wade through a mountain of stuff
do very long, boring, tedious work

KÁTYÚ
vmi kátyúba jut *C1*
akadályba ütközik, elakad, nem megy tovább (ügy, folyamat)
| Éva úgy érzi, kátyúba jutott az élete, pszichológus segítségére van szüksége.

get stuck; be in a rut
meet an obstacle; make no progress
(e.g. issue, process)

KEFE

rágja a kefét *biz.* | be a bundle of nerves
idegeskedik, nyugtalan | be nervous or restless

| Csak holnapra lesznek meg a vizsgaeredmények, addig rághatom a kefét.

KENYÉR

kenyér nélkül marad *B1* | left without a livelihood
elveszti az állását | lose one's job

| Kenyér nélkül maradnak az újságírók, ha megszűnik a napilap.

kenyérre lehet kenni | wouldn't hurt a fly
szelíd, jóindulatú | gentle and kind-hearted

| Nem kell félni a portástól, barátságtalannak tűnik, de igazából kenyérre lehet kenni.

vmivel keresi a kenyerét *B1* | earn one's daily bread
munkát vállal, dolgozik a megélhetésért | work for a living

| Amíg egyetemre járt, Eszter takarítással, ablakmosással kereste a kenyerét.

nem kenyere vkinek vmi | not sy's thing; not sy's strong point
nem szokása vkinek, nem jellemző vkire | not sy's usual behaviour; not typical of sy

| Nem kenyerem a dicsekvés, de büszke vagyok rá, hogy megnyertem a versenyt.

KERÉK

vkinek hiányzik egy v. nincs ki minden kereke | have a screw loose; be one sandwich short of a picnic
nem teljesen normális, bolond | not completely normal; crazy

| Miért mondtad le az internet-előfizetést? Hiányzik egy kereked?

kereket old | take to one's heels; take flight
megszökik, észrevétlenül távozik, elmenekül | flee; leave unobserved; run off

| Péter úgy döntött, kereket old, amikor megtudta, hogy az egész rokonság náluk fog ebédelni.
| A gondozó nem figyelt oda, így a kismajom kereket oldott a győri állatkertből.

KÉS

kés alá fekszik *B1* | go under the knife
megműtik | be operated on

| A beteg a sikertelen gyógyszeres kezelés után most kés alá fekszik.

KÉSHEGY

késhegyre menő *C1* | cut-throat; out-and-out
elkeseredett, szélsőséges (harc, vita) | bitter, extreme (e.g. war, struggle)

| Késhegyre menő vita bontakozott ki a képviselők között az adórendszer módosításáról.

KÉSZPÉNZ

készpénznek vesz vmit *B1* | take sg at face value
teljesen elhisz vmit | completely believe sg

| Nem kellett volna készpénznek venni Győző ígéreteit, semmit nem teljesített.

KESZTYŰ

felveszi a kesztyűt | take up the gauntlet
elfogadja a kihívást | accept the challenge

| Az új műsorigazgató felvette a kesztyűt, és a zenecsatorna szeptembertől izgalmas műsorokkal jelentkezik.

KILINCS
egymásnak adják a kilincset — be/follow on each other's heels
egymás után érkeznek — arrive one after the other
| A kórházban a rokonok egymásnak adták a kilincset, mindannyian látni szerették volna a kis beteget.

KISKAPU
megkeresi a kiskaput — look for a loophole
nem törvényes úton próbál elintézni vmit, ügyeskedik — try to organize sg by illegal means or by being crafty
| A kábeltévék emelkedő ára miatt egyre többen keresik a kiskaput, hogy ingyen nézhessék a csatornákat.

KOCKA
vmi kockán forog — be on the line
veszélyben van — be in danger
| Az autógyártásban tízezer állás forog kockán a gazdasági válság miatt.

kockára tesz vmit — put sg on the line
veszélyeztet vmit — risk sg
| Dani minden pénzét kockára tette, amikor beszállt a vállalkozásba. Remélem, sikeres lesz.

KOSÁR
kosarat ad vkinek — turn sy down
elutasít (főleg házassági ajánlatot) — refuse sy (especially a proposal of marriage)
| Kati elhatározta, hogy 25 éves kora előtt kosarat ad minden barátjának.

kosarat kap vkitől — be turned down
elutasítják (főleg házassági ajánlatot) — be refused (especially a proposal of marriage)
| Karcsi 3 év együttélés után kosarat kapott a barátnőjétől.

KÖNYV
falja a könyveket — be a voracious reader
sokat és gyorsan olvas — read a lot and quickly
| A lányom már óvodás korában megtanult olvasni, azóta falja a könyveket.

hazudik, mintha könyvből olvasná *B1* — be an arrant v. a congenital liar
folyékonyan hazudik — every word he speaks is a lie
| Laci soha nem mond igazat. Úgy hazudik, mintha könyvből olvasná.

vki nyitott könyv vki számára — be an open book to sy
jól ismer vkit — know sy well
| A jó barátok között nincsenek titkok, egyik nyitott könyv a másik számára.

KÖTÉL
ha minden kötél szakad — if the worst comes to the worst
a legrosszabb esetben, végszükségben — in a worst case scenario; as a last resort
| Ha minden kötél szakad, elmegyek egy olasz étterembe mosogatni.

kötélből vannak vkinek az idegei — have nerves of steel; be cool as a cucumber
erős idegzetű, nyugodt típus — have strong nerves; have a calm nature
| Zsófi öt gyereket nevel, és még kutyát is tartanak. Szerencsére kötélből vannak az idegei.

kötélnek áll — toe the line
rábeszélésre végül enged a kérésnek, — be persuaded to grant a request or agree to sg
beleegyezik vmibe

| Tibor nem akart eljönni velünk hegyet mászni, de végül nagy nehezen kötélnek állt.

KÚT
vmi kútba esik — fall through
meghiúsul, nem sikerül — fail; not succeed

| Sajnos kútba esett a mozgókönyvtár terve, mert nem volt rá elég pénz.

KÜSZÖB
vmi küszöbön áll — sg is just round the corner
hamarosan bekövetkezik — will happen soon

| Nagyon sokat hallani mostanában a küszöbön álló klímaváltozásokról.

LAKAT
lakat alá kerül — be locked up; be in the clink
börtönbe kerül, bezárják

| Végre lakat alá került az évek óta körözött bankrabló.

lakatot tesz a szájára — keep sg under one's hat
nem beszél vmiről, titkot tart — not talk about sg; keep a secret

| Kinga mindenkinek őszintén megmondja a véleményét. Soha nem tesz lakatot a szájára!

LÁNCSZEM
a leggyengébb láncszem — the weakest link
a leggyengébb elem, pont, a legkevésbé — the weakest element or point; the least reliable person
megbízható ember

| Sejtettem, hogy Zoltánnal gondok lesznek a túrán, ő volt a leggyengébb láncszem.

LÁNDZSA
lándzsát tör vki/vmi mellett — break a lance for sy/sg
védelmébe vesz, támogat vkit/vmit, — take under one's protection; support sy/sg;
kiáll vkinek az érdekében — defend sy's interests

| A főorvos minden interjúban lándzsát tört az influenzaoltás szükségessége mellett.

LANT
leteszi a lantot — call it a day
abbahagy vmit — stop doing sg

| A tudományos titkárunk negyven év munka után teszi most le a lantot.

LAP
vmi más lapra tartozik — it's quite another thing
semmi köze az elhangzottakhoz, nem tartozik ide — has no connection with what was said;
does not belong here

| Finom volt a vacsora. Az már más lapra tartozik, hogy piszkos volt az evőeszköz.

mindent egy lapra tesz fel put all one's eggs in one basket
egyetlen dologtól, tényezőtől tesz függővé vmit make everything dependent on one thing or factor

| Zsolt úgy döntött, külföldön próbál szerencsét. Eladta a házát, otthagyta a munkahelyét, mindent egy lapra tett fel.

nyílt lapokkal játszik lay/put one's cards on the table
nem titkolja a céljait, szándékait not conceal one's aims or intentions

| Kedves kollégák! Nyílt lapokkal játszom, elmondom, milyen reformokat kívánok bevezetni.

LAPÁT
lapátra kerül *biz.* get the sack
elveszíti az állását lose one's job

| Nem hiszem, hogy Attila ideális munkaerő lenne. Már a negyedik munkahelyén került lapátra.

lapátra tesz vkit *biz.* give sy the sack
elbocsát, kirúg vkit dismiss sy (from work); kick sy out

| Az új főnök elég sok munkatársat lapátra tett.

LAT
vmi sokat nyom a latban sg carries weight
nagy jelentőségű, fontos be of great importance; count for a lot

| Az apám véleménye sokat nyom a latban, hiszen ő ért a legjobban ehhez a kérdéshez.

LÉ
bő lére ereszt vmit make a long story of sg; spin sg out
feleslegesen hosszan mesél el vmit talk about sg in an unnecessarily long way

| Nem kell bő lére ereszteni a beszámolót. Elég lesz 3-4 mondat.

megissza vminek a levét have to pay the piper; bite the bullet
viseli vminek a kellemetlen következményeit bear the unpleasant consequences of sg

| Ha a főnök rosszul végzi a munkáját, annak általában a beosztottak isszák meg a levét.

minden lében kanál have a finger in every pie; poke one's nose into everything
nagyon kíváncsi, mindenbe beleavatkozik very curious; interfere in everything

| Nem csoda, hogy Vili is itt van, ő igazi minden lében kanál.

összeszűri a levet vkivel be in cahoots with sy; be hand in glove with sy
szerelmi viszonyt kezd vkivel start a romantic relationship with sy

| Nem is tudtam, hogy Gabi összeszűrte a levet az új kollégával.

saját levében fő stew in one's own juice
lelkifurdalása van saját hibái, ostobasága miatt feel guilty because of one's own mistake or stupidity

| Szerintem ne válaszolj az anyósodnak, akármit is mond. Hadd főjön a saját levében.

LÉC
rezeg a léc be touch and go; be on the verge
valami teljesítésének határán van, bizonytalan a kimenete sg is bordering on completion, have an uncertain outcome

| Sok kritikát kapott a munkatársaitól. Rezeg a léc, nem biztos, hogy véglegesítik.

LEPEL
lerántja a leplet vkiről/vmiről — reveal sy's true colours
leleplez vkit/vmit — uncover sy/sg

| A tegnap megjelent cikk lerántja a leplet az ügy minden résztvevőjéről.

LEVES
beleköp a levesbe v. **vkinek a levesébe** — put a spoke in sy's wheel
szándékosan elront vmit, meghiúsítja — deliberately spoil sg; cause sy's plan to fail
vkinek a tervét

| A főnököm jól beleköpött a levesembe ezzel a határidős munkával! Tönkretette az egész hétvégémet.

MÉCSES
eltörött a mécses — sy starts to cry
sírva fakad — burst into tears

| Eltörött a mécses, amikor az utolsó fordulóban kiestem a versenyből.

MELLÉNY
nagy a mellénye — be too big for one's boots
beképzelt — conceited; self-important

| Mióta átment a legnehezebb vizsgán, nagyon nagy a mellénye.

MÉREG
mérget vehet vmire   B1 — can take sy's word for it
teljesen biztos lehet vmiben — be absolutely certain about sg

| Mérget vehetsz rá, hogy Zsuzsa is velünk akar majd jönni.

MÉZESMADZAG
elhúzza a mézesmadzagot vki előtt — dangle a carrot in front of sy
megcsillant vki előtt egy vonzó lehetőséget, — present sy with an attractive opportunity;
felkelti vkinek a kíváncsiságát — arouse sy's interest

| Elhúzták a rajongók előtt a mézesmadzagot, amikor az együttes honlapjára feltettek egy számot az új albumról.

NADRÁG
felköti a nadrágját — get one's act together
összeszedi az erejét, és nekikezd — gather one's strength and start sg (e.g. work, a job)
(munkának, feladatnak)

| Ez a verseny komoly kihívás, jobb lesz, ha felkötöd a nadrágodat.

NADRÁGSZÍJ
összehúzza a nadrágszíjat — tighten one's belt
nagyon takarékosan él, csökkenti kiadásait — live very economically; reduce one's outgoings

| Ebben az évben nagyon össze kell húznunk a nadrágszíjat, mert mindennek felment az ára.

NAGYKÖNYV
ahogy a nagykönyvben meg van írva — by the book
mintaszerűen, tökéletesen — in an exemplary way; perfectly

| – Hogy van a kisunokád?
  – Nagyon szépen fejlődik. Ahogy a nagykönyvben meg van írva.

NYÉL
nyélbe üt vmit
a) elintéz vmit
b) egy üzletet megköt

wrap sg up
carry sg out/through
conclude a deal

| Minden szükséges iratot és okmányt gondosan előkészített az ügyvédünk, így gyorsan nyélbe üthettük az üzletet.

OSTOR
vkin csattan az ostor
vkit hibáztatnak vmiért

have to carry the can
blame sy for doing sg

| Sokszor nem azon csattan az ostor, aki elköveti a hibát.

ÖV
övön aluli ütés
nem várt, alattomos támadás

hit below the belt
unexpected, treacherous attack

| Elmondtam neki egy bizalmas információt, ő meg továbbadta. Ez övön aluli ütés volt, nem bízom már benne.

PÁC
benne van a pácban *C1*
bajban, kínos helyzetben van

be in a pickle
be in trouble or an embarrassing situation

| Aki nem takarékoskodott, most bizony benne van a pácban; nem fogja tudni fizetni a megnövekedett költségeket.

PADLÓ
padlón van *biz.*
(anyagilag, fizikailag, lelkileg) rossz
állapotban van

hit rock bottom
be in a bad state (financially, physically
or emotionally)

| Amióta a felesége otthagyta, Péter teljesen padlón van.

PAKLI
benne van a pakliban
erre számítani kell, ez elkerülhetetlen

goes with the territory; is part of the package
sy should be prepared for sg; it is unavoidable

| Ha valaki szörfözni megy, akkor néha beleesik a vízbe. Ez benne van a pakliban.

PÁLCA
pálcát tör vki felett *C1*
elítél vkit

cast stones at sy
condemn

| Amíg nem bizonyították be a férfi bűnösségét, addig senkinek nincs joga pálcát törni felette.

PAPÍR
papírra vet vmit
leír vmit

put sg in writing; commit sg to paper
write sg down

| A híres színész nyugdíjba vonulása után papírra vetette emlékeit.

PELLENGÉR
pellengérre állít vkit *C1*
nyilvánosan megszégyenít vkit

pillory sy
publicly humiliate sy

| Az újságok az olajkatasztrófa után pellengérre állították a tankhajót üzemeltető céget.

PENGEÉL
pengeélen táncol — be on a razor's edge
kockázatos, veszélyes tevékenységet folytat, a bukás szélén áll — do risky dangerous work or activities and be on the brink of failure

| Pengeélen táncolnak a kis gyógyszertárak. Az elmúlt fél évben harmadával csökkent a forgalmuk.

PIRULA
lenyeli a keserű pirulát — swallow the (bitter) pill; bite the bullet
kényszerűségből elszenved vmilyen kellemetlenséget — have to accept an unpleasant situation and live with it

| A futballisták nem tudták lenyelni a keserű pirulát, a bírói tévedésekre fogták a vereséget.

PLAFON
vki a plafonon van *biz.* — hit the ceiling; go through the roof
nagyon dühös — very angry

| A férjem a plafonon volt a munkahelyi viták miatt.

POHÁR
a pohár fenekére néz *B1* — have one over the eight
sok alkoholt iszik — drink a lot of alcohol

| A szomszédom elég gyakran néz a pohár fenekére. Szegény felesége!

betelt a pohár (vkinél) — that's it; that's the last straw
elege lett vkinek — sy has had enough

| Kész, betelt a pohár. Nem bírom tovább, felmondok.

POR
nagy port ver fel vmi — cause quite a stir
feltűnést kelt, botrányt okoz — attract attention; cause a scandal

| Nagy port vert fel, amikor egy profi kerékpáros beismerte, hogy doppingolt.

összerúgja a port vkivel — lock horns with sy
összevész vkivel — quarrel with sy

| A közös munka során többször is összerúgtuk a port Edittel.

porrá zúz vmit *C1* — wipe the floor with sy/sg
megcáfol, megsemmisít vmit (érvet, állásfoglalást) — contradict or destroy (e.g. argument, point of view)

| A konferencián részt vevők porrá zúzták a fiatal előadó érveit.

port hint vkinek a szemébe *C1* — blind sy to the facts
félrevezet, becsap vkit — mislead or cheat sy

| Könnyű port hinteni a tudatlan emberek szemébe.

PUMPA
felmegy a pumpa vkiben *biz.* — do one's nut; go bananas
ideges lesz — become annoyed or angry

| Mikor megtudtam, hogy azért marad el a koncert, mert a zenészek másnaposak, rögtön felment bennem a pumpa.

RÁCS
rács mögé juttat vkit — put sy behind bars
börtönbe juttat vkit — put sy in prison
| Többéves pereskedés után végre sikerült rács mögé juttatni a betörőt.

rács mögött van vki — be behind bars
börtönben van — be in prison
| Ne aggódj, rács mögött van a rabló, aki rád támadt az utcán!

RÁNC
ráncba szed vkit — bring sy to heel
megfegyelmez, rendre szoktat vkit — discipline; get sy straightened out
| Nagyon el van kényeztetve ez a gyerek. Remélem, a tanító néni majd ráncba szedi.

RÉS
résen van — be on the lookout
figyelmesen várakozik, cselekvésre készen áll — watch and wait; be ready to act
| A filmfesztiválon a fotósok mindig résen vannak, hogy minden sztárt lefényképezhessenek, aki csak feltűnik.

ROM
romokban hever — look like a bomb has hit sg; be in ruins
a) (vmi) tönkrement — be destroyed or ruined (sg)
b) (vki) fizikailag, lelkileg kimerült — be physically or mentally exhausted (sy)
| A buli után romokban hevert a lakás.
| A magánélete után most a karrierje is romokban hever a híres golfozónak: a felesége elhagyta, hónapok óta egyetlen versenyt sem nyert.

RONGY
rázza a rongyot — show off
felvág, adja az előkelőt, a gazdagot — swagger; act uppity
| Hétvégeken étteremről étteremre jár, nagyon rázza a rongyot.

ROSTA
kihullik a rostán *C1* — drops out in the screening
elbíráláskor, vizsgán nem felel meg — not be adequate (e.g. in an exam or judgement)
| A színművészeti egyetemre majdnem ezer fiatal felvételizett, 98%-uk azonban kihullott a rostán.

RÚD
rájár a rúd vkire — hardships seldom come alone; it's one thing after another (with sy)
sorozatban sok baj, kellemetlenség ér vkit — sy has many problems or difficulties one after the other
| Tavaly a háza dőlt össze, idén az állását vesztette el, utána a felesége hagyta ott. Igazán rájár a rúd Istvánra.

SAKK
sakkban tart vkit — keep sy in check
tevékenységében korlátoz vkit — restrict sy in his actions
| Nem tudom, mivel tartja sakkban a kollégám a főnököt.

SÁTORFA
szedi a sátorfáját — up sticks (and leave)
végleg elmegy, elköltözik, távozik — leave, move or go away for good

| Vilmosnak elege volt a ködös, esős időből. Úgy döntött, szedi a sátorfáját, és elutazik valahova délre, a tenger mellé.

SISAK
nyílt sisakkal (küzd, vitázik) — put one's cards on the table
őszintén feltárja a szándékait, céljait — openly reveal one's intentions or aims

| Nyílt sisakkal vitáztak a polgármesterjelöltek, mindegyikük elmondta, hogy számára mi a legfontosabb.

SÓBÁLVÁNY
sóbálvánnyá válik/változik *C1* — stand rooted to the spot
nagyon meglepődik, a megdöbbenéstől, az ijedtségtől néma és mozdulatlan lesz — be very surprised; not be able to speak or move from shock or fright

| Az edző sóbálvánnyá vált, amikor az ellenfél a második percben gólt lőtt.

STAFÉTABOT
átveszi vkitől a stafétabotot — take the baton/torch from sy
átvállalja a munkát, a feladatot az elődjétől — take over work from one's predecessor

| Linztől vette át a stafétabotot Pécs, mikor 2010-ben Európa kulturális fővárosa lett.

SÚLY
súlyt helyez/fektet vmire — stress/emphasize sg
fontosnak tart vmit, jelentőséget tulajdonít vminek — consider sg important; attribute significance to sg

| Az ösztöndíjasok kiválasztásánál nagy súlyt fektettek a nyelvtudásra.

SULYOK
elveti a sulykot *C1* — go too far; be over the top
nagyokat mond, túlzásokba esik, túl messzire megy — tell lies, exaggerate or take sg too far

| A tévés műsorvezető elvetette a sulykot, amikor vulgáris szavakat használt élő adásban.

SÜTNIVALÓ
vkinek kevés a *v.* **nincs sok sütnivalója** — not have much up top; be not all there
buta, nem túl eszes — not too bright or clever

| Kedves ember a barátod, csak kár, hogy nincs sok sütnivalója.

SZÁLKA
szálka vkinek a szemében — thorn in sy's side
gondot, bosszúságot okoz vkinek, zavar vkit — cause a problem or be an irritation to sy; bother sy

| A fiatal olasz író sok ember szemében szálka, amióta megjelent a maffiáról szóló könyve.

SZÉK
két szék között a pad alá esik — fall between two stools
mindkét lehetőséget elszalasztja — miss both opportunities

| Olyan sokáig habozott, hogy a végén két szék között a pad alá esett: egyik külföldi társasúton sem maradt szabad hely.

SZEKÉR
vkinek a szekerét tolja
önző céllal támogat vkit

suck up to sy; be sy's toady
support or help sy for selfish reasons

| Azért becsüljük ezt az embert, mert egyik párt szekerét sem tolja.

SZEMÜVEG
a saját szemüvegén keresztül lát mindent
mindent a saját szemszögéből, szubjektíven lát

have tunnel vision
see everything from one's own point of view, not objectively

| Természetes, hogy a filmrendező a saját szemüvegén keresztül látja és mutatja be a világot.

SZENNYES
kiteregeti a szennyest
szégyellnivaló, bizalmas dolgokat mond el másoknak

wash one's dirty linen in public
tell other people about sg that is to be ashamed of or sg confidential

| – Igaz, hogy a sógorod börtönbe került?
– Ne haragudj, erről nem beszélhetek. Nem akarom kiteregetni a családi szennyest.

SZITA
átlát a szitán
felismer egy cselt, tudja, miben mesterkedik a másik

see what sy is up to
recognize a trick; know what sy is plotting

| Engem nem könnyű becsapni, mindig átlátok a szitán.

SZÖG
kibújik a szög a zsákból
kiderül az igazi szándék

show the cloven hoof; show one's true colours
the real intention becomes clear

| Ernő nem akarta elmondani, miért hagyta ott a munkahelyét, de aztán kibújt a szög a zsákból: saját vállalkozást alapít.

vmi szöget üt vkinek a fejébe
gondolkodóba ejt vkit

give sy food for thought
set sy thinking

| Marie Curie-nek szöget ütött a fejébe, hogy miért sugárzik tovább az urán nélküli érc. A magyarázatot keresve fedezte fel a polóniumot és a radioaktivitást.

SZŐNYEG
szőnyeg alá söpör vmit
kínos, kellemetlen problémával nem foglalkozik, elterelí a figyelmet vmiről

sweep sg under the carpet
ignore an embarrassing or difficult problem; divert attention away from sg

| A kormány nem söpörheti a szőnyeg alá az energiapazarlás problémáját.

TÁLCA
tálcán kap vmit
semmit nem kell tennie vmiért

lay sg at sy's feet; be handed sg on a plate
not have to do anything for sg

| A barátnőm soha nem dolgozott, mindent tálcán kapott az életben.

tálcán nyújt/kínál vmit
úgy ad valamit, hogy azért cserébe nem kér semmit

hand sg to sy on a plate
give sg for nothing

| Péter mindent tálcán nyújtott a feleségének, mégis elhagyta őt.

TARSOLY

tartogat vmit a tarsolyában v. | have sg up one's sleeve; have sg in store
van még vmi a tarsolyában |
meglepetést tartogat, van még vmi a birtokában | keep a surprise in reserve; have sg else in one's possession

| Reméljük, hogy a polgármester még tartogat valamit a tarsolyában.
| Február sajnos még igazi téli hideget, havazást is tartogat a tarsolyában.

TEJ

van mit a tejbe aprítania | be well off
sok pénze van, jól él | have a lot of money; live well

| Látszik, hogy az új szomszédainknak van mit a tejbe aprítani. Még a fiuknak is van saját kocsija.

TERÍTÉK

vmi terítékre kerül | lay on the table
megbeszélés, tárgyalás témájává válik | become a topic of discussion or debate

| A mai megbeszélésen terítékre kerül a költségvetés kérdése is.

TÉSZTA

ez (már) más tészta biz. | that's a different kettle of fish
ez teljesen más ügy, dolog | that's a completely different matter or thing

| Péter ügyeiről most ne beszéljünk, ez teljesen más tészta.

TETŐ

ez mindennek a teteje! | that's the limit!; that takes the biscuit
ez nem mehet így tovább!, ebből elég! | it cannot go on like this; that really is too much!

| Bevásárolni is elfelejtettél? Ez már mindennek a teteje!

tető alá hoz vmit | wrap sg up
hosszabb munkával létrehoz, befejez, megvalósít vmit | establish, finish or conclude sg after a lot of work

| Rendkívül rövid idő, hat nap alatt tető alá hozták a buszvásárlási szerződést.

TOLL

megnyomja a tollát | charge the earth
túl sokat számol fel vmiért | charge too much for sg

| Ellenőrizted a számlát? Szerintem a pincér megnyomta a tollát.

tollat ragad | take up one's pen; put pen to paper
leír vmit | write sg down

| Áron minden esetben tollat ragad, ha egy tévéműsorral elégedetlen.

tollba mond | dictate
diktál | dictate

| Nem mindenki tudta hibátlanul leírni a tollba mondott Petőfi-verset.

TOLLVONÁS

egy tollvonással (elintéz vmit) | with the stroke of a pen
gyorsan elintéz vmit, dönt vmiről | settle, arrange or decide sg quickly

| II. József 1790-ben, a halálos ágyán egy tollvonással visszavonta a rendeleteit.

TÖNK
a tönk szélén áll *C1* — be on the brink of ruin; be on one's last legs
csőd, tönkremenés fenyeget vkit — sy/sg is threatened by financial ruin

| Két hajógyár is a tönk szélén áll, a munkatársak felét már elbocsátották.

TÖRÖLKÖZŐ
bedobja a törölközőt *B1* — throw in the towel
abbahagyja, feladja a küzdelmet, meghátrál — give up the fight; yield

| A futballcsapat kapitánya bedobta a törölközőt: nem vállalja tovább a csapat vezetését.

TŰ
tűkön ül — be on pins and needles; on tenterhooks
nyugtalanul, türelmetlenül vár — wait restlessly and impatiently

| Siess a csomagolással, a gyerekek már tűkön ülnek, szeretnének minnél hamarabb indulni.

tűt keres a szénakazalban — look for a needle in a haystack
lehetetlen, hosszadalmas feladatra vállalkozik — take on sg impossible and tedious

| Ha az internetes keresésnél nem az analitikus keresőprogramot használjuk, könnyen úgy érezhetjük magunkat, mint aki tűt keres a szénakazalban.

tűvé tesz vmit *v.* **mindent tűvé tesz vkiért/vmiért** — leave no stone unturned
gondosan, mindent átkutatva keres vkit/vmit — look for sy/sg carefully and thoroughly

| Az egész lakást tűvé tettem a kulcsomért, végül a hűtőben találtam meg.

VAJ
vajból van a szíve vkinek *B1* — have a heart of gold
jószívű, mindent megenged — kind, allows everything

| A tanító néni mindent megengedett a gyerekeknek, vajból volt a szíve.

vaj van a fején vkinek *B1* — have skeletons in one's cupboard/closet
vki hibás, bűnös, vkinek titkolnivalója van — sy is at fault or guilty; sy has sg to hide

| Csak az fél a rendőröktől, akinek vaj van a fején.

VAS
két/több vasat tart a tűzben — have several irons in the fire; have two strings to one's bow
egyszerre több dologgal is foglalkozik, biztosítani akarja a hasznát — do several things at the same time; make sure of one's advantage by having two options

| A híres rocksztár két vasat tart a tűzben: két televíziós csatornával is szerződést kötött.

nincs egy vasa se(m) vkinek — be stony broke; not have two pennies to rub together
vki pénztelen, szegény — have no money; poor

| Én nem megyek veletek sörözni, nincs egy vasam se.

VÉKA
nem rejti véka alá a véleményét *C1* — not mince one's words
nem titkolja, nyíltan megmondja a véleményét — not keep sg secret; give one's opinion directly

| A fiam őszinte és kritikus ember, soha nem rejti véka alá a véleményét.

ZOKNI

agyilag zokni *szleng* C1 — have nothing upstairs; bungalow head
nagyon buta — very stupid

| Te, ez az új gyerek az osztályunkban agyilag zokni.

ZSÁK

megtalálja a zsák a foltját — every Jack will get his Jill
megtalálja a hozzá illő személyt — find the appropriate person

| Megtalálja a zsák a foltját: az apa és a fia is rendetlen.

ZSEB

mélyen nyúl a zsebébe — dig deep into one's pocket
a) nagy összeget költ — spend a large amount
b) bőven adakozik — give generously

| Mélyen a zsebébe kellett nyúlnia annak, aki jegyet vett a futball-világbajnokság döntőjére.

Feladatok

1. Mikor mondhatjuk? Állítsa párba a mondatokat és a szituációkat! B1

1. A bor beszél belőle.
2. Mi az ábra?
3. Le a kalappal előtte!
4. Már a csapból is ez folyik.
5. Ez nem az én asztalom.
6. A falnak is füle van.
7. Ő tényleg letett valamit az asztalra.
8. Egy cipőben járunk.

a) Minden tévécsatornán és rádióadón ugyanazt a reklámot játsszák.
b) Találkozom egy barátommal.
c) A barátnőm arra panaszkodik, hogy kevés a fizetése, és én ugyanannyit keresek.
d) Valaki olyat kérdez tőlem az irodában, amivel én nem foglalkozom.
e) A kollégám sokat ivott, és most butaságokat mond.
f) A barátom megnyerte az iskolai matekversenyt.
g) A nagybátyámnak két találmánya van és egy jól működő vállalkozása.
h) A kolléganőm az irodában kezd elmesélni egy titkot.

1.	2.	3.	4.	5.	6.	7.	8.
e							

2. Mikor mondhatjuk? Állítsa párba a mondatokat és a szituációkat!

1. Ez benne volt a pakliban.
2. Borítsunk rá fátylat!
3. Fel kell kötnöd a gatyádat!
4. Nyitott kapukat döngetsz!
5. Ne kerülgesd a forró kását!
6. Betelt a pohár.
7. Leesne a gyűrű az ujjadról, ha te csinálnád meg?
8. Kereket oldott.

a) A barátnőm bocsánatot kér, amiért elfelejtett eljönni a találkozónkra.
b) Megkérdezik, hová lett a kutyánk.
c) A gyerek már a harmadik poharat törte össze.
d) Az öcsém elmeséli, hogy őt választották egy amerikai film főszerepére.
e) A kollégám azt javasolja, hogy kössünk szerződést azzal a vállalattal, amelyikkel tegnap tárgyaltam. A szerződés már készen van.
f) A lányom megint engem kér, hogy melegítsem meg az ebédjét.
g) Látom, hogy a kollégám már reggel óta szeretne valamit mondani, de nem meri.
h) Szerintem nem meglepő, hogy a papagájunk elrepült, hiszen nem tartottuk bezárt kalitkában.

1.	2.	3.	4.	5.	6.	7.	8.
i							

3. Mit jelent? Válassza ki a helyes jelentést!

1. *Nyomja az ágyat*
   a) alszik
   (b) beteg
   c) kényelmetlen az ágya

2. *Belelát vkinek a kártyáiba*
   a) érti a titkos szándékait is
   b) tud neki jósolni
   c) meglesi, milyen lapjai vannak

3. *Küszöbön áll*
   a) hamarosan megtörténik
   b) látogatóba érkezett
   c) tervbe vettük

4. *Felköti a nadrágját*
   a) rendesen felöltözik
   b) nehéz munkába kezd
   c) lefogyott

5. *Kevés a sütnivalója*
   a) buta
   b) szegény
   c) ügyetlen

6. *Ráncba szed vkit*
   a) felvilágosít vkit
   b) megfegyelmez vkit
   c) felöltöztet vkit

7. *Nagy port ver fel*
   a) nagy piszkot csinál
   b) takarít
   c) botrányt okoz

8. *Felveszi a kesztyűt*
   a) elfogadja a kihívást
   b) fázik
   c) pénzt vár

9. *Gatyába ráz vkit*
   a) megfegyelmez
   b) megijeszt
   c) megölel

10. *Ha minden kötél szakad*
    a) ha senki nem segít
    b) a legrosszabb esetben
    c) semmiképpen sem

4. Alkosson mondatokat az alább megadott szavakból! B1

1. félni, a, vajból, nagymamától, nem, van, a, kell, szíve
   ▶ *Nem kell félni a nagymamától, vajból van a szíve.*

2. ha, tudsz, kalapomat, megeszem, enni, ennyi, a, meg, csokoládét
   ▶ ....

3. zenéléssel, öcsém, fiatalabb, kereste, volt, utcai, amikor, az, a, kenyerét
   ▶ ....

4. ne, füle, is, a, el, amit, tegnap, van, meséld, falnak, hallottál
   ▶ ....

5. nagybátyádra, iszik, ne, a, vizet, bort, hallgass, mert, prédikál
   ▶ ....

5. Melyik szóval alkothatunk szólást? Válassza ki a helyeset!

1. Egész délután együtt voltunk Tamással, sétáltunk, beszélgettünk, de amikor a munkájáról kérdeztem, ...*fakép*..... nél hagyott.
   a) *vaskép* (b) *fakép* c) *kőkép*

2. Ennyi pénz maradt csak a kaszinózás után. Hát ezzel a néhány forinttal nem sokra megyünk, ez már csak veszett .... nyele.
   a) *fejsze* b) *kalapács* c) *fűrész*

3. Ha csak erre az állásinterjúra megyek el, akkor mindent egy .... teszek fel.
   a) *kártyára* b) *ászra* c) *lapra*

4. Azt hiszem, bele kell törődnöm, hogy pont ő lett a főnököm. Nehéz lesz lenyelni a keserű ....
   a) *orvosságot* b) *tablettát* c) *pirulát*
5. Tibor úgy érezte, nem bírja tovább, és .... a törölközőt.
   a) *ledobta* b) *kidobta* c) *bedobta*
6. A kereskedő úgy döntött, szedi a ....ját, és máshol nyit üzletet.
   a) *sátorfa* b) *ponyvafa* c) *rúdfa*
7. Ezzel az ígérettel elhúzta előttem a ....ot.
   a) *mákosmadzag* b) *mézesmadzag* c) *lekvárosmadzag*
8. Számomra az ő véleménye sokat .... a latban.
   a) *üt* b) *nyom* c) *tesz*
9. Imre azt csinálja, amit a felesége diktál neki, ... a nő rángatja.
   a) *kötélen* b) *zsinóron* c) *dróton*
10. A rendőrség soha nem fogja megtalálni az ellopott biciklimet, annak már bottal .... a nyomát.
    a) *üthetem* b) *verhetem* c) *vághatom*

FELADATOK – Szöget üthet a fejébe

6. Kapcsolódhatnak így a mondatok? Az első mondat jelentése alapján helyes-e a második mondat állítása? Igen (✓) vagy nem (×)?

1. Nyitott kapukat döngettem a fizetésemelésre vonatkozó kérésemmel. Az igazgató már a múlt héten döntött róla. ✓
2. Kútba esett a stockholmi utazás terve. Holnap indulunk. ☐
3. A tanárunk nagy súlyt fektetett arra, hogy mindenki megtanuljon helyesen írni. A diákok közül senki nem bukott meg helyesírásból. ☐
4. A kiadó igazgatója ajtót mutatott a költőnek. Egy hónap múlva megjelentették a verseskötetét. ☐
5. A szomszédomnak hiányzik egy kereke. Őrültségeket beszél. ☐
6. Az ellopott biciklimnek már bottal üthetem a nyomát. Új biciklit kell vennem. ☐
7. Kálmánt dróton rángatja a felesége. Kálmán igazi papucsférj. ☐
8. Jenő és Richárd egy húron pendülnek. Soha nem értenek egyet semmiben. ☐
9. Nem kenyerem a dicsekvés. Senkinek nem meséltem el, hogy én nyertem meg a pályázatot. ☐
10. Márton tegnap megint összerúgta a port a kollégáival. Ma nem szólt hozzá senki. ☐

7. Melyiket mondhatjuk? Válassza ki az alábbi szituációkba illő idiómát! C1

1. *A szomszéd egész nap hangosan hallgatja a rádiót, nem tudok dolgozni.*
   a) Rágom a kefét.
   b) Tűkön ülök.
   c) A falra mászom tőle.

2. *Az unokatestvéreim évekig ellenségeskedtek, de ma végre kibékültek egymással.*
   a) Elásták a csatabárdot.
   b) Kimásztak a csávából.
   c) Nyílt sisakkal küzdöttek.

3. *Hallottad? Tibor ma is egy órát késett a munkából!*
   a) Porrá zúzom!
   b) Most már lerántom a leplet róla!
   c) Ez már mindennek a teteje!

4. *Szeretném, ha a kolléganőm nem mesélné el senkinek, amit tőlem hallott.*
   a) Ne köpj bele a levesembe!
   b) Tegyél lakatot a szájadra!
   c) Szedd a sátorfádat!

5. *Figyelembe vettétek a szakértő véleményét a döntésnél?*
   a) Sokat nyomott a latban.
   b) A mi szekerünket tolta.
   c) A saját szemüvegén keresztül látott mindent.

6. *Hová lett János? Az előbb még itt volt.*
   a) Csöbörből vödörbe került.
   b) Kihullott a rostán.
   c) Elhúzta a csíkot.

7. *Mit szólt a nagypapa, amikor meghallotta, hogy összeházasodtok?*
   a) A sebeit nyalogatta.
   b) Sóbálvánnyá vált.
   c) Falra hányta a borsót.

8. *Képzeld, Ildikónak megint ellopták az autóját!*
   a) Pellengérre állították szegényt!
   b) Rájár a rúd szegényre.
   c) Elvetette a sulykot szegény.

9. *Miért van ilyen rossz kedved? Összevesztél a barátnőddel?*
   a) Lapátra tett.
   b) Port hintett a szemembe.
   c) Rázta a rongyot.

10. *Miért nem jössz el velünk sörözni?*
    a) Agyilag zokni vagyok.
    b) Nincs egy vasam sem.
    c) Leadtam a drótot.

8. Hogyan mondhatjuk? Fejezze ki a jelentéseket szólással a megadott kulcsszó felhasználásával!

1. azonos véleményen van vkivel ▶ *egy követ fúj valakivel* .... (kő)
2. sokat iszik ▶ .... (pohár)
3. egyszerre több irányban is biztosítja magát ▶ .... (vas)
4. felismer egy cselt ▶ .... (szita)
5. anyagilag v. lelkileg rossz állapotban van ▶ .... (padló)
6. enged a rábeszélésnek ▶ .... (kötél)
7. nem sikerül vmit megcsinálnia ▶ .... (bicska)
8. nem hallgat rá senki ▶ .... (fal)
9. ideges lesz ▶ .... (pumpa)
10. jószívű, érzékeny ▶ .... (vaj)

9. Melyik szó hiányzik? Egészítse ki az idiómákat a hiányzó kulcsszavakkal, és szükség esetén toldalékukkal!

1. hogy kerül a ..... *csizma* ..... az asztalra?
2. .... üt a fejébe vmi
3. .... dönget
4. egy .... alá vesz vmit vmivel
5. minden .... feléget maga mögött
6. .... hányt borsó
7. .... keres a szénakazalban
8. a .... együtt a gyereket is kiönti
9. .... vannak az idegei
10. az .... másik oldala

szög   csizma

kötél   tű   kapu

érem   fal

fürdővíz

kalap   híd

10. Melyik szó hiányzik? Egészítse ki az alábbi szólásokat a megfelelő igével a megfelelő alakban!

1. zárt ajtókra ......*talál*......
2. ágynak ....
3. .... a nadrágszíjat
4. romokban ....
5. gyerekcipőben ....
6. .... a békepipát
7. .... vkit a csőbe
8. kenyér nélkül ....
9. kútba ....
10. .... a kiskaput

esik   hever
~~talál~~   megtalál   marad
összehúz   behúz
dől
jár   elszív

11. Melyik szó hiányzik? Egészítse ki a szólásokat a hiányzó igékkel a megfelelő alakban, majd keresse meg jelentésüket! C1

1. .....*otthagy*.... csapot-papot
2. benne .... a csávában
3. a tönk szélén ....
4. nem .... véka alá a véleményét
5. ajtóstul .... a házba
6. bonckés alá .... vmit
7. egy húron ....
8. .... a garatra

pendül   van
felönt
vesz   áll
~~otthagy~~
rejt   ront

a) jól megértik egymást ☐
b) mindent abbahagyva elmegy [1.]
c) csődbe ment ☐
d) nehéz helyzetben van, bajban van ☐
e) előkészítés nélkül mond vmit ☐
f) nyíltan beszél ☐
g) alaposan elemez vmit ☐
h) lerészegedik ☐

12. Melyik toldalék hiányzik? Egészítse ki a szólásokat a hiányzó ragokkal! Keresse meg az idiómák jelentését!

| ~~-ba/-be~~ | -ra/-re (3×) | -n/-on/-en/-ön | -ban/-ben (2×) | -tól/-től | -val/-vel (2×) |

1. ezt nem teszi ki az ablak*ba*....
2. nagy kanál......... eszik
3. sakk......... tart vkit
4. teríték......... kerül
5. vaj van vkinek a feje.........
6. átveszi vki......... a stafétabotot
7. (nagy)dob......... ver vmit
8. nyílt kártyák......... játszik
9. lapát......... kerül
10. saját leve......... fő

a) sokat, jól eszik
b) lelkiismeret-furdalása van
c) nem titkolózik
d) ezzel nem fog dicsekedni
e) elődje munkáját folytatja ✓
f) hibás, bűnös
g) elterjeszt, elhíresztel
h) kirúgják
i) korlátoz
j) tárgyalnak róla

13. Melyik toldalék hiányzik? Egészítse ki a szólásokat a hiányzó ragokkal vagy névutókkal! Keresse meg az idiómák jelentését is! C1

-ba/-be (2x)   felett   -n/-on/-en/-ön (2x)   -ban/-ben   -ra/-re (2x)   mellett   -ból/-ből   alá   ~~szélén~~

1. a tönk ..... *szélén* ..... áll — g
2. rövid .... fogja a gyeplőt
3. a bor beszél vki ....
4. csomót köt a nyelve ....
5. szálka vkinek a szeme ....
6. szőnyeg .... söpör vmit
7. kocka .... forog vmi
8. borotvaél .... táncol
9. mélyen nyúl a zsebe ....
10. lándzsát tör vki ....
11. kátyú .... jut
12. pálcát tör vki ....

a) veszélyben van
b) elakad
c) kiáll mellette
d) nem foglalkozik vele
e) elítél vkit
f) részeg
g) anyagi válságban van
h) veszélyes tevékenységet folytat
i) sokat hajlandó költeni
j) gondot okoz vkinek
k) titkol vmit, nem beszél
l) szigorú fegyelmet tart

14. Hogyan mondhatjuk? Alakítsa át a mondatokat a megadott kulcsszót tartalmazó szólás felhasználásával!

1. Egy olyan embert látok a tévében, akit utálok. *(bicska)*
   ▶ *Kinyílik a bicska a zsebemben, amikor ezt az embert látom a tévében.*
2. Minket vontak felelősségre a kollégánk hibája miatt. *(lé)*
   ▶ ....
3. Egy aukción mindig nagyon kell figyelni. *(rés)*
   ▶ ....
4. Szerintem a főnökünk nem mondott el mindent az értekezleten, valamit még titkol. *(tarsoly)*
   ▶ ....
5. Mindenhol kerestük a lakáskulcsot. Nem tudom, hol lehet. *(tű)*
   ▶ ....
6. Péter az egészségét veszélyezteti, ha nem szokik le a dohányzásról. *(kocka)*
   ▶ ....
7. Elolvastam minden kötelező olvasmányt a vizsgára. *(kásahegy)*
   ▶ ....
8. Ne vitatkozzunk, hiszen ugyanazok a céljaink. *(hajó)*
   ▶ ....
9. Tönkre ment a mosógép. Ki is dobhatnánk. *(fabatka)*
   ▶ ....
10. Nem értem, miért fizettünk ilyen sokat az étteremben. Biztos rosszul számolt a pincér. *(ceruza)*
    ▶ ....

FELADATOK – Szöget üthet a fejébe

15. **SZÖVEGÉRTÉS** Olvassa el a következő hétköznapi párbeszédet, és húzza alá az idiómákat!

– Szia. Mi az ábra?
– Helló. Semmi különös. És veled?
– Bajok vannak a munkahelyemen. Lehet, hogy nem bírom tovább, és <u>bedobom a törülközőt.</u>
– Hogyhogy?
– A főnökömmel vannak gondok. Állandóan kiabál mindenkivel, és szerintem elég gyakran a pohár fenekére néz.
– Pszt! Halkabban, mert a falnak is füle van!
– És nálatok? Minden rendben?
– Igen. Le a kalappal a főnökünk előtt, nagyon jó szakember. És a magánéletben is nagyon kedves, vajból van a szíve. Mindenkire odafigyel, mindenkinek segít.
– Jó neked! Nem keresnek új informatikust?
– Nem fogod elhinni, de igen!
– Ez csúcs! Akkor nyílt kártyákkal fogok játszani, és megmondom a munkahelyemen, hogy ha nem kapok fizetésemelést, átmegyek hozzátok.
– Sok sikert! Csáó.
– Szia.

A szövegben szereplő idiómák helyettesíthetők az alábbi szavakkal, kifejezésekkel. Melyik melyikkel?

1. abbahagy, felad vmit ▶ *bedobja a törülközőt*
2. jószívű ▶ ....
3. elismerés kifejezése ▶ ....
4. nagyon jó ▶ ....
5. részeg lesz, sokat iszik ▶ ....
6. bárki meghallhatja ▶ ....
7. mi újság? ▶ ....
8. nyíltan beszél ▶ ....

16. **SZÖVEGÉRTÉS** Olvassa el az alábbi cikket, amely egy magyar találmányról, a Gömböcről szól!

Csaknem harminc évet kellett várni arra, hogy a tekintélyes tudományos folyóirat, a Matematikai Intelligencia címlapjára újra magyar találmány kerüljön. 1979-ben a Rubik-kocka, 2007 januárjában pedig a Gömböc névre keresztelt Szuper Keljfeljancsi érdemelte ki a címlapot. A magyar találmány *nagy port vert fel* a matematikusok és fizikusok körében. A furcsa test megalkotói Domokos Gábor, a budapesti Műszaki és Gazdaságtudományi Egyetem tanszékvezetője, legfiatalabb hazai akadémikusunk, és Várkonyi Péter, a műegyetem 27 éves oktatója, akik *előtt le a kalappal.*

Domokos Gábornak tíz évvel ezelőtt V. I. Arnolddal, a világ egyik leghíresebb matematikusával beszélgetve <u>ütött szöget a fejébe</u> a „Gömböc-probléma". V. I. Arnold sejtése szerint létezik olyan homogén (tehát egy anyagból készült) test, amely kizárólag egy stabil és egy instabil helyzettel rendelkezik. Az ismert gyerekjáték, a keljfeljancsi például valóban mindig ugyanabba a helyzetbe tér vissza, azaz egy stabil pontja van, de nem homogén, hiszen a visszagurulást a benne lévő nehezék, például ólom biztosítja.

Egy kockának hat stabil egyensúlyi helyzete van – a hat lapja. Ha ezekre fektetve tesszük le, biztosan ott marad. Instabil egyensúlyi helyzet alakul ki az élek mentén: ezeken egy ideig megáll a kockánk, de előbb-utóbb eldől, és valamelyik stabil pontjában (lapján) állapodik meg. Arnold professzor sejtette, hogy van olyan test, amelynek egy stabil és egy instabil pontja van, és *nem a falnak beszélt*, amikor Domokos Gábornak elmondta sejtését. Domokos pedig gondolkodott rajta, és közben keresett ilyen formákat a természetben is. Egy rhodoszi nyaralás alatt például kétezer kavicsot válogatott át feleségével („ez már majdnem válóok" – jegyzi meg viccesen Domokos), de a feltételnek megfelelőt egyet sem találtak, hiába *rágták át magukat a kásahegyen*.

A Gömböc megalkotásához végül Várkonyi Péter adta az ötletet. A kutatók bebizonyították, hogy a csupán egy stabil és egy instabil ponttal rendelkező test leginkább a gömbhöz hasonlít, az új forma innen kapta a Gömböc nevet. Gyakorlati haszna egyelőre nincs a különleges találmánynak. A kutatók most keresik a Gömböc analógiáját a természetben, és néha bizony úgy érzik, *tűt keresnek a szénakazalban*. A magas páncéllal rendelkező teknősök esetében meg is találták. Míg egy lapos páncélú teknős, ha a hátára fordul, a nyaka segítségével fordul vissza, egy magas páncélú teknősnek a különleges formájú páncél nyújt ebben segítséget. A Gömböc egy példánya egy a Természettudományi Múzeumtól kölcsönkapott teknős társaságában hétfőtől az Országos Műszaki Múzeum egyik vitrinében kapott helyet.

1. Mit jelent? Fejezze ki másképpen az idiómákat!

1. nagy port vert fel ▶ *nagy feltűnést keltett* ....
2. le a kalappal előttük ▶ ....
3. szöget ütött a fejébe ▶ ....
4. nem a falnak beszélt ▶ ....
5. átrágták magukat a kásahegyen ▶ ....
6. tűt keres a szénakazalban ▶ ....

2. Keresse meg a szövegben az alábbi szavak szinonimáit!

1. elismert, fontos ▶ *tekintélyes* ....
2. tréfásan ▶ ....
3. gyanú ▶ ....
4. felborul ▶ ....
5. létrehozás ▶ ....
6. pillanatnyilag ▶ ....
7. csak ▶ ....

3. Jól értette? Fejezze be az alábbi mondatokat!

1. Legutóbb majdnem 30 évvel ezelőtt ....
2. A találmány mindkét alkotója ....
3. A természetben ....
4. A keljfeljancsi nem gömböc, mert ....
5. Azon sem lehetett volna csodálkozni, ha Domokostól elválik a felesége, mert ....
....
6. A magas páncélú teknős ....
7. A testet azért nevezték el Gömböcnek, mert ....

17. **SZEREPJÁTÉK** Írjanak párbeszédet a megadott idiómák felhasználásával, majd játsszák is el!

B1 szint

Szituáció: Két szomszéd beszélget. Az egyik ezermester, és elmeséli a másiknak, hogy feltalálta az örökmozgót.
Felhasználandó idiómák:
mi az ábra?; ez nem az én asztalom; gyerekcipőben jár; megeszem a kalapomat, ha; le a kalappal!; bedobja a törölközőt

B2 szint

Szituáció: Egy fodrásznő megharagudott a barátnőjére, mert az pletykált róla a kollégáinak.
Felhasználandó idiómák:
nem teszi ki az ablakba; minden lében kanál; beletörik a bicskája; (nagy)dobra ver; a falnak beszél; borítsunk rá fátylat!; kenyérre lehet kenni; más lapra tartozik

C1 szint

Szituáció: Két rendőr beszélget egy zsebtolvajjal, aki most szabadult a börtönből.
Felhasználandó idiómák:
elhúzza a csíkot; fabatkát sem ér; ez mindennek a teteje!; nincs egy vasa sem; betelt a pohár; átlát a szitán; szőnyeg alá söpör vmit; összerúgja a port vkivel

A BŐSÉG ZAVARA

ADÁS
veszi az adást *biz.*   *C1* cotton on to sg; get it
felfog, megért vmit grasp or understand sg

| Próbáltam vele viccelődni, de nem vette az adást.

ALKALOM
megragadja az alkalmat seize the opportunity
kihasználja a lehetőséget make use of an opportunity that is presented by a situation

| Ha külföldön járok, minden alkalmat megragadok, hogy megkóstoljam az ottani ételeket.

soha vissza nem térő alkalom a once in a lifetime opportunity
olyan lehetőség, amelyet mindenképpen an opportunity that must definitely be taken
ki kell használni advantage of

| Nem hagyhatod ki ezt a tengeri hajóutat! Soha vissza nem térő alkalom.

ÁLOM
elnyomja az álom be overcome by sleep
elalszik fall asleep

| Vince szeretett volna éjfélkor koccintani velünk, de olyan fáradt volt, hogy 11 óra körül elnyomta az álom.

BAJ
annyi baj legyen! never mind; it doesn't matter
semmi baj, ne is törődj vele it's not important, don't worry about it

| – Eltörtem a kínai vázát.
  – Annyi baj legyen. Már úgyis csorba volt.

ellátja vkinek a baját put sy in his place
nagyon megver vkit beat or overcome sy

| Ludas Matyi a mesében háromszor is ellátta Döbröginek, a földesúrnak a baját.

meggyűlik a baja vkivel/vmivel get into trouble (with sy/sg); get into a scrape (with sy/sg)
sokat bosszankodik vki/vmi miatt be very annoyed because of sy/sg

| Az ismert színésznőnek meggyűlt a baja a rendőrséggel, amikor tilosban parkolt.

BAKLÖVÉS
baklövést követ el   *C1* commit a howler; make a gaffe
hibázik, melléfog, butaságot csinál make a mistake or blunder; do sg stupid

| A meccs 28. percében a bíró óriási baklövést követett el, amikor kiállította a teljesen vétlen játékost.

BÁL
áll a bál there's a big fight going on; be in full swing
nagy veszekedés van be having a big row

| – Mit szóltak a szüleid ahhoz, hogy éjfél után értél haza?
  – Ne is kérdezd. Még mindig áll a bál otthon.

BALHÉ

a balhé kedvéért *biz.* *C1* — just for the hell of it; just for kicks
viccből, minden komolyabb cél nélkül — for a joke or amusement; with no serious aim

| Nem volt semmiféle vita a két fiú között, csak a balhé kedvéért kezdtek verekedni.

balhét csap/csinál vmi miatt *biz.* *C1* — kick up a stink (because of sg)
nemtetszését hangosan fejezi ki, botrányt csinál — loudly express one's displeasure; make a scene

| A fickó hatalmas balhét csapott a kocsmában, mert meleg volt a sör.

elviszi a balhét *biz.* *C1* — carry the can; take the flak
vállalja a felelősséget, viseli
a kellemetlen következményeket — take responsibility; bear the negative consequences

| Az olasz csapat gyengén szerepelt, most a szövetségi kapitány viszi el a balhét.

kiveri a balhét *biz.* *C1* — make a fuss
botrányt csinál — make a scene

| Kivertem a balhét az étteremben, amikor hidegen tálalták fel a levest.

BOLONDÓRA

rájön a bolondóra vkire — he is having one of his fits; he is off again
rövid ideig szeszélyesen viselkedik, dühöng, nem lehet vkivel bírni — behave capriciously for a while, rage, or be impossible to handle

| Katira rájött a bolondóra, hisztizik, mint egy kisgyerek.

BŐSÉG

a bőség zavara — an embarrassment of riches
számos lehetőség, gazdag választék — a wide choice of possibilities or things on offer

| A könyvfesztiválon megtapasztalhattuk, mit jelent a bőség zavara: végig sem tudtuk nézni az összes kiadó kínálatát.

a bőség zavarával küzd — be spoilt for choice
nehezen dönt sokféle lehetőség közül — find it difficult to decide because of the wide choice on offer

| Az új fagyizóban a bőség zavarával küzdöttünk, még kukoricás kókuszfagyit is árultak.

BÚ

búval bélelt *C1* — gloomy; sorry-looking
nagyon bánatos, kedvetlen, szomorú — very sad or dispirited

| Miért vagy mostanában olyan búval bélelt? Mi történt?

BÜKKFANYELV

bükkfanyelven beszél *C1* — talk as if one's swallowed a dictionary
túlzottan hivatalosan, nehézkes stílusban beszél — speak in a way that is awkward and too official

| Az ügyvédek sokszor olyan bükkfanyelven beszélnek, hogy az ember egy szót sem ért belőle.

CECH

állja a cechet *biz.* *C1* — it's on him; it's a treat
fizeti a számlát, a költségeket — sy pays the bill or cost of sg

| Nyugodtan egyetek-igyatok, amit akartok, a cég állja majd a cechet.

CÉL

túllő a célon
túlzásba visz vmit, a kelleténél többet tesz vagy mond

overshoot the mark
do sg to excess; do or say more than is necessary

| Éva elegánsan akart felöltözni a koncertre, de az aranyszínű estélyi ruhával túllőtt a célon.

CSAPÁS

egy csapásra
gyorsan, könnyen, erőfeszítés nélkül

at one stroke; with a single blow
quickly and easily, without effort (e.g. two things at the same time)

| Az új uszoda építésével egy csapásra kielégíthetik a versenyúszók és a sportolni vágyó lakosság igényeit is.

CSÍN

csínján bánik vkivel/vmivel
körültekintően, óvatosan, takarékosan bánik vkivel/vmivel

go easy on sy; go easy with sg
handle sy/sg with care, cautiously or economically

| Az óvoda szakácsa csínján bánik a fűszerekkel, mivel a gyerekek nem ehetnek erős, csípős ételeket.

ismeri vminek a csínját-bínját *C1*
jártas vmiben, ért vmihez, mindent tud vmiről

know all the ins and outs of sg; know the ropes
experienced; understand or know everything about sg

| A rendező ismeri a szakma minden csínját-bínját, legutóbbi filmjének sikere is ezt bizonyítja.

CSODA

csodájára jár vkinek/vminek
megcsodál vkit/vmit

admire sy/sg
attract admirers

| A turisták csodájára járnak a budapesti Operaháznak.

mi a csoda (lehet ez)? mi a csodát csinálsz? *B1*
(csodálkozás, meglepődés kifejezésére)

what on earth (is this)?; what on earth are you doing?
(expression of astonishment or surprise)

| Kisfiam, mi a csodát csinálsz? Neked most leckét kellene írnod.

vannak még csodák! *B1*
(gúnyosan) ki hitte volna?!, minek köszönhető?

wonders will never cease!
(ironically or sarcastically) who would have thought it? what do we have to thank for this?

| – Tanár úr, megírtam a házi feladatot.
 – Vannak még csodák!

CSORBA

csorba esik vmin *C1*
kár ér vkit, veszteséget szenved, szégyenkezni kell vmi miatt

sy/sg's reputation is damaged; lose face
suffer the loss of a valuable attribute or characteristic; be made to feel ashamed because of sg

| Az újságban megjelent kritika miatt csorba esett az étterem hírnevén.

kiköszörüli a csorbát *C1*
helyrehozza a hibát, orvosol vmit

make up for it; make amends
put right an error; remedy a defect or fault

| A híres színész legutóbbi filmje nagy bukás volt, de az új bemutatóval most talán kiköszörüli a csorbát.

A BŐSÉG ZAVARA

CSÜTÖRTÖK
csütörtököt mond
a) (fegyver) nem sül el
b) (vmi) nem sikerül, kudarcot vall

fail to go off (weapon); misfire
(sg) does not succeed; fail; go up in smoke

| A vadász nem tudta lelőni a vaddisznót, mivel a fegyvere csütörtököt mondott.
| Csütörtököt mondott a békítési kísérletem, Áron és Ábel továbbra sem beszélnek egymással.

DARAB
darabokra hull(ik)
(birodalom, család) szétesik, felbomlik

fall to pieces
fall apart (e.g. empire, family)

| A király halála után darabokra hullott az ország.

darabokra szed vkit/vmit
erőteljesen, kíméletlenül kritizálja

take sy/sg to pieces
criticize heavily and mercilessly

| A kritikusok darabokra szedték az előadást, pedig a közönség körében nagy sikert aratott.

egy (jó) darabig *B1*
meghatározott ideig

for a (good) while
for a (certain) period of time

| Egy darabig még marad a jó idő lesz.

DÍJ
díjat tűz ki vkinek a fejére
vkinek az elfogásáért pénzjutalmat ajánl fel

set a price on sy's head
offer a financial reward for information leading to sy's arrest

| Egymillió forintos díjat tűztek ki a bankrabló fejére.

DOBÁS
vkinek van még egy dobása *biz.*
van még egy utolsó lehetősége

sy has one more chance
have one more opportunity

| Az új kollégának van még egy dobása, de ha továbbra sem mutat fel eredményeket, nem dolgozhat itt tovább.

DOHÁNY
tele van dohánnyal *szleng* *C1*
sok pénze van, gazdag

made of money; filthy rich
sy has a lot of money

| A nagybátyám bármit meg tudna venni, tele van dohánnyal.

DOLOG
biztos a dolgában *B1*
biztos vmiben, ért vmihez

be sure of oneself; know what one is doing
be sure of sg; understand sg

| Az ápolónő nem volt biztos a dolgában, ezért hívta az orvost.

elment vkinek a jó dolga
értelmetlenül vagy helytelenül cselekszik

take leave of one's senses
act in a way that is senseless or wrong

| Elment a jó dolgod, édes fiam? Pirosra festetted a hajadat?!

érti a dolgát *B1*
profi, ért ahhoz, amit csinál, tudja, miről beszél

know one's stuff; know what one is about
professional; know what one is doing or talking about

| Nyugi, minden rendben lesz, a villanyszerelő érti a dolgát!

A BŐSÉG ZAVARA

jó/rossz dolga van *B1*
jól/rosszul megy a sora, nincsenek gondjai
v. problémái vannak

have a good/bad time of it; be well/badly off
sy is getting along well/badly; sy has no problems /
sy has problems

| Olyan jó dolgom volt a nagynénéméknél, hogy el sem akartam jönni tőlük.

lásd, kivel van dolgod!
lehetnék barátságtalanabb *v.* szigorúbb, de most
segítek *v.* nem bántalak, nem teszek ellened semmit

you'll see what I'm made of!
I could be unhelpful but now I'll help you and not
upset you; I won't do anything against you

| – Nem boldogulok ezzel a táblázattal.
  – Lásd, kivel van dolgod, majd én megcsinálom.

visszafelé sül el a dolog *C1*
a kívánt, tervezett eredménynek, célnak
az ellenkezője történik

sg backfires
the opposite of the planned or desired result happens

| Az új igazgató mindenkit meg szeretett volna nyerni magának a beszédével, de visszafelé sült el a dolog.

DÜH
dühbe gurul/jön
hirtelen dühös, mérges lesz

fly into a rage
become suddenly angry or furious

| Dühbe gurult, amikor megtudta, hogy a gyerek az összes pénzt elköltötte.

EGÉSZSÉG
aláássa vkinek az egészségét (vmi) *C1*
ártalmas, rosszat tesz vkinek

undermine sy's health
be bad for sy's health

| Az állandó stressz aláássa az ember egészségét.

használja/viselje egészséggel! *B1*
(tárgy, ruhadarab átadásakor mondott
jó kívánság)

enjoy!
(good wishes said when an object, item of clothing,
etc. is given to sy)

| Névnapodra ezt a szép nyakláncot kapod tőlem. Viseld egészséggel!

EGY
egy az egyben

teljesen (ugyanúgy *v.* ugyanolyan)

completely (e.g. I completely agree or agree word
for word)
completely (in the same way, the same as)

| Ezt a részt egy az egyben kimásolta a barátja dolgozatából.

egyet mondok, kettő lesz belőle
van egy jó ötletem

tell you what…; I've had a brainwave
I have a good idea…

| Egyet mondok, kettő lesz belőle. Állj fel, és induljunk azonnal!

egyre megy
ugyanaz; teljesen mindegy

it is all one (to me); it is all the same (in the long run)
it's the same; I don't mind

| Egyre megy, hogy holnap indulunk vagy holnapután. Fő, hogy hétvégén már ott legyünk.

EGYENES
egyenesbe jön
legyőzi a nehézségeket, rendeződik az élete

get straightened out; be back on one's feet
get out of a difficult situation; one's life is
straightened out

| A nehéz évek után most végre egyenesbe jött az élete.

ÉHKOPP
éhkoppon marad — go hungry
éhes marad — remain hungry

| Azt hittük, nagy vacsora lesz a konferencia után, de éhkoppon maradtunk, mert csak néhány szendvicset adtak.

ELÉG
eleget tesz vminek — come up to scratch; pass muster
teljesít vmit; megfelel vminek — fulfil sg; meet the requirements of sg

| A pályázatát sajnos nem tudjuk elfogadni, ugyanis nem tett eleget a feltételeknek.

elege van vkinek vmiből/vkiből B1 — be fed up with sy/sg; be through with sy/sg
nem bír tovább elviselni v. megun vkit/vmit — can no longer bear sy/sg; be bored with sy/sg

| Elegem van már abból, hogy hónapok óta napi 10-12 órát kell dolgoznom.

ELEM
elemében van — be in one's element
a) otthonosan mozog vhol, jártas vmiben — be at home in a situation; experienced in sg
b) jó formában van — perform well; be on good form

| A csatár elemében volt, öt gólt lőtt a meccsen.

ÉLET
az életével fizet vmiért — pay for sg with one's life
meghal vmi miatt — die because of sg

| A motorkerékpáros az életével fizetett figyelmetlenségéért.

egy életre — for life
örökre — forever

| Egy életre megjegyeztem, hogy erre a gyógyszerre allergiás vagyok.

életbe lép — come into force; take effect
érvényessé válik — the validity of sg starts (e.g. law, schedule)

| A nyári vasúti menetrend június 1-jén lép életbe.

élet és halál között lebeg — be hovering between life and death; be clinging to life by a thread
életveszélyben van, majdnem meghal — one's life is in danger; almost die

| A tegnapi baleset sérültje még mindig élet és halál között lebeg.

életet ver vkibe — bring sy round; rouse sy (who is dead to the world)
mély álmából vagy öntudatlan állapotából felébreszt vkit — wake sy up from a deep sleep or a state of unconsciousness

| Károly olyan mélyen aludt, hogy alig tudtam életet verni belé.

életre hív — bring into being
létrehoz, megteremt — establish or create

| 1950-ben a francia külügyminiszter javaslata hívta életre az Európai Közösséget.

ilyen az élet B1 — such is life.
(beletörődés kifejezése) nincs mit tenni, így kell elfogadni — (expression of resignation) there's nothing you can do, just accept things as they are

| Tudom, hogy nem erre számítottál, sajnálom. Ilyen az élet.

ELEVEN
vkinek az elevenére tapint *C1* — touch a sore spot; touch a raw nerve
megtalálja vkinek a legérzékenyebb pontját — find sy's most sensitive point

| Az elevenére tapintottam, mikor a disszertációja felől érdeklődtem. Még mindig nem írta meg.

ELME
csiszolja az elméjét *C1* — refine one's mind
műveli, képzi magát — educate or instruct oneself

| A játékra minden korban szüksége van az embernek, hiszen semmi sem csiszolja jobban az elmét.

elborul vkinek az elméje — sy's mind becomes unhinged
megbolondul — go mad or crazy

| Széchenyi azért került Döblingbe, az ideggyógyintézetbe, mert elborult az elméje.

megvilágosodik az elméje vkinek — have an epiphany; become enlightened
megért vmit, rájön vmire — understand or realize sg

| A tudós évekig hiába próbált megoldani egy egyenletet, míg egyszer séta közben megvilágosodott az elméje, és egy pillanat alatt rájött a megoldásra.

ÉRDEKLŐDÉS
az érdeklődésnek a szikráját sem mutatja — not show the slightest interest
egyáltalán nem érdekel vkit vmi — not at all interested in sg

| A világ leghíresebb regényeiről beszéltem, de a gyerekek az érdeklődés szikráját sem mutatták.

felcsigázza vkinek az érdeklődését *C1* — pique sy's curiosity; arouse sy's interest
felkelti vkinek a figyelmét, nagyon kíváncsivá teszi — attract sy's attention; make sy very curious

| A fülszöveg úgy felcsigázta az érdeklődését, hogy megvette a könyvet.

ERŐ
erején felül költekezik — live beyond one's means
túl sok pénzt költ — spend too much money

| Veszélyes helyzetbe kerülhet az, aki erején felül költekezik, és eladósodik.

erőre kap — regain strength; get one's second wind
megerősödik — become stronger unexpectedly

| Gyorsan erőre kapott, miután kiengedték a kórházból.
| Tegnap este erőre kapott a forint, gyengült a dollár.

erőt vesz vkin vmi — be overcome with sg
elhatalmasodik vkin vmi, elönt vkit vmi (érzés) — sg takes hold of sy; be flooded with sg (e.g. feeling)

| Erőt vett rajtam a fáradtság, nem tudtam befejezni a munkát.

ÉRZÉK
hatodik/hetedik érzék — sixth sense
ösztönös megérzés, sejtés — intuitive feeling; hunch

| A hatodik érzékem azt súgta, hogy valami baj van.

ÉSZ
elment az esze vkinek *B1* — be out of one's mind; have a screw loose
megbolondult, érthetetlenül viselkedik — sy has gone mad; behave crazily

| Elment az eszed? Rövidnadrágban akarsz elmenni? Mínusz 5 fok van!

észbe kap — see the light; wake up (e.g. to the truth)
visszakozik, mert hirtelen rájön, rádöbben vmire — sy changes his opinion or behaviour because he suddenly realizes or becomes aware of sg

| Péter majdnem megbukott fizikából, de szerencsére az utolsó pillanatban észbe kapott, és elkezdett tanulni.

vkinek esze ágában sincs (megtenni vmit) — would not dream of doing sg; perish the thought!
egyáltalán nem akar, nem szándékozik megtenni vmit — definitely does not want or intend to do sg

| A tulajdonosnak esze ágában sincs eladni a versenylovat, még sok pénzt kereshet vele.

eszedbe ne jusson! — don't even think of it!
semmiképpen ne tedd meg! — don't do it under any circumstances!

| Eszedbe ne jusson fagyit enni! Most voltál beteg.

felfog/felér (ép) ésszel vmit   C1 — get one's head around sg
felfog, belát, megért vmit — grasp, understand, comprehend sg

| Nehéz ép ésszel felérni, miért kellett lebontani ezt a műemlék épületet.

játssza az eszét   B1 — come on!; cut it out!
nagyképűsködik — look or act self-important

| Nekem ne játszd az eszed! Pontosan tudod, miről van szó.

megáll az esze vkinek   B1 — no way!; I don't believe it!
csodálkozik, megdöbben — be amazed or astounded

| Megáll az eszem! Tényleg 50 ezer forintba került ez a gyerekcipő?

megjön az esze vkinek — come to one's senses
hallgat az okos szóra, értelmesen, ésszerűen viselkedik — listen to reason; behave intelligently or sensibly

| Örülök, hogy megjött az eszed, és hajlandó vagy beiratkozni a tanfolyamra.

rövid az esze vkinek   B1 — have a short memory
rossz a memóriája, könnyen elfelejt vmit — have a bad memory; forget sg easily

| Rövid az eszem! Mi is a telefonszámod? Felírom a noteszembe.

túljár vkinek az eszén — outwit sy; outsmart sy
becsap, rászed vkit, cselesebb, okosabb vkinél — cheat or fool sy; be cleverer or more crafty than sy

| A mesében a nyúl sokszor túljár a róka eszén.

ESZTENDŐ
sovány, mint a hét szűk esztendő   C1 — as thin as a rake
nagyon sovány — very thin

| A hosszú betegeskedés után olyan sovány volt szegény, mint a hét szűk esztendő.

FÁMA
erről nem szól a fáma   C1 — not be on record
erről nem lehet tudni semmit — there is no information about that; nothing can be known about it

| Arról persze nem szól a fáma, hogy ki a felelős a csalásokért.

FÜLES
fülest kap *biz.* | be given the low-down; get the (inside) scoop
fontos, még nem nyilvános hírt kap | get important news that has not yet been made public

| Fülest kapott a doppingellenőrző bizottság, ezért szállt ki a sportoló lakására.

lekever vkinek egy fülest *biz.* | give sy a clip round the ear
pofont ad vkinek | hit or slap sy in the face

| Olyan szemtelen volt a gyerek, hogy az anyja lekevert neki egy fülest.

GONDOLAT
fázik a gondolattól(, hogy…) *B1* | the very thought (of sg) makes sy shudder
gondolni sem akar vmire | not even want to think about sg

| Nem vesszük meg ezt a lakást. Már a gondolatától is fázunk annak, hogy a földszinten lakjunk.

játszik/kacérkodik a gondolattal, hogy | toy with the idea (of doing sg)
foglalkozik vmivel, gondolkodik vmin, tervez vmit | do or plan sg; think about sg

| Kacérkodom a gondolattal, hogy vidékre költözöm.

GUTA
majd megüt a guta vkit | have a heart attack (if…); have a fit
nagyon mérges, ingerült | very angry or irritated

| Majd megütött a guta, mikor megláttam a buli után a rendetlenséget.

GYANÚ
a gyanú(nak még az) árnyéka se(m) férhet vkihez *C1* | be whiter than white; be above suspicion
tökéletesen megbízható személy | completely reliable, trustworthy person

| Olyan embert keresünk erre a beosztásra, akihez a gyanúnak még az árnyéka sem férhet.

gyanút fog | have a suspicion; smell a rat
gyanakodni kezd | start to be suspicious

| A rendőrség gyanút fogott, és már napok óta figyelte a házat.

HADILÁB
hadilábon áll vmivel | be rather poor at sg
nem ért vmihez, gyenge vmiben | not understand sg; be not very good at sg

| Ez a levél tele van hibákkal. Úgy látom, hadilábon állsz a helyesírással.

HAJTÁS
egy hajtásra megiszik vmit | drink sg in one draught; down in one
egyszerre, egy kortyra megiszik vmit | drink sg in one go

| Itt ez a finom házi pálinka. Egy hajtásra kell meginni!

nagy a hajtás | be rather pushed
keményen és sokat kell dolgozni | work a lot and hard

| Olyan nagy a hajtás, hogy még ebédelni sem tudtam elmenni,.

HALÁL
vkinek a halála vmi *biz.* *B1* | sy's pet hate
nem bírj elviselni vmit, nagyon bosszant vmi vkit | can't bear it; annoys sy

| A halálom a ruhavásárlás, utálok próbálni, öltözni, vetkőzni.

halál fia vagy! you're dead!; you're a dead man!
(fenyegetés) mindjárt meghalsz! (threat) you're going to die soon

| Ha nem teljesíted a parancsomat, halál fia vagy! – mondta a sárkány a királyfinak.

halál komoly *biz.* dead(ly) serious; straight up
nagyon komoly, teljesen komoly, nem vicc very or completely serious; without joking

| – Tényleg jelentkeztél a cirkuszba bohócnak?
  – Halál komoly!

halálra keres vkit/vmit hunt high and low for sy/sg
izgatottan mindenütt keres vkit look frantically for sy/sg

| Halálra kerestük a kutyát, pedig az egyik sarokban aludt.

halálra keresi magát earn a packet
nagyon sok pénzt keres earn a lot of money

| Elmentek dolgozni egy óceánjáró hajóra és halálra keresték magukat

halálra unja magát be bored to death (of sg)
nagyon unatkozik, nagyon un vmit be very bored; be very bored of sg

| Végighallgattam az előadást, de be kell vallanom, halálra untam magam.

halálra válik/rémül to death (e.g. be frightened to death)
nagyon megijed strongly; to a very great degree

| Halálra rémültem, amikor kintről benézett valaki az ablakon.

HALLOMÁS
hallomásból ismer vkit/vmit have second-hand knowledge of sy/sg; know sy/sg
 from hearsay
másoktól hallott vkiről/vmiről, hear about sy/sg from sy else; have no personal
nem ismer vkit/vmit személyesen knowledge of sy/sg

| Szerencsére csak hallomásból ismerem ezt a betegséget.

HANG
felemeli a hangját raise one's voice
hangosabban beszél, mert ideges vagy haragszik speak more loudly out of annoyance or anger

| Egy jó óvónő soha nem emeli fel a hangját, mindig türelmesen beszél a gyerekekkel.

más hangot üt meg sing a different tune
az eddigitől eltérő módon, hangon kezd beszélni start speaking in a different way or tone

| Az ügyfélszolgálaton dolgozó munkatárs rögtön más hangot ütött meg, amikor megtudta, hogy egy bankigazgatóval áll szemben.

megtalálja a hangot vkivel strike the right tone with sy
megfelelő módon tud beszélni vkivel able to speak with sy in an appropriate way

| Évi igazi közösségi ember, mindig mindenkivel megtalálja a hangot.

HARAG
elpárolog a haragja vkinek sy's anger melts away; sy simmers down
megnyugszik, elmúlik a haragja calm down or relax; sy's anger passes

| Ahogy rápillantott a síró gyerekre, rögtön elpárolgott a haragja.

A BŐSÉG ZAVARA

(éktelen) haragra lobban/gerjed (vki ellen)   C1   have a fit; fly off the handle
nagyon dühös, indulatos lesz   become very angry or passionate

| Zeusz éktelen haragra gerjedt, mikor rájött, hogy becsapták.

HÉZAG
mi a hézag? *szleng*   what's up? *GB*; what's eating you?
mi a probléma?   what's the problem?

| Szia, haver! Miért vagy ilyen ideges? Mi a hézag?

HIBA
kinövi vmely hibáját   grow out of a problem
idővel eltűnik vmely hibája   a problem disappears with time

| Az unokahúgom nagyon hisztis kislány volt, de felnőttkorára kinőtte.

öreg hiba   gross error
komoly, súlyos hiba   big or serious mistake

| Ottóra bíztad a munkát? Öreg hiba.

HIDEG
hidegre tesz vkit
a) börtönbe zár   lock sy in prison; put sy in the cooler
b) megöl   kill; make cold meat

| Elkapták a rendőrgyilkost, és húsz évre hidegre tették.
| A bankrabló a rablás után hidegre tette a cinkostársát.

HÍJA
híján van vminek   be short of sg
nem rendelkezik vmivel   not have sg

| Kíváncsi vagyok, hogy az új munkatárs el tudja-e végezni ezt a feladatot, hiszen még híján van a tapasztalatnak.

jobb híján   for want of sg better
ha nincs jobb   if there is nothing better

| Jobb híján megeszem a zsíros kenyeret is.

HÍR
hírbe hoz vkit   drag sy through the mud; give sy a bad name
pletykát terjeszt vkiről, árt vki jó hírének   spread gossip about sy; damage sy's good reputation

| Az ismert futballistát hírbe hozták a szépségkirálynővel.

hírből ismer vkit/vmit   know of sy/sg by renown; have heard of sy/sg
nincsen saját tapasztalata vkiről/vmiről   not have personal experience of sy/sg

| Szerencsére olyan jók a fogaim, hogy a fogorvost csak hírből ismerem.

híre-hamva sincs vkinek/vminek   neither hide nor hair of sy/sg
eltűnt, nyoma veszett   disappeared; no trace of sy/sg

| Három hete híre-hamva sincs a kollégámnak.

jó/rossz hírét kelti vkinek/vminek   speak well/ill of sy/sg
dicsér vagy szidalmaz vkit/vmit   praise or pour insults on sy/sg

| Felére csökkent az étterem forgalma, amióta rossz hírét keltették.

se híre, se hamva | neither hide nor hair of sy/sg
nyomtalanul eltűnt | disappeared without trace

| Tegnap a ház előtt parkoltam az autóval, mára se híre, se hamva. Gondolom, ellopták.

HOLTPONT
holtpontra jut | reach a deadlock; come to a standstill
(folyamat, ügy) elakad | falter or break down (e.g. process, issue)

| A két fél között holtpontra jutottak a tárgyalások.

I
felteszi az i-re a pontot B1 | dot the 'i's (and cross the 't's)
végleg lezár, befejez vmit | put the finishing touches to sg; complete sg

| A vacsora végén egy pohár tokaji feltenné az i-re a pontot.

IDŐ
agyoncsapja/agyonüti az időt vmivel | kill time doing sg
unalmában eltölti az időt vmivel | spend time doing sg out of boredom

| Túl korán érkeztem a találkozóra, így rejtvényfejtéssel csaptam agyon az időt.

időtlen idők óta | from time immemorial
nagyon régóta | from a very long time ago

| Szia, mi van veled? Időtlen idők óta nem beszéltünk.

kifut az időből | run out of time
nem tud elvégezni vmit megadott idő alatt | not able to finish sg in the time available

| Egész nap sütöttem-főztem a vendégeknek, de kifutottam az időből, kitakarítani már nem tudtam.

legfőbb ideje, hogy… | it's high time…
már itt volt az ideje, végre | sg should have happened or been done already

| Legfőbb ideje, hogy elkészültél. Már rég el kellett volna indulnunk.

vki nem vesztegeti az idejét (vmire) | not waste time (on sg); lose no time (in doing sg)
a) nem foglalkozik vmivel, mert más, | not do sg because there are other, more important
   fontosabb dolga van | things to do; not waste time (on sg)
b) siet vmivel, azonnal a lényegre tér | hurry to do sg; get to the point immediately;
 | lose no time (in doing sg)

| A könyv szerzője nem vesztegette az idejét a mellékszereplőkre, egyik sincs rendesen kidolgozva.
| A film rendezője nem vesztegeti az idejét, „in medias res" belevág a történetbe.

rabolja az időt v. **vkinek az idejét** | take up (sy's) time
fölösleges, hosszadalmas dolgokkal vesztegeti | lose time doing unnecessary, tedious things
az időt

| Nem akarom az idődet rabolni, ezért csak a lényeget mesélem el.

szorít az idő | be pressed for time
kevés vkinek az ideje, sietnie kell | have little time; have to hurry

| Igyekeznünk kell az építkezéssel, szorít az idő!

IRIGYSÉG
elsárgul v. **sárga az irigységtől** | turn green with envy
arckifejezése elárulja irigységét | sy's facial expression reveals that he is envious

| Elsárgult az irigységtől, amikor a másik sikereiről szóló beszámolót hallgatta.

ISTEN

az isten háta mögött *B1* — the back of beyond; in the middle of nowhere
egy eldugott, kis helyen — in a small, secluded place

| Valahol az isten háta mögött laknak, a nevét sem hallottam még a falunak.

felviszi az isten vkinek a dolgát — live high on the hog; he is doing well for himself
szerencsésen alakul a sorsa — sy's life is turning out to be lucky or successful

| Mióta nem láttam a volt osztálytársamat, nagyon felvitte az isten a dolgát: Mercedesszel jár, és éppen most jött haza egy afrikai szafariról.

isten bizony — I swear to God!
(nyomatékosítás, fogadkozás) — (used for emphasis and promises)

| – Isten bizony, nem láttam semmit sem!
| – Isten bizony, holnapra megcsinálom!

Isten éltessen (sokáig)! *B1* — many happy returns of the day!
(névnapi, születésnapi köszöntés) — (wishing sy well on his nameday or birthday)

| Boldog születésnapot, isten éltessen!

Isten ments! — god forbid!; heaven forbid!
semmiképpen sem — on no account; definitely not

| – Te is jössz velünk a disznóvágásra?
– Isten ments! Nem bírom a vért.

megfogta az isten lábát — get lucky; land a big one
nagy szerencse ért vkit — have a large piece of luck

| Péter megfogta az isten lábát: a bolhapiacon hihetetlenül olcsón sikerült vennie egy eredeti kínai vázát.

nagy az isten állatkertje *biz.* — it takes all sorts (to make a world)
sok bolond ember van — there are many crazy people

| – Láttad azt a zöld hajú nőt?
– Nagy az isten állatkertje!

JÁRAT

mi járatban vagy/van? — what are you doing here?; what brings you here?
miért jöttél/jött? — why have you come?

| Szervusz, László. Mi járatban vagy itt nálunk? Segíthetek valamiben?

JELENLÉT

megtisztel vkit/vmit a jelenlétével — honour sy/sg with one's presence
elmegy vhova — go somewhere

| A kiállítás megnyitóját a főpolgármester is megtisztelte jelenlétével.

KÁR

a maga/saját kárán tanul — learn sg to one's own cost; the school of hard knocks is the best teacher.

vesztesége, csalódása óvatosabbá teszi — loss or disappointment makes sy more cautious

| Ildikó a maga kárán tanulta meg, hogy zsúfolt buszon nem szabad nyitott táskával utazni.

kárba vész/megy — go to waste; down the pan
elvész, hiábavaló — lose or be in vain

| Minden próbálkozásunk kárba veszett, nem tudtuk rábeszélni Imrét, hogy menjen orvoshoz.

KARIKACSAPÁS
(úgy) megy vmi, mint a karikacsapás
gyorsan, könnyedén halad, hibátlanul működik, sikerül

be plain sailing; sg goes like clockwork
sg works or succeeds quickly, easily and perfectly

| Ha jól sikerült a palacsinta tésztája, akkor a sütés már megy, mint a karikacsapás.

KENYÉRTÖRÉS
kenyértörésre kerül sor (vkik között)
döntő fordulat vagy végleges szakítás következik be a viszonyukban

things have come to a head
there will soon be a decisive change or permanent break in their relationship

| A rendező és a híres filmszínésznő között kenyértörésre került sor, pedig már hat filmet forgattak együtt.

kenyértörésre viszi a dolgot
kikényszeríti a döntést

bring things to a head
force a decision to be made

| Eddig is sok konfliktusuk volt a közös vállalkozás miatt, de most kenyértörésre vitték a dolgot, és eladták a boltot.

KÉRDÉS
feszeget egy kérdést
folyamatosan egy kellemetlen kérdésről beszél, kellemetlen kérdéseket tesz fel

harp on about sg
talk continuously or ask questions about an unwelcome topic

| Inkább ne feszegessük azt a kérdést, hogy ki volt a hibás!

fogas kérdés
nehéz kérdés

a sixty-four thousand dollar question
difficult question

| Hogyan működött Kempelen Farkas sakkautomatája? Ez bizony fogas kérdés.

kihegyezi a kérdést vmire C1
vmire összpontosítva teszi fel a kérdést

focus the question on sg
ask a question concentrating on sg

| Az előadó elsősorban a környezetvédelmi szempontokra hegyezte ki a kérdést.

KERÉKVÁGÁS
kizökken a megszokott/régi kerékvágásból
eltér a megszokottól, vmi szokatlan történik vkivel

get out of the groove; become unsettled
deviate from the usual (e.g. routine); sg unusual happens to sy

| A harmadik gyerek megszületése óta a család élete kizökkent a régi kerékvágásból.

visszatér a megszokott/rendes kerékvágásba
újra a megszokott, régi menetben megy tovább

get back in the groove; return to normal
return to living, working, etc. in the old, familiar way

| A nyaralás után az életünk visszatért a megszokott kerékvágásba.

KILÁTÁS
kilátásba helyez (vkinek) vmit
előre jelez, megígér vmit

give (sy) the hope of sg; lead sy to expect sg
indicate in advance or promise sg

| Az internetes szolgáltató új kedvezményes csomagot helyezett kilátásba.

rózsás kilátások
reményteli jövő

rosy/bright prospects
hopeful future

| A jelenlegi gazdasági helyzetben nem túl rózsásak a cég kilátásai.

LÉLEGZET

rövid lélegzetű — short-winded
kis terjedelmű (írásmű, zenemű) — short (e.g. writing, composition)

| A szerző inkább a rövid lélegzetű írásokat szerette, regénnyel soha nem próbálkozott.

LÉLEK

vkinek a lelkén szárad vmi — sg lies at sy's door (e.g. blame)
vkit terhel a felelősség vmi miatt — sy is responsible for sg

| Három ember halála szárad a sofőr lelkén.

a lelkére beszél vkinek — appeal to sy's better feelings
próbál meggyőzni vkit — try to convince sy

| Az edző a sportoló lelkére beszélt, és meggyőzte, hogy ne hagyja abba a versenyzést.

a lelkére köt vkinek vmit — make it sy's duty (to do sg)
megígértet vkivel vmit, nyomatékosan figyelmeztet vkit vmire — make sy promise sg; emphatically warn sy of sg

| Az anyuka a gyerek lelkére kötötte, hogy kapcsolja le a villanyt, mikor elmegy otthonról.

belegyalogol vkinek a lelkébe *biz.* — trample all over sy's feelings
nagyon megsért, megbánt vkit — offend sy badly

| A barátnőm belegyalogolt a lelkembe, mikor azt mondta, hogy kövérít az új ruhám.

(csak) hálni jár belé a lélek — be on one's last legs; be at death's door
nagyon beteg, öreg — very ill or old

| Szent Margit olyan beteg volt, hogy már csak hálni járt belé a lélek, de még mindig ő takarított a kolostorban.

kiönti a lelkét vkinek — pour one's heart out to sy
elmondja a gondjait vkinek — tell sy one's problems

| Mi a baj? Olyan szomorúnak látszol. Nekem kiöntheted a lelkedet!

kiteszi a lelkét vkiért/vmiért — do one's utmost for sy/sg; put one's heart and soul into sg
minden tőle telhetőt megtesz vkiért/vmiért — do one's best for sy/sg

| Az anya a lelkét is kiteszi a családjáért.

lelket önt vkibe — breathe new life into sy
új erőt ad vkinek, lelkesít vkit — give sy new strength; make sy enthusiastic

| A szurkolók biztatása lelket öntött a fáradt csapatba.

nem visz rá a lélek vkit vmire — not have the heart (to do sg); can't find it in one's heart (to do sg)
képtelen megtenni vmit — not capable of doing sg

| Nem visz rá a lélek, hogy megmondjam neki, mennyire hamisan énekelt.

nyomja vkinek a lelkét vmi — sg is weighing on his mind
lelkiismeret-furdalása, bűntudata van vmi miatt — feel guilty or have a guilty conscience about sg

| A lány csak a pszichológusának mesélte el, mi nyomja a lelkét.

tartja a lelket vkiben — keep sy's spirits up
vigasztal, lelkesít, támogat vkit — comfort, encourage or support sy

| A vereség után az edző megpróbálta tartani a lelket csapatában.

LELKIISMERET

vkinek a lelkiismeretén szárad vmi
ő a felelős vmiért

have sg on one's conscience; sy will have to answer for sg
sy is responsible for sg

| A te lelkiismereteden szárad, ha nem érünk oda időben, mert miattad indultunk későn.

furdal vkit a lelkiismeret
tettei, gondolatai miatt bűntudata van

have pangs of conscience
have a guilty conscience because of one's actions or thoughts

| Furdal a lelkiismeret, amiért elfelejtettem az unokaöcsém születésnapját.

LÉPÉS

így jött ki a lépés
így sikerült

that's how things worked out
that is how it happened

| Bocs, hogy ennyit késtem! Így jött ki a lépés.

lépésről lépésre   *B1*
fokozatosan, apránként

step by step
gradually; little by little

| Vettem egy nagyon jó könyvet: Torták lépésről lépésre. Ebből biztosan megtanulok sütni.

MA

máról holnapra él
állandó anyagi nehézségekkel küzd, nincsenek tartalékai

live from day to day; live from hand to mouth
struggle with permanent financial difficulties; have nothing in reserve

| A lakosság 73%-a máról holnapra, fizetéstől fizetésig él, nincsen semmiféle megtakarítása.

MEGSZÓLALÁS

a megszólalásig hasonlít vkire
nagyon hasonlít vkire

be a speaking likeness (of sy); be the spitting image (of sy)
be exactly like/very similar to sy

| Ez a kislány a megszólalásig hasonlít a nagymamájára.

MELEG

azon melegében
azonnal, rögtön

there and then; on the spot
immediately, straight away

| Petőfi elolvasta a Toldit, és azon melegében levelet írt Arany Jánosnak.

MÉRTÉK

betelt a mérték
elég volt

that's the limit!
that's enough

| Most már aztán betelt a mérték! Ha nem kérsz bocsánatot, többé nem állok szóba veled!

megüti a mértéket
megfelel az elvárásoknak, követelményeknek

pass muster; come up to scratch
meet expectations or requirements

| Ha a hangkártya minősége nem üti meg a mértéket, akkor élvezhetetlen lesz a hang.

nem ismer mértéket
túloz, túlzásba esik

lose all sense of proportion
exaggerate in one's behaviour; know no limits

| A tegnapi vacsorán a fiúk nem ismertek mértéket, és túl sokat ittak.

MESE

mese habbal — baloney; hogwash
hazugság — lies or untruths

| Még hogy nyert a lottón! Mese habbal!

nincs mese *B1* — there's no two ways about it
ez komoly, nincs ellenvetés — it is serious; there can be no objections

| Nincs mese, ezt a tesztet most nagyon jól kell megírni.

MINDEN

mindent bele! — go for it!
(biztatás) gyerünk!, hajrá! — (encouragement) come on! let's go!

| Hajrá magyarok! Mindent bele!

minden kitelik vkitől — not put anything past sy; be capable of anything
bármit képes megtenni — capable of doing anything bad

| Minden kitelik tőle, senki sincs körülötte biztonságban körülötte.

MÓD

megadja vminek a módját — do sg properly
gondosan, ízlésesen, a szokásoknak megfelelően előkészít vmit — do or prepare sg carefully, tastefully and according to custom

| János mindig megadja a módját az étkezéseknek: szépen megterít, és gyertyát is gyújt.

módjában áll megtenni vmit — be in sy's power to do sg
van lehetősége, alkalma vmire — have the possibility, authority or opportunity to do sg

| Nagyon sajnálom, de nem áll módomban kiadni az információkat.

MOSOLY

mosolyt csal vkinek az arcára — put a smile on sy's face
vidámmá tesz, felvidít vkit — make sy happy; cheer sy up

| A műsor szereplői közül egy szőke kislánynak lett a legnagyobb sikere. Az ő tánca mindenki arcára mosolyt csalt.

MUNKA

alig látszik ki a munkából v. **ki se látszik a munkából** *B1* — be up to one's eyes in work; be snowed under with work
nagyon sok dolga van — have a lot of work to do

| Meglátogattam a barátnőmet az irodában, de nem tudtunk beszélgetni, mert ki se látszott a munkából.

kerüli a munkát — shirk work; be work-shy
nem dolgozik, lusta — sy does not work because he is lazy

| Ludas Matyi lusta fiú volt, kerülte a munkát.

megfogja a munka végét — get on with sg (e.g. work)
szorgalmasan, lelkiismeretesen dolgozik — work hard and conscientiously

| Nagyon elégedettek vagyunk az új takarítónővel, mindig megfogja a munka végét.

nem szakad meg a munkában — not strain oneself; not break one's back
(gúnyos) nem dolgozik sokat, nem erőlteti meg magát — (ironically or sarcastically) not work hard; not tire oneself out

| Nem lehet azt mondani, hogy megszakadnál a munkában!

NAGY

nagyot néz *B1*
elcsodálkozik, meglepődik
be wide-eyed
be astonished or surprised

| Nagyot nézett, mikor megtudta, hogy a tengerhez megyünk.

nagyra tart vkit
becsül, tisztel vkit, jó véleménye van vkiről
have great regard for sy; hold sy in high esteem
value, respect or have a good opinion of sy

| Az új polgármesterjelöltet mindenki nagyra tartja a faluban.

NEHÉZSÉG

áthidalja a nehézségeket
megoldja a problémákat
overcome difficulties
solve problems

| A rutin néha segít áthidalni a nehézségeket.

NÉV

felkapják vkinek a nevét
híres, ismert lesz
sy's name is on people's lips
become famous or well known

| Ha valaki megnyer egy televíziós vetélkedőt, akkor felkapja a nevét a sajtó.

jó néven vesz (vkitől) vmit
örül vminek, értékel vmit
take sg in good part
be pleased with or appreciate sg

| Zsolt családja nem vette jó néven, hogy egyszer sem telefonált haza külföldi útjáról.

nevén nevezi a gyereket
világosan, nyíltan, őszintén kimond vmit
call a spade a spade
say sg clearly, openly and honestly

| Nevezzük nevén a gyereket! Azért nem akarsz eljönni velünk a kirándulásra, mert nincs pénzed.

rossz néven vesz (vkitől) vmit
neheztel vmiért, nem örül vminek
take sg in bad part; take offence at sg
resent sg; not be pleased with sg

| Az ismert sportoló rossz néven vette, hogy az újságírók a magánéletéről kérdezték.

NÓTA

mindig ugyanazt a nótát fújja *C1*
állandóan ugyanazt ismételgeti
be always singing the same tune; be like a broken record
always repeating the same thing

| Azért nem járok szülői értekezletre, mert mindig mindenki ugyanazt a nótát fújja. Már nem bírom hallgatni őket.

NYELV

egy nyelvet beszél vkivel *B1*
egyetért, hasonlóan gondolkodik vkivel
speak the same language as sy
agree with sy; think in a similar way as sy

| Nagyon jól tudtunk együtt dolgozni a kollégákkal, egy nyelvet beszéltünk.

hét nyelven beszél *B1*
jó minőségű, nagyon szép/finom
top notch
good quality; very nice or delicious

| Nagyon finom tortát sütött anyukám a születésnapomra. Hét nyelven beszélt.

töri a nyelvet *B1*
sok hibával beszéli a nyelvet
speak broken… (e.g. Hungarian)
speak a language badly or with difficulty

| Pablo már két éve Budapesten él, mégis töri a magyart.

OLDAL

az élet napos oldala *B1* — the bright side of life
az élet jó, kellemes, szép része — the good, pleasant, nice part of life

| Próbálj meg optimista lenni, mindig az élet napos oldalát nézd!

vkinek az oldalára áll *B1* — take sy's side
pártol, támogat vkit, igazat ad vkinek — assist or support sy; agree with sy

| Örülök, hogy te is az én oldalamra álltál a vitában.

furdalja/fúrja vkinek az oldalát vmi *C1* — be itching to know sg
nagyon kíváncsi vmire — be very curious about sg

| Már nagyon fúrja az oldalamat, hogy mit kapunk nászajándékba.

ÓRA

ütött vkinek/vminek az órája — sy/sg's hour has come
a) eljött az ideje a cselekvésnek — the time has come for a certain action; sy's authority
b) véget ért vkinek a hatalma — has come to an end

| Ütött az órád, ma téged eszlek meg! – mondta a boszorkány Jancsinak.
| A választásokkal ütött az előző kormány órája.

OTTHON

nincsenek otthon v. **elmentek otthonról vkinél** *biz.* — nobody home; be one sandwich short of a picnic
bolond, buta — crazy or stupid

| Miket beszélsz? Elmentek otthonról?

otthon van vmiben *B1* — sg is right up sy's street
jártas, képzett, tájékozott az adott területen — experienced, qualified and knowledgable in a certain area

| Dénes minden együttest ismer, otthon van a rockzenében.

ÖRDÖG

az ördög nem alszik *B1* — you can't be too careful
legyünk óvatosak, bármikor történhet valami rossz — we should be cautious because sg bad can always happen

| Zsúfolt buszon mindig vigyázz a pénztárcádra! Az ördög nem alszik.

nem jó az ördögöt a falra festeni v. **ne fesd az ördögöt a falra!** — speak of the devil (and he will appear).
kellemetlen dologról, személyről nem jó beszélni, mert megjelenik — it is not good to talk about unpleasant things or people because they will appear

| Lehet, hogy nem lesz semmi baj. Ne fessük az ördögöt a falra!

ördöge van vkinek *B1* — be a lucky devil
szerencséje van vkinek, eltalált vmit — sy is lucky; guess right

| Ördögöd van! Tényleg nyertem a lottón.

veri az ördög a feleségét — it's rain and shine together
egyszerre süt a nap, és esik az eső — it's sunny and raining at the same time

| Nézd, veri az ördög a feleségét. Talán szivárványt is fogunk látni.

ÖRÖM

anyai örömök elé néz
gyereket vár, terhes
be in the family way
be expecting a baby; pregnant

| Az ismert topmodell anyai örömök elé néz.

öröm az ürömben *C1*
vigasz a szerencsétlenségben
every cloud has a silver lining
comfort in misfortune

| Öröm az ürömben, hogy a hetekig tartó eső hatására gyönyörű zöld lett a kert.

PÁRT

a pártját fogja vkinek/vminek
támogat, megvéd vkit/vmit
take sides with sy; stick up for sy/sg
support or defend sy/sg

| A nagymama mindig a kisebbik gyerek pártját fogja, akár igaza van, akár nem.

PÉNZ

(csak úgy) dől a pénz vkihez
gyorsan sok pénzt keres, nagy a jövedelme
make money hand over fist; the money keeps rolling in
earn a lot of money quickly; have a large salary

| Rengeteg a turista, amióta megépült a kaszinó. Csak úgy dől a pénz a városba.

felvet a pénz vkit
sok pénze van, gazdag
be rolling in money
have a lot of money; be rich

| Diák vagyok, nem mondhatnám, hogy felvet a pénz.

kifolyik a pénz vkinek a kezei közül
meggondolatlanul sok pénzt költ,
nem tud takarékoskodni
spend money like water; money runs through sy's fingers
spend a lot of money rashly; unable to save

| Lili nem tud takarékoskodni, kifolyik a pénz a kezei közül.

megfogja a pénzt
nem költ sokat, takarékoskodik
spend money wisely
not spend much; save

| Nem keresek sokat, de ha sikerül megfogni a pénzt, akkor meg tudom venni az új biciklit.

pénz áll a házhoz
nagyobb pénzösszegre lehet számítani
there's money in the pipeline; the money is on its way
sy can expect a large sum of money

| Holnap pénz áll a házhoz, átutalják az ösztöndíjamat.

pénzt hoz a konyhára *B1*
hasznot hoz, bevételt jelent
be a cash cow
bring profit; constitute income

| A legújabb akciófilm jó sok pénzt hozott a konyhára.

pénzt öl vmibe
sokat költ vmire, befektet vmibe
throw money at sg; sink money into sg
spend a lot on sg; invest in sg

| Rengeteg pénzt ölt a vállalkozásába, most mégis veszteséges.

pénz üti vkinek a markát
váratlanul pénzhez jut
a lot of money is coming to sy
receive money unexpectedly

| Akinek hirtelen sok pénz üti a markát, általában nem tudja, mihez kezdjen vele.

rossz pénz nem vész el
nem kell félteni vkit, nem kell aggódni vki miatt
a bad penny always turns up.
there is no need to fear for sy or worry about sy

| Ne aggódj, biztosan a barátnőjénél aludt a gyerek. Rossz pénz nem vész el!

semmi pénzért *B1*
semmiképpen sem (tenne vmit)

not for love nor money; not for anything in the world
(would) definitely not (do sg)

| Semmi pénzért nem fürödnék a 16 fokos Balatonban.

szórja a pénzt
meggondolatlanul költekezik, pazarol

pour money down the drain; throw money out the window
spend money rashly; waste money

| Ne szórd a pénzt, nem kell megvenni a tizedik pár cipőt is!

PER
pert akaszt vkinek a nyakába *C1*
beperel vkit

drag sy through the courts
take sy to court

| Ervin pert akasztott a szomszédja nyakába, mert kutyái tönkretették a kertjét.

REND
rendbe szedi magát
kicsinosítja magát

tidy oneself up
adjust one's clothes, hair, etc.; make oneself look nice

| Mindjárt indulhatunk, csak előbb rendbe szedem magam.

rendben van *v.* **jól áll vkinek a szénája**
rendben mennek a dolgai

sy's affairs are in order
things are in an orderly fashion

| Akinek rendben van a szénája, annak nem kell félnie az adóellenőrzéstől.

ROVÁS
vkinek/vminek a rovására megy vmi
a kárára van, a hátrányára történik

be at sy's cost; be to the detriment of sg
sg happens to sy/sg's disadvantage

| Attól félek, hogy a sok edzés a tanulás rovására megy majd.

sok van vkinek a rovásán
sok hibát, bűnt követett már el

have a lot to answer for
sy has already made many mistakes or committed many crimes

| Elfogták a rablóbanda egyik tagját, akinek már sok volt a rovásán.
| Ezen a héten nem megyünk moziba, túl sok van már a rovásodon.

SEMMI
egy szál semmiben
meztelenül

without a stitch on
naked

| A postás meg sem tudott szólalni, mikor a háziasszony egy szál semmiben nyitott ajtót.

nem semmi *biz.* *B1*
(elismerés kifejezése) ez igen!, tetszik, jó

it's quite something!
(expression of acknowledgement) it's great! I like it!

| Nem semmi ez a kocsi!

nesze semmi, fogd meg jól!
értéktelen, haszontalan ötlet, adomány, juttatás

thanks for nothing!
worthless or useless idea, gift or benefit

| Hát ezzel nem megyünk semmire! Nesze semmi, fogd meg jól!

semmibe vesz vkit/vmit
nem létezőnek tekinti, figyelmen kívül hagyja

not give sy/sg the time of day; treat sy/sg like dirt
behave as if sy/sg does not exist; ignore sy/sg

| A sztrájkolók semmibe veszik az utasok érdekeit.

SOK

ami sok, az sok!
(méltatlankodás) ez már tűrhetetlen, felháborító

enough is enough!
(expression of indignation) it is unbearable or intolerable; outrageous

| Nem beszélhetsz velem ilyen szemtelenül. Ami sok, az sok!

ez már több a soknál! *B1*
(bosszúság kifejezése) ebből elég volt!

that's too much! that's going too far!
(expression of annoyance or anger) enough of that!

| Megint elvesztetted a kulcsodat? Ez már több a soknál!

sokat ad vmire
fontosnak tart vmit

set great store by sg
consider sg important

| Zoltán szeret enni-inni, de nem sokat ad arra, hogyan van megterítve az asztal.

sokra viszi
eredményeket, sikereket ér el

sy will go far; sy will get on (in life)
have good results; be successful

| Ki gondolta volna, hogy az a csendes fiú ilyen sokra viszi, és igazgató lesz?

SOR

jól megy vkinek a sora *v.*
jó sora van vkinek *C1*
jó anyagi körülmények között él

be well off; be on easy street

live in a state of financial comfort

| Elemér Ausztráliában talált munkát. Nem gazdagodott meg, de jól megy a sora.

kilóg a sorból
különbözik a többiektől, eltér a megszokottól

stick out like a sore thumb; be the odd one out
be different from the rest; be unusual

| Kinga már iskolás korában is furcsa lány volt, mindig kilógott a sorból.

olvas a sorok között
megérti a szöveg rejtett értelmét, üzenetét

read between the lines
understand the hidden meaning or message in a text

| A szerző nem írhatta le nyíltan a véleményét, de közönsége olvasott a sorok között.

tiszta sor
nyilvánvaló, egyértelmű, világos

that's obvious
it is obvious, unambiguous or clear

| Nem találom a dokumentumot a mappában. Elfelejtetted elmenteni tegnap, tiszta sor.

SORS

megpecsételi vkinek/vminek a sorsát
kedvezőtlen és visszafordíthatatlan hatást gyakorol vkire/vmire

seal sy/sg's fate
have a negative and irreversible effect on sy/sg

| A csatár kiállítása megpecsételte a csapat sorsát.

sorsára hagy vkit/vmit
nem törődik többé vkivel/vmivel

leave sy/sg to his fate
not bother with sy/sg anymore

| A sérült hegymászót társai nem hagyták sorsára, értesítették a hegyi mentőket.

SZÁM

nem nagy szám *biz.*
nem túl érdekes, nem túl jó

nothing special; no great shakes
not very interesting; not very good

| Nem nagy szám ez a telefon, még fényképezni sem lehet vele.

számot ad vmiről give an account of sg
beszámol vmiről, elszámol róla vmivel relate sg or report on sg

| A jelölt a bizottság előtt számot adott tudásáról, felkészültségéről.

SZERENCSE
rámosolyog a szerencse vkire fortune smiles on sy
szerencséje lesz be suddenly lucky

| A kutatók éveken keresztül keresték Szemiramisz függőkertjét, míg végül rájuk mosolygott a szerencse.

sok szerencsét! B1 good luck!
kívánom, hogy sikerüljön! I hope you are successful.

| Tudom, hogy holnap mész az állásinterjúra. Sok szerencsét!

szerencsét próbál B1 try one's luck
megpróbál sikereket elérni, boldogulni, try to succeed or prosper; look for adventures
kalandokat keres

| A népmesékben mindig a legkisebb fiú indul el szerencsét próbálni.

SZÍN
színre lép appear on the scene; turn up
megjelenik, megkezdi működését appear; start to operate or function

| A *Micimackó* egyik legérdekesebb része, amikor Tigris színre lép.

SZÓ
ad vkinek a szavára listen to sy; heed sy's word
elfogadja vkinek a véleményét accept sy's opinion

| Volt tanáromnak a mai napig adok a szavára, fontos döntéseim előtt mindig megkérdezem a véleményét.

állja a szavát be as good as one's word; stand by one's word
megtartja az ígéretét keep one's promise

| Nagyapám nagyon megbízható ember, mindig állja a szavát.

a szavába vág vkinek cut sy short; cut sy off
félbeszakít vkit interrupt sy

| Ne vágj állandóan a szavamba, szeretném befejezni a történetet!

a szóban forgó in question; under discussion (e.g. topic, letter)
amiről beszéltünk, amiről szó van, amit említett what we were/are talking about; what sy mentioned

| – Előző levelemben megírtam önöknek, hogyan kell eljárni.
  – A szóban forgó levél hozzám nem jutott el.

átadja a szót vkinek B1 call upon sy (to speak)
enged vkit beszélni allow sy to speak

| És most, hölgyeim és uraim, a rövid bevezetés után átadom a szót a következő előadónak.

belefojtja a szót vkibe silence sy; cut sy short
erőszakosan elhallgattat vkit, elnémít make sy stop talking or quieten sy by
vkit azzal, hogy közbeszól interrupting him

| Szerettem volna elmesélni a film cselekményét, de a többiek belém fojtották a szót.

A BŐSÉG ZAVARA

egy szó mint száz
egyszóval, tehát

the long and short of it
in a word; so

| Ne aggódj, a gyerek jól érzi magát, megírta a leckéjét, vacsoráztunk, már le is feküdt. Egy szó mint száz, minden rendben van.

elharapja a szót
mégsem mondja ki azt, amit elkezdett

bite one's tongue
decide not to say what one started to say

| Tamás épp egy történetet mesélt, de elharapta a szót, amikor meglátta a szomszédot.

fél szóból is ért B1
nem kell sokat magyarázni vkinek

a nod is as good as a wink (to a blind horse)
sy does not need much explanation

| Azért szeretek együtt dolgozni Eszterrel, mert fél szóból is érti, mit akarok.

issza vkinek a szavait
figyelmesen hallgat vkit

drink in sy's every word
listen carefully to sy

| Vasvári Pál, az 1848-as szabadságharc egyik résztvevője kiváló szónok volt, a hallgatóság csak úgy itta a szavait.

keresi a szavakat
erős érzelmei miatt nem találja a megfelelő szavakat

fumble for words; be at a loss for words
unable to find the right words because of strong emotion

| A vizsgázó annyira izgul, hogy nem tud folyamatosan beszélni, keresi a szavakat.
| A díj átvételekor csak kereste a szavakat, alig tudott köszönetet mondani.

lehet róla szó B1
megengedem, nincs kizárva

I don't mind
I'll allow it; I haven't excluded the possibility.

| – Anya, elmehetek este moziba?
– Lehet róla szó.

megrágja minden szavát
alaposan megfontolja, amit mond

weigh one's words carefully
consider carefully what one says

| A zsűri elnöke senkit nem akart megbántani, ezért megrágta minden szavát.

nem jut szóhoz (vki miatt v. vmitől)
nincs alkalma beszélni, megszólalni

cannot get a word in edgeways
have no opportunity to speak

| Ha a keresztanyámmal találkozom, biztos lehetek benne, hogy csak ő fog beszélni, én nem jutok szóhoz.

se szó, se beszéd B1
hirtelen, váratlanul, előzmények nélkül

just like that; out of the blue
suddenly, unexpectedly, with no preparation

| Az egyik diák óra közben – se szó, se beszéd – felállt, és kiment a teremből.

szaván fog vkit
betartatja vkivel az ígéretét

take sy at his word; hold sy to sg
make sy keep his promise

| Tényleg kölcsönadnád a vadonatúj laptopodat? Vigyázz, mert szavadon foglak!

szavát adja vkinek
megígér vmit vkinek

give sy one's word
promise sy sg

| Szavamat adom, hogy holnapra elintézem ezt az ügyet.

vkinek szava van (vmiben)
figyelembe veszik a véleményét, hallgatnak vkire

have a say (in sg)
sy's opinion is taken into consideration; sy is listened to

| Az afrikai kultúrákban szava van a vallási vezetőknek.

A BŐSÉG ZAVARA

szó, (a)mi szó   to tell the truth…
az igazság az, hogy…   the truth is that…

| A vacsoravendégek nem voltak elragadtatva a háziasszony szakácstudományától.

szóba áll vkivel   talk to sy; strike up a conversation with sy
beszélni, beszélgetni kezd vkivel   start speaking to sy

| Ne állj szóba idegenekkel!

szóba hoz vmit   bring sg up (e.g. a subject)
beszélni kezd vmiről   start talking about sg

| Nem mertem szóba hozni a betegségét, mert nem tudtam, hogy akar-e róla beszélni.

szóhoz jut   be able to put in a word; find words
lehetőséget kap, hogy beszéljen   have an opportunity to speak

| Mikor végre szóhoz jutottam, elmondtam nekik, hogy hol rontották el.
| Szóhoz se jutottam a megdöbbenéstől.

szót fogad vkinek   obey sy; follow sy's orders
megteszi, amit vki kér, hallgat vkire   do as sy asks; listen to sy

| Ez egy jól nevelt kutya, szót fogad a gazdájának.

szóval tart vkit   bend sy's ear
huzamosabb ideig beszél(get) vkivel   talk to sy for a long time

| Az egyik rabló szóval tartotta a szomszédot, a másik eközben bejutott a házba.

szóvá tesz vmit   make mention of sg; call attention to sg
bíráló megjegyzéseket tesz, helytelenít vmit   make judgmental comments; disapprove of sg

| A honlap látogatói közül többen szóvá tették, hogy nem működnek a linkek.

TEHER

vkinek a terhére van   be a drag on sy
nehezen elviselhető vki számára   hard for sy to bear

| A vendégek féltek, hogy terhére vannak a háziasszonynak.

leveszi a terhet vkinek a válláról   take the load off sy's shoulders
átvállalja a gondjait, feladatait   take over sy's problems or work

| Az Office Word megalkotásával sok terhet levettek a kutatási anyagokat készítő felhasználók válláról.

teherbe esik   fall/get pregnant
állapotos lesz   be in the family way

| Enikőnek öt év után végre sikerült teherbe esnie.

TÉMA

vágja a témát *szleng*   C1   know one's stuff
nagyon ért hozzá, nagyon tudja   understand or do sg very well

| Az új tanárunk jó fej, és nagyon vágja a témát.

TISZTA

tisztában van vmivel   B1   sg is clear to sy
jól ismer, tud, (meg)ért, átlát vmit   know or understand sg well; realize sg

| Tisztában vagyok vele, hogy sokba kerül egy új fénymásoló.

TŐKE
tőkét kovácsol vmiből *C1*
egy eseményt, megnyilatkozást ügyesen a maga javára fordít

derive benefit from sg
cleverly turn an event or announcement to one's own advantage

| A panzió megpróbált tőkét kovácsolni abból, hogy a környék összes szállodája bezárt.

TRÉFA
ennek a fele se tréfa
ez komoly dolog, nem vicc

it's no joking matter!
this is serious; it cannot be taken as a joke

| Ennek a fele se tréfa! – gondolta a csillagszemű juhász, mikor meglátta a borotvákkal kirakott kutat.

nem ismer tréfát vmiben *B1*
komolyan vesz, szigorúan megkövetel vmit

he doesn't know how to take a joke
insist on sg seriously and strictly

| A matektanárunk nagyon szigorú, a házi feladatok terén nem ismer tréfát. Ha valaki nem írja meg, azonnal egyest kap.

TUDOMÁS
vkinek a tudomására jut
meghall, megtud vmit

come to sy's knowledge
hear or learn of sg

| A munkavállaló kötelessége, hogy a munkája során tudomására jutott üzleti titkokat megőrizze.

vedd/vegye tudomásul!
jól jegyezd/jegyezze meg, különben baj lesz lehet belőle! (fenyegetésként)

get it into your head!
remember it well or there may be trouble! (as a threat)

| Vedd tudomásul, hogy soha többé nem segítek neked! Elegem van a hazugságaidból!

ÜGY
felkarolja vkinek/vminek az ügyét
támogatja, elősegíti a sikerét

take up sy/sg's cause
support or promote sy/sg's success

| Sokkal több bicikliút épül, amióta a miniszter felkarolta a kerékpáros közlekedés ügyét.

nem nagy ügy *biz.* *B1*
egyszerű, könnyű

no big deal
it's a simple, easy matter

| Nem nagy ügy letölteni egy vírusirtó programot az internetről.

ügyet se(m) vet vkire/vmire
nem figyel rá, nem törődik vele

take no notice of sy/sg
not pay attention to sy/sg; not worry about it

| Láttuk, hogy János ott ül a padon, de ő ügyet se vetett ránk.

ÜZLET
jó üzlet *B1*
előnyös vétel, jó befektetés

a good deal
a good buy or investment

| Jó üzlet volt ez a házvásárlás. Fél év alatt 20 százalékkal nőtt az ingatlan ára.

rossz üzlet *B1*
kedvezőtlen vétel; hátrányos megállapodás

a bad deal
a bad buy or disadvantageous agreement

| Nem rossz üzlet az internetes kereskedelem.

VÁGY
ég a vágytól
nagyon szeretne megtenni, elérni, megkapni vmit

burning with desire; dying (to do sg)
would very much like to do, achieve or have sg

| Már égek a vágytól, hogy láthassam a sorozat új részét.

VALAMI

ez már valami! *B1* — that's quite something!
ez jó, ez már tetszik, ezt értékelem — it's good; I like or can appreciate it

| Felbicikliztél a Kékes-tetőre? Ez már valami!

valamit valamiért — one good turn deserves another
szívességért viszonzás jár — a favour deserves a return favour

| Rendben, segítek neked, de akkor add kölcsön ezt a CD-t. Valamit valamiért!

viszi valamire — he will go far
sokat elér az életben — he will achieve a lot in his life

| Biztos vagyok benne, hogy ez a gyerek még viszi valamire az életben.

VÁRAKOZÁS

minden várakozást felülmúl — exceed all expectations
sokkal jobb annál, mint amire számítottak — be much better than expected

| Az új magyar film sikere minden várakozást felülmúlt. Egy hét alatt 300 000-en látták.

VÁSÁR

kettőn áll a vásár — it takes two to tango
a cél eléréséhez két ember beleegyezése, részvétele kell — a joint venture needs two people to agree and participate

| Kettőn áll a vásár. Ha te nem töltöd ki a papírokat, nem fogom tudni holnapra elintézni az útleveledet.

rossz vásárt csinál vkivel/vmivel *B1* — make a bad deal with sy/sg
választásával kellemetlen/hátrányos helyzetbe kerül — get into a difficult or disadvantageous situation because of one's choice

| Nagyon rossz vásárt csináltunk ezzel az autóval. Öt hónapja vettük, de már hatszor kellett szerelőhöz vinni.

vásárra viszi a bőrét — risk one's neck; put one's life on the line
nagy kockázatot vállal — take a big risk

| A színpadon az énekes viszi vásárra a bőrét, nem a zeneszerző.

VÉG

a végére jár vminek — get to the bottom of sg
kiderít, kinyomoz vmit — find out or track down sg

| A végére kell járni, hogy mire vagy allergiás.

két végén égeti a gyertyát — work oneself to death; heading for a burnout
intenzív, önpusztító életet él — live an intense, self-destructive life

| Sok művész halt meg fiatalon, mert két végén égették a gyertyát.

se vége, se hossza — there is no end to it
nagyon hosszú, végtelen — very long; unending

| Rengetegen jöttek el a tüntetésre, se vége, se hossza nem volt a felvonuló tömegnek.

véget vet vminek — put an end to sg
befejez, abbahagy vmit — finish or stop sg

| A Firefox véget vetett az Internet Explorer egyeduralmának.

VÉGSŐ
a végsőkig kitart hold out to the very last
nem adja fel a küzdelmet not give up the struggle/fight

| A várvédők a végsőkig kitartottak a törökök ellen.

elmegy a végsőkig go to extremes
mindent megtesz; túlzásokba esik do everything; go to excess

| A munkavállalók tiltakoznak az adóemelés ellen. Ha kell, a végsőkig elmennek, többnapos sztrájkra készülnek.

VERSENY
felveszi a versenyt vkivel/vmivel be a match for sy/sg
van olyan jó, mint a másik be as good as the other person/thing

| Éva már elmúlt negyvenéves, de maratoni futásban még mindig felveszi a versenyt a fiatalokkal.
| A Balaton programkínálata felveszi a versenyt a tengerparti üdülőhelyekével.

versenyt fut az idővel be in a race against time
időzavarban van, kevés ideje marad vmire be pressed for time; have little time left for sg

| Az utóbbi hónapokban rengeteg a dolgom, állandóan versenyt futok az idővel.

VÉRSZEM
vérszemet kap *C1* smell blood
felbátorodik, elszemtelenedik, úgy érzi, győzhet become brave or insolent; feel as if one could win

| A holland csapat vérszemet kapott, miután legyőzte Brazíliát. Azt hitték, a világbajnokságot is megnyerhetik.

Feladatok

1. Mikor mondhatjuk? Állítsa párba a mondatokat és a szituációkat! *B1*

1. Használd egészséggel!
2. Ez már valami. / Nem semmi.
3. Ez a halálom!
4. Tisztában vagyok vele.
5. Sok szerencsét!
6. Ilyen az élet!
7. Megáll az eszem!
8. Semmi pénzért!

a) Mindig a szomszédom postaládájába dobják be az én újságomat.
b) A barátnőm vizsgázni indul.
c) Vettem az anyukámnak egy új kesztyűt.
d) Barátnőm panaszkodik, hogy elvesztette a pénztárcáját.
e) Valaki elmeséli, hogy 876 ismerőse van a Facebookon.
f) Látom, hogy egy szelet torta a cukrászdában most kétszer annyiba kerül, mint tegnap.
g) Egy barátom megkér, hogy fogjak meg egy kígyót.
h) A barátom figyelmeztet, hogy holnap lesz a névnapja.

1.	2.	3.	4.	5.	6.	7.	8.
c							

2. Mikor mondhatjuk? Állítsa párba a mondatokat és a szituációkat!

1. Mi a csoda lehet ez?
2. Szedd rendbe magad!
3. Kár a gőzért!
4. Bánj vele csínján!
5. Megy, mint a karikacsapás.
6. Mi a hézag?
7. Mi járatban van?
8. Egyre megy.
9. Ennek a fele se tréfa!
10. Szavadon foglak!

a) Most tanultam meg fánkot sütni, és anyukám megkérdezi, tudom-e csinálni egyedül.
b) Találkozom egy ismerősömmel, akin látszik, hogy nagyon dühös.
c) Valami furcsa hang hallatszik a kertben.
d) Indulnunk kellene, de a testvérem arca piszkos, a haja kócos.
e) Bekopog az ajtón egy vadidegen ember, pedig nem vártam senkit.
f) Egy barátom megígérte, hogy elvisz magával síelni.
g) A barátnőm megkérdezi, hogy mennyi csípős paprikát tegyen a lecsóba.
h) Megsértődött egy barátunk, én mindent megtettem, hogy kibékítsem, de nem sikerült. Most valaki más akar próbálkozni.
i) Megkérdezi valaki, hogy most ebédeljünk vagy később.
j) Egy nagy kutya fut felém.

1.	2.	3.	4.	5.	6.	7.	8.	9.	10.
c									

3. Mit jelent? Válassza ki a helyes jelentést!

1. *Életbe lép*
   a) megszületik
   b) felélénkül
   c) érvényes lesz

2. *Fülest kap*
   a) titkos információt megtud
   b) pofont kap vkitől
   c) plüssállatot kap ajándékba

3. *Híre-hamva sincs*
   a) senki nem ismeri
   b) eltűnt
   c) elfogyott

4. *Nagyot néz*
   a) meglepődik
   b) szemüvegre van szüksége
   c) ambiciózus tervei vannak

5. *Nem jut szóhoz*
   a) nem találja a megfelelő kifejezést
   b) nincs lehetősége beszélni
   c) nem beszéli az adott nyelvet

6. *Ügyet sem vet vkire*
   a) nem figyel rá
   b) nem ismeri
   c) nem szereti

7. *A végére jár vminek*
   a) haldoklik
   b) elfogyott vmi
   c) kiderít vmit

8. *Hallomásból ismer vkit*
   a) csak másoktól hallott róla
   b) már a hangjáról felismeri
   c) rossz véleménye van róla

9. *Megfogja a munka végét*
   a) nem szeret dolgozni
   b) szorgalmasan dolgozik
   c) rosszul dolgozik

10. *Kettőn áll a vásár*
    a) két emberen múlik a dolog sikere
    b) ketten próbálunk eladni vmit
    c) ne csak én vásároljak, vegyél te is vmit

11. *Hét nyelven beszél*
    a) nagyon jó, finom, szép dolog
    b) poliglott, nyelveket beszélő ember
    c) nem lehet érteni, összevissza beszél vki

12. *Tiszta sor*
    a) egyforma elemekből álló sor
    b) világos, egyértelmű
    c) nagyon hosszú sor

4. Alkosson mondatot a megadott szavakból!

1. dolgod, nagyszüleid, jobb, mint, a, otthon, házában, volt, vidéki
   ▶ *Jobb dolgod volt a nagyszüleid vidéki házában, mint otthon.*

2. hogy, az, rövid, mit, meg, eszem, elfelejtettem, beszéltünk
   ▶ ....

3. többieknél, többet, te, eszed, ne, sem, az, a, tudsz, játszd
   ▶ ....

4. kész, fél, csak, nem, a, dolgozunk, leszünk, ha, gőzzel, munkával
   ▶ ....

5. vacsora, pontot, francia, végén, i-re, a, a, a, az, feltette, sajttál
   ▶ ....

6. testvérem, vitákban, a, a, a, mindig, állt, mamám, oldalára
   ▶ ....

7. próbálni, elindult, halála, királyfi, apja, legkisebb, szerencsét, a, az, után
   ▶ ....

5. Melyik szóval alkothatunk szólást? Válassza ki a helyeset!

1. A nagyapám, ha dühös volt az egyik fiára, jól ellátta a .... *baját* ....
   a) *haját* (b) *baját* c) *fejét*
2. Péter már gyerekkora óta más volt, mint a többiek, mindig kilógott a ....
   a) *sorból* b) *sokból* c) *másokból*
3. A vendégek udvariasak voltak, nem tették ...., hogy milyen rendetlenség van a lakásban.
   a) *hanggá* b) *szóvá* c) *tisztává*
4. Fantasztikus volt a vacsora! A tálalás a kertben, a lampionok, a csillogó kristálypoharak, a virágok az asztalon! Megadták a ....
   a) *lehetőségét* b) *bőségét* c) *módját*
5. Keresztanyám .... helyezte, hogy esetleg meglátogat minket nyáron.
   a) *kérdésbe* b) *kilátásba* c) *jövőbe*
6. Sokáig jóban voltak, de most .... került sor közöttük.
   a) *kenyértörésre* b) *kenyértépésre* c) *kenyérvágásra*
7. Sajnos .... az időből, nem tudtuk befejezni a munkát.
   a) *kimentünk* b) *kiléptünk* c) *kifutottunk*
8. Zsolt nagyon megfontolt ember, megrágja minden ....
   a) *gondolatát* b) *mondatát* c) *szavát*
9. Istvánék kiköltöztek a városból, most valahol az .... háta mögött laknak.
   a) *isten* b) *ördög* c) *angyal*
10. Beszélni kellene vele, mert el fog adósodni, ha továbbra is .... felül költekezik.
    a) *eszén* b) *erején* c) *értelmén*

6. Kapcsolódhatnak így a mondatok? Az első mondat jelentése alapján helyes-e a második mondat állítása? Igen (✓) vagy nem (✗)?

1. Tamásnak megvilágosodott az elméje. Végre megértette a helyzetet. ✓
2. Csak a balhé kedvéért ittam meg az italodat. Nagyon szomjas voltam. ☐
3. Zsuzsi még húszévesen esett teherbe. Most 38 éves, és idén érettségizik a fia. ☐
4. Megjött az esze a bátyámnak. Tiszta őrültség, amit csinál. ☐
5. Amióta Iván könyvesboltot nyitott, csak úgy dől hozzá a pénz. Nem kell takarékoskodnia. ☐
6. Hallomásból ismerem az új kollégát. Még soha sem találkoztunk személyesen. ☐
7. Egy múltkori megjegyzésemmel belegyalogoltam a barátnőm lelkébe. Megsértődött, azóta nem beszél velem.
8. Elmeséltem az élményeimet a munkahelyemen, de a kollégáim az érdeklődésnek a szikráját sem mutatták. Ezért a fényképeket elő se vettem. ☐
9. Fannira rájött a bolondóra. Már 3 tányért a földhöz vágott. ☐
10. Nagy baklövést követtem el, amikor cicát ajándékoztam a nagymamámnak. Allergiás a macskákra. ☐

7. Melyiket mondhatjuk? Válassza ki a szituációba illő idiómát!

1. *Péter azt javasolja Pálnak, hogy este menjenek el sörözni.*
   a) Iszom a szavaidat.
   (b) Lehet róla szó!
   c) Szó, ami szó.

2. *Éva csodálkozik, hogy testvére kitakarította helyette a lakást.*
   a) Nem nagy ügy!
   b) Vedd tudomásul!
   c) Mese habbal!

3. *Miért ittátok meg az egész üveg pálinkát?*
   a) Visszafelé sült el a dolog.
   b) A balhé kedvéért.
   c) Valamit valamiért.

4. *Tényleg kész leszel holnapra ezzel a munkával?*
   a) Isten bizony!
   b) Azon melegében!
   c) Nevezzük nevén a gyereket!

5. *A nagymama meglátja, hogy az unokájának piercing van az orrában.*
   a) Túljártál az eszemen.
   b) Mindent bele!
   c) Elment a jó dolgod?

6. *Tegnap miért nem voltál ott az értekezleten?*
   a) Ne veszítsd el a mértéket!
   b) Az ördög nem alszik!
   c) Ne feszegessük!

7. *Tényleg eladod a kocsidat?*
   a) Eszem ágában sincs.
   b) Kenyértörésre viszem a dolgot.
   c) Nagyra tartom.

8. *Elfogadod a nagyapád véleményét?*
   a) Szóba hozom.
   b) Szóba állok vele.
   c) Adok a szavára.

9. *Meglepődöm, hogy a barátnőm a volt barátjával ment moziba.*
   a) Vettem az adást.
   b) Erőre kaptam.
   c) Jobb híján.

10. *Az anya megtudja, hogy gyereke megint igazolatlanul hiányzott az iskolából.*
    a) Ez már több a soknál!
    b) Nem nagy szám!
    c) Lásd, kivel van dolgod!

8. **Melyiket mondhatjuk? Válassza ki a szituációba illő idiómát!**

1. *Látom, hogy a barátnőm szomorú. Biztatom, hogy mondja el, mi a baj.*
   a) Megtalálom veled a hangot.
   b) Nekem kiöntheted a lelkedet.
   c) Erre mérget vehetsz!

2. *A nagypapám befejezte a vacsorát, és felállt az asztaltól.*
   a) Az asztalra csapott.
   b) Bement az oroszlán barlangjába.
   c) Asztalt bontott.

3. *Megkérdezik, hogy sikerült az előadásom.*
   a) Ahogy a nagykönyvben meg van írva.
   b) Lépésről lépésre.
   c) Így jött ki a lépés.

4. *Miért nem látogatja a szomszédot soha senki?*
   a) Kemény fából faragták.
   b) Ki se látszik a földből.
   c) Se kutyája, se macskája.

5. *Hogy viselkedett a fiad a vendégségben?*
   a) Mint aki kapóra jött.
   b) Mint elefánt a porcelánboltban.
   c) Mint akit elnyomott az álom.

6. *A fiam azt kéri, hogy én írjam meg helyette az irodalomdolgozatát.*
   a) Ne nézz madárnak!
   b) Ne vegyél kutyába!
   c) Ne ragadj tollat!

7. *Mit csinált Pál, amikor megtudta, hogy Péter ellopta a biciklijét?*
   a) Eldurrant az agya.
   b) Megnyomta a tollát.
   c) Elnyomta az álom.

8. *Miért nem barátkozol a sógornőddel?*
   a) Nem eszik olyan forrón a kását.
   b) Magasan hordja az orrát.
   c) Pórul járt.

9. *Te elhitted, amit a volt férjed ígérgetett?*
   a) Learattam a babérokat.
   b) Nagy kő esett le a szívemről.
   c) Készpénznek vettem.

10. *Mit csinált Péter, mikor meglátta, hogy Pál átmászott a kertjébe?*
    a) Fát vágott a hátán.
    b) Felkötötte a gatyáját.
    c) Ölre mentek.

9. Hogyan mondhatjuk? Fejezze ki a jelentéseket szólással a megadott kulcsszó felhasználásával!

1. börtönbe zár vkit ▶ *hidegre tesz vkit* .... (hideg)
2. vigasztal, támogat vkit ▶ .... (lélek)
3. átvállalja vkinek a feladatait ▶ .... (teher)
4. pletykát terjeszt vkiről ▶ .... (hír)
5. megtartja az ígéretét ▶ .... (szó)
6. nem törődik többé vkivel ▶ .... (sors)
7. kihasználja a lehetőséget ▶ .... (alkalom)
8. nagyon régóta ▶ .... (idő)
9. a kelleténél többet mond, és elront vmit ▶ .... (cél)
10. nem kell aggódni érte, nem lesz semmi baja ▶ .... (pénz)
11. nagyon beteg, majdnem meghal ▶ .... (élet)
12. van olyan jó, mint a másik ▶ .... (verseny)
13. vigyázni kell, bármikor történhet vmi rossz ▶ .... (ördög)
14. megígértet vkivel vmit ▶ .... (lélek)

10. Melyik szó hiányzik? Egészítse ki a szólásokat a hiányzó kulcsszavakkal! Használja a megfelelő toldalékot, ha szükséges.

1. a ....*bőség*.... zavarával küzd
2. rendben van vkinek a ....
3. sárgul az ....
4. két .... égeti a gyertyát
5. vkinek a .... szárad vmi
6. az .... fizet vmiért
7. .... mond
8. megüti a ....
9. .... áll a házhoz
10. áthidalja a ....

lélek
élet   ~~bőség~~
nehézség
pénz   széna
mérték
csütörtök   vége
irigység

11. Pótolja a hiányzó ragokat vagy névutókat az alábbi szólásokban, majd párosítsa az idiómákat a jelentésükkel!

-ban/-ben   -tól/-től   ~~közül~~   -val/-vel (2x)   -ig   elé   között   -ba/-be   -n/-on/-en/-ön

1. kifolyik a pénz vkinek a kezei ...*közül*.. [c]   a) sok rosszat tett már
2. benne van a pác............... [ ]   b) a rejtett jelentést is érti
3. sok van a rovása............... [ ]   c) nem tud takarékoskodni
4. anyai örömök .... néz [ ]   d) sokat beszél vkihez, nem engedi elmenni
5. minden kitelik vki............... [ ]   e) szomorú
6. bú............... bélelt [ ]   f) figyelmen kívül hagy
7. elmegy a végsők............... [ ]   g) bármit megtesz egy cél érdekében
8. szó............... tart vkit [ ]   h) bármire képes (negatív)
9. olvas a sorok .... [ ]   i) gyermeket vár
10. semmi............... vesz vkit/vmit [ ]   j) nagy bajban van

12. Melyik szó hiányzik? Egészítse ki a szólásokat a hiányzó kulcsszavakkal, majd keresse meg a jelentésüket!

1. agyoncsapja az ....*idő*....t vmivel
2. kinövi a ....ját
3. ....ra viszi
4. vminek a...............jára jár
5. nyomja vmi a...............ét
6. felviszi az .... vkinek a dolgát
7. ....ról holnapra él
8. falra festi az...............t
9. a saját...............án tanul
10. vki alig látszik ki a ....ból

isten ördög ~~idő~~ munka kár sok ma hiba lélek csoda

a) jól alakul a sorsa
b) anyagi nehézségei vannak
c) sok dolga van
d) egy csalódás után óvatosabb lesz
e) kellemetlen, veszélyes dologról beszél
f) elfoglalja magát, míg várnia kell   *1.*
g) lelkifurdalása van
h) megcsodál vmit
i) idővel eltűnik a hibája
j) sikeres lesz

13. Hogyan mondhatjuk? Fejezze ki a jelentéseket a *szó* szót tartalmazó szólással!

1. nem akarja kimondani, amit elkezdett ▶ *elharapja a szót*
2. sokáig beszélget vkivel ▶ ...
3. erőszakosan elhallgattat vkit ▶ ...
4. megtartja az ígéretét ▶ ...
5. figyelembe veszik a véleményét ▶ ...
6. helytelenít vmit ▶ ...
7. minden előzmény nélkül ▶ ...
8. nincs alkalma beszélni vhol ▶ ...
9. enged vkit beszélni ▶ ...
10. félbeszakít vkit ▶ ...
11. lehetőséget kap, hogy beszéljen ▶ ...

14. Melyik szó hiányzik? Egészítse ki a szólásokat a hiányzó kulcsszavakkal! Használja a megfelelő toldalékot, ha szükséges. Ügyeljen az elváló igekötők használatára!

1. ......*rájön*...... vkire a bolondóra
2. .... a lelkét vkiért
3. véget.................... vminek
4. .... az isten lábát
5. bükkfanyelven ....
6. darabokra .... vmit
7. díjat .... vkinek a fejére
8. .... vminek az órája
9. vminek a rovására ....
10. vmi vkinek a tudomására ....

megy beszél ~~rájön~~ megfog üt jut kitesz vet szed kitűz

15. Melyik szó hiányzik? Egészítse ki az idiómákat a megfelelő igékkel a megfelelő alakban! C1

1. vkinek a lelkiismeretén ..... *szárad* ..... vmi
2. csak hálni .... belé a lélek
3. .... a mérték
4. a megszólalásig .... vkire
5. mindig ugyanazt a nótát ....
6. .... vkinek az oldalát vmi
7. jól .... a sora vkinek
8. .... a témát
9. tőkét .... vmiből
10. színre ....

betelik, fúj, lép, ~~szárad~~, megy, jár, hasonlít, vág, furdal, kovácsol

16. Hogyan mondhatjuk? Alakítsa át a mondatokat a megadott kulcsszót tartalmazó szólás felhasználásával! C1

1. Nagyon szeretnék részt venni az amatőr színjátszó csoport előadásában. *(vágy)*
   ▶ *Égek a vágytól, hogy részt vehessek az amatőr színjátszó csoport előadásában*
2. A szomszédom megnyerte a lottó főnyereményét. *(dohány)*
   ▶ ....
3. Tivadar az utolsó pillanatban meggondolta magát, és mégsem hagyta abba a tanulmányait. *(ész: 2 lehetőség!)*
   ▶ ....
   ▶ ....
4. Nagyon mérges vagyok, mert az árus becsapott 500 forinttal. *(guta)*
   ▶ ....
5. Azt tervezem, hogy elmegyek plasztikai sebészhez. *(gondolat)*
   ▶ ....
6. Főzni tudok, de süteményt még soha nem sikerült készítenem. *(hadiláb)*
   ▶ ....
7. Rengeteg dolgunk van a munkahelyen, este 9-nél hamarabb nem tudok hazamenni. *(hajtás)*
   ▶ ....
8. Egyáltalán nem volt érdekes a tegnapi színházi előadás. *(halál)*
   ▶ ....
9. Nagyon kell sietnem, már nem tudok rendet rakni. *(idő)*
   ▶ ....
10. A barátnőmnek születésnapja van. *(isten)*
    ▶ ....
11. Hiába segítek Zolinak, ha ő nem csinál semmit. *(vásár)*
    ▶ ....
12. Nem kell aggódni, biztosan nemsokára hazajön a gyerek. *(pénz)*
    ▶ ....

17. SZÖVEGÉRTÉS Olvassa el figyelmesen a Megyeri híd építéséről szóló szöveget!

Az összesen 1861 méter hosszú, Budakalászt és Újpestet összekötő híd *rengeteg pénzbe került,* építési költsége egész pontosan 63 milliárd forint volt. A híd valójában 5 híd (9 hídszerkezet) együttese, melyek közül a legnevezetesebb a Nagy-Duna-ág felett átívelő, 591 m hosszú hídszerkezet, az ország első igazi ferdekábeles hídja. Az előkészítő munkálatok 2006-ban kezdődtek, de jelentős részük egy árvíz miatt *hiábavaló volt.* Szerencsére a helyi önkormányzat *támogatta a híd ügyét,* és a munkálatok tovább folytak. Az építők *időzavarral küzdöttek,* 2008 nyarán már éjjel-nappal dolgoztak, hogy őszre elkészüljenek. 2008. szeptember 13-án nyílt nappal avatták fel a hidat; az ünnepségre még a köztársasági elnök is *ellátogatott.* A nyílt napot kerékpáros felvonulással és futóversennyel tették emlékezetessé, ekkor kelhetett át rajta először az érdeklődő tömeg. Az új hidat, mely sokkal látványosabb és *szebb volt annál, mint amire a közönség számított,* 2008. szeptember 30-án adták át a forgalomnak.

A híd nevéről a Gazdasági és Közlekedési Minisztérium kétfordulós internetes szavazást rendezett. Egyes hírportálokon elterjedt a *Chuck Norris híd* elnevezés mint a szavazás egyik esélyese. Az állam képviselőinek ez *egyáltalán nem tetszett,* siettek megjegyezni, hogy a törvény értelmében hidat csak magyar állampolgárságú és már nem élő személyről lehet elnevezni. A szavazás szervezőinek nehézséget okozott a nevek *gazdag választéka.* Bár az első három helyezett között szerepelt a *Zrínyi Miklós* név is, a pályázat *elakadt,* s eredményét végül nem vették figyelembe. Mindezek ellenére találtak egy olyan nevet, mely *kielégítette az elvárásokat:* a *„Megyeri híd"* elnevezést egy internetes szavazó javaslata alapján a Földrajzinév-bizottság adta arra hivatkozva, hogy a híd Káposztásmegyert és Békásmegyert köti össze.

A szövegben kiemelt kifejezések helyettesíthetők az alábbi idiómákkal! Melyik melyikkel?

1. holtpontra jut ▶ *elakadt* ....
2. versenyt fut az idővel ▶ ....
3. megtisztel vmit a jelenlétével ▶ ....
4. pénzt öl vmibe ▶ ....
5. minden várakozást felülmúl ▶ ....
6. eleget tesz vminek ▶ ....
7. nem vesz jó néven ▶ ....
8. a bőség zavara ▶ ....
9. kárba vész ▶ ....
10. felkarol egy ügyet ▶ ....

18. SZÖVEGÉRTÉS Olvassa el az alábbi szöveget a mountain bike születéséről!

Hosszú haj, füvezés, bulizás – de mi köze mindennek a hiperegészséges mountain bike-hoz? Ezt a kérdést járja körül a hétvégi biciklisfesztiválon bemutatásra kerülő dokumentumfilm.

A mountain bike feltalálásában biztos, hogy a sértettség is közrejátszott. Gary Fisher – az első hegyi bringa későbbi kivitelezője – 1968-ban nem indulhatott el egy versenyen. *Meggyűlt a baja* a verseny rendezőivel, mert túl hosszú volt a haja. (Nyilván azt gondolták, az ilyen hosszú hajú hippitől *minden kitelik.*) Az észak-kaliforniai fiú így hát haverjaival azzal töltötte szabadidejét, amivel eddig is *minden áldott nap:* szedett-vedett cangáikkal a hegyekbe jártak, zenét hallgattak, söröztek, füveztek: *ki akartak zökkenni a megszokott kerékvágásból.* Akkor *voltak elemükben,* ha bicikliztek: felvitették magukat egy teherjárgánnyal, majd lezúgtak a bicajjal, a kanyarokban szinte térden csúszva, mint a motorosok. Ekkor még nyoma sem volt a hegyi kerekezésnek, a sportolók az országúton tekertek. Az elvei – és hosszú haja – miatt felfüggesztett Fisher *dühbe gurult,* és haverjaival a hegyibringa-fejlesztésen kezdett töprengeni.

Ezt a bulizós-biciklizős őrületet mutatja be Billy Savage 2006-os filmje, mely a szeptember 3. és 5. között rendezett Bubi Budapest Biciklis Fesztiválon, a Toldi moziban lesz látható.

Megszületőben volt tehát a mountain bike: a srácok szeméttelepekről szereztek vázakat, motorokról szedtek le alkatrészeket. Nem is sejtették, hogy később a hegyi bicikli sikere *minden várakozást felülmúl,* és az underground világát *csak hírből ismerő* menedzsersrácok lazítanak majd velük. (Sőt, 1993-ban a hegyi kerékpározás olimpiai sportág lett.)

1974-ben a már újra versenyző Gary Fisher létrehozta saját bicikligyártó cégét, „mountain bike-nak" nevezve a strapabíró, vastaggumis járműveket. A barátok egy része beszállt a vállalkozásba, mások önállóan próbálkoztak. A montain bike gyártása *nem volt rossz üzlet,* a Fisher vállalat ma is működik. A montizás nemcsak elismert sporttá lett (1987-ben rendezték az első világbajnokságot), hanem a civilek is rákaptak. *Arról nem szól a fáma,* hogy Gary Fisher használja-e még ma is régi kerékpárját, mindenesetre honlapján a következő olvasható: „Aki bringázik, az az én barátom."

1. A szövegben kiemelt idiómák helyettesíthetők az alábbi kifejezésekkel. Melyik melyikkel?

1. sokat lehetett keresni vele ▶ *nem volt rossz üzlet*
2. mérges lett ▶ ...
3. minden nap ▶ ...
4. minden rosszra képes ▶ ...
5. nincs róla információ ▶ ...
6. sok bosszúsága volt ▶ ...
7. valójában nem ismerték, sose látták ▶ ...
8. jobb volt annál, mint amire számítottak ▶ ...
9. el akartak térni a megszokottól ▶ ...
10. jól érezték magukat ▶ ...

2. A szövegben szerepelnek szleng szavak. Keresse meg ezeket, és írja a köznyelvi megfelelőik mellé!

1. bicikli ▶ ....
2. barát ▶ ....
3. kábítószerezés ▶ ....
4. szórakozik, kikapcsolódik ▶ ....
5. biciklizik ▶ ....
6. üzlet, vállalkozás ▶ ....
7. nagyon egészséges ▶ ....
8. történet ▶ ....
9. rászokik vmire, megszeret vmit ▶ ....
10. jármű ▶ ....
11. gyorsan lemegy, leszáguld ▶ ....
12. biciklizés ▶ ....
13. fiú ▶ ....
14. pedálozik ▶ ....

3. Jól értette? Döntse el az alábbi állításokról, hogy igazak-e (✓) vagy hamisak (x)!

1. Gary Fisher kizárólag azért találta fel a hegyi biciklit, mert felhúzta az orrát. [x]
2. A dokumentumfilm a hegyi bicikli feltalálásáról szól. [ ]
3. 1968-ban még nem volt megszokott, hogy fiúk hosszú hajat viselnek. [ ]
4. Gary Fisher egész életében nagyon szeretett kerékpározni. [ ]
5. Gary Fisher és barátai kerékpárszaküzletekben vásároltak alkatrészeket az első hegyi biciklihez. [ ]
6. A hegyi biciklizés mindig azoknak a fiataloknak a hobbija volt, akik szembefordultak a konzervatív értékekkel. [ ]

19. **(SZEREPJÁTÉK)** Írjanak párbeszédet a megadott idiómák felhasználásával, majd játsszák is el!

B1 szint

Szituáció: Az egyik szereplőnek elromlott az autója, amelyet előző nap hozott el a szerelőtől. Most visszaviszi a kocsit a szervizbe. A szerelő próbálja megnyugtatni.

Felhasználandó idiómák:

ilyen az élet!; megáll az eszem!; semmi pénzért; nem semmi!; vannak még csodák!; érti a dolgát; elment az esze vkinek

B2 szint

Szituáció: Egy 20 éves fiú el akarja adni a születésnapjára kapott laptopját, hogy elmehessen Németországba egy rockfesztiválra. A szüleivel beszélget, akik nem örülnek az ötletnek.

Felhasználandó idiómák:

annyi baj legyen!; van még egy dobása; eszedbe ne jusson!; ami sok, az sok!; szórja a pénzt; ördöge van; isten ments!; legfőbb ideje, hogy…

C1 szint

Szituáció: Egy házaspár kibérel egy szállodai szobát. Hívatják a szállodaigazgatót, mert beázik a plafon, a víz az ágyukba csöpög, és a légkondicionáló sem működik.

Felhasználandó idiómák:

kiveri a balhét; öröm az ürömben; ép ésszel felér; gőze sincs vkinek vmiről; benne van a pácban; egy szó mint száz; pert akaszt vkinek a nyakába; csorba esik vmin; állja a cechet; szóhoz jut; se vége, se hossza; fogas kérdés

NAPNÁL IS VILÁGOSABB

ÁR
az ár ellen v. **az árral szemben úszik** go/swim against the tide; sail against the wind
szembefordul az uralkodó iránnyal, véleménnyel go against the main current or opinion

| Manapság az amerikai filmek a legnépszerűbbek, de ennek a mozinak a vezetősége megpróbált az árral szemben úszni: csak európai filmeket tartanak műsoron.

CSEPP
az utolsó csepp a pohárban   *B1* the last straw
elég (volt), ez így nem mehet tovább enough, this cannot go on

| A sok kellemetlenség miatt már hónapok óta gondolkozom azon, hogy elköltözöm innen. Az utolsó csepp a pohárban az volt, amikor ellopták az autómat az épület elől.

egy csepp a tengerben a drop in the ocean
az egészhez képest jelentéktelen mennyiség an insignificant amout in comparison with the whole

| Az adomány csak csepp volt a tengerben, de ez a segítség is számított.

egy cseppet   *B1* a little bit
keveset, kis ideig a small amount; for a short time

| Egy cseppet sem zavar a meleg, nagyon szeretem a nyarat.

CSILLAG
csillagokat lát (a fájdalomtól)   *B1* see stars
erős fájdalmai vannak sg hurts very much

| Beütöttem a fejemet a padba, csillagokat láttam a fájdalomtól.

hanyatlik v. **hanyatlóban van vkinek a csillaga**   *C1* one's fortune is on the wane; one's stock is falling
elhagyja a szerencséje, sikere his former luck or good reputation is fading

| Hiába vetkőzött meztelenre a híres popsztár, mégis hanyatlóban van a csillaga.

CSILLAGZAT
rossz csillagzat alatt született be born under an unlucky star
semmiben nincs szerencséje be unlucky in everything

| Rossz csillagzat alatt született az új folyóirat, egy évfolyamot sem ért meg.

szerencsés csillagzat alatt született be born under a lucky star
szerencsésen alakul a sorsa, minden sikerül neki be lucky; be successful in everything

| Csilla szerencsés csillagzat alatt született, minden sikerül neki, amit elkezd.

CSÚCS
ez csúcs! *biz.*   *B1* fab! great!
nagyszerű, csodálatos, remek excellent; wonderful

| Mi is elutazhatunk veletek a tengerpartra? Ez csúcs!

DÉLIBÁB
délibábot kerget *C1*   chase rainbows; build castles in the air
elérhetetlen vágyai vannak   to wish for impossible things

| A polgármester iskolát is, kórházat is akar építtetni idén. Szerintem csak délibábot kerget.

ÉG
(mint) derült égből villámcsapás   like a bolt from the blue; out of the blue
hirtelen, váratlanul, kellemetlen meglepetésként   suddenly, unexpectedly; as an unpleasant surprise

| Derült égből villámcsapásként érte a hír, hogy felemelik a lakás bérleti díját.

ég és föld a különbség vkik/vmik között   as different as chalk and cheese
óriási a különbség   the difference is huge

| Ég és föld a különbség közöttük, pedig ikrek.

eget verő (hazugság, botrány) *C1*   whacking, whopping (lie)
óriási, nagyon nagy   huge, very big

| A hazugságnak három fajtája van: hazugság, eget verő hazugság és a statisztika. (Mark Twain)

égnek áll vkinek a haja *v.* **minden haja**   sg makes one's hair stand on end
szála égnek áll (vmitől)
a) megrémül   be terrified
b) elképed, felháborodik   be amazed, astounded

| Hirtelen üvöltést hallottam, minden hajam szála égnek állt az ijedségtől.
| Égnek állt a hajam, mikor megtudtam, hogy az unokahúgom kopaszra borotválta a fejét.

égre-földre esküdözik   swear by heaven and earth; swear by all that is holy
mindent megígér   promise sg emphatically

| Anikó férje égre-földre esküdözött, hogy rá se néz többet más nőre.

ÉGHAJLAT
elküld vkit melegebb éghajlatra *biz.*   tell sy where to go; send sy packing
durván elutasít, elküld vkit   rudely reject or send sy away

| Tegnap összevesztem az öcsémmel Ő sértegetett, én pedig elküldtem melegebb éghajlatra.

ÉJ
az éj leple alatt *C1*   under the cloak of night; under the cover of darkness
éjszaka, titokban   at night, in secret

| A tolvaj az éj leple alatt beosont a házba, és minden ékszert magával vitt.

éjnek évadján   in the dead of night
az éjszaka közepén   in the middle of the night

| Mit keresel te a konyhában éjnek évadján?

éjt nappallá téve dolgozik   work round the clock
egész nap dolgozik   work hard day and night

| Éjt nappallá téve kellett dolgoznunk, hogy időben elkészüljünk a munkával.

ÉJSZAKA
görbe éjszaka   night on the town
mulatozással, szórakozással töltött éjszaka   night spent partying or having a good time

| Miután megkaptuk a diplománkat, csaptunk egy görbe éjszakát.

ESŐ

eső után köpönyeg
miután megtörtént a baj, már felesleges a védekezés
shut the stable door after the horse has bolted
prevention after sg has happened is pointless
| A viharok után kötött biztosítás már csak eső után köpönyeg.

lóg az eső lába *B1*
hamarosan esni fog
rain is in the air; it looks like rain
it will rain soon
| Vigyél magaddal esernyőt, mert úgy látom, lóg az eső lába.

FÉNY

vminek a fényében *B1*
vminek az ismeretében, tudatában
in the light of sg
in the knowledge of sg; being aware of sg
| Túl lassú itthon az internet. Ez különösen annak a fényében furcsa, hogy milyen sokat fizetek érte.

fény derül vmire
kitudódik, ismertté válik egy titok
sg comes to light; light is thrown on sg
a secret becomes known
| Fény derült a titokra, hogy melyik divatszalonban készítik a svéd hercegnő esküvői ruháját.

rossz fényben tüntet fel vkit
rossz véleményt mond vkiről, rossznak mutat vkit
paint sy in a bad light
express a bad opinion of sy; show sg's weak points
| A séf úgy érezte, hogy a gasztroblogger rossz fényben tüntette fel őt legutóbbi bejegyzésében.

FÖLD

a föld alá süllyed (szégyenében) *C1*

nagyon szégyelli magát
sink through the floor with shame; wish the earth would swallow one up
to be very ashamed of oneself
| Legszívesebben a föld alá süllyedtem volna szégyenemben, mikor a fiam hisztizni kezdett az utcán.

(még) a föld alól is *B1*
bármi áron, mindenképpen
come what may
at all costs; definitely
| Még a föld alól is előteremtem a pénzt egy új biciklire.

ki se látszik *v.* **alig látszik ki a földből**
kicsi, alacsony
knee-high to a grasshopper
small or short
| Zsolti még ki se látszik a földből, de már ő irányít mindenkit a családban.

leissza magát a sárga földig *B1*
lerészegedik, nagyon berúg
drink oneself blind
get very drunk
| A férfi semmire nem emlékezett az előző estéből, mivel a sárga földig leitta magát.

(eltűnt) mintha a föld nyelte volna el
nyomtalanul
be swallowed up by the earth; vanished into thin air
without a trace
| Úgy eltűnt a pendrive-om, mintha a föld nyelte volna el.

FÜST

egy füst alatt *B1*
ugyanazzal a fáradsággal, együtt vmi mással
in the same breath; in one fell swoop
all in one go
| Úgyis fel kell adnom a postán egy levelet, egy füst alatt a számlákat is befizetem.

füstbe megy
nem sikerül, meghiúsul (terv, remény)
go up in smoke; fall through
be unsuccessful; come to nothing (plan, hope)
| Az indulás előtti napon eltörtem a lábamat, így füstbe ment az utazás terve.

nagyobb a füstje, mint a lángja
fontosabbnak tűnik, mint amilyen valójában

much smoke, little fire; its bark is worse than its bite
sg appears more important than it really is

| Ne ijedj meg! Ennek az ügynek nagyobb a füstje, mint a lángja.

GÁZ
beletapos a gázba
gyorsít, igyekszik

put one's foot down; step on the gas
accelerate; get going

| Taposs bele a gázba, különben elkésünk!

gáz van! *biz.*
baj van

the heat is on!
there's trouble

| Tamás nem jött el, és nem is telefonált. Nem tudom, mi történhetett, de szerintem valami gáz van.

GŐZ
fél gőzzel *B1*
nem teljes erővel, kedvetlenül

at half speed
not with full strength; reluctantly

| Ilyen melegben csak fél gőzzel lehet dolgozni.

gőze sincs vkinek vmiről *biz.* *C1*
fogalma sincs vmiről, semmit nem tud vmiről

not have the foggiest idea; not have a clue (about sg)
not know about sg; not know anything about sg

| – Mennyi 64 a négyzeten?
– Gőzöm sincs.

kár a gőzért! *biz.*
felesleges a fáradság, az igyekezet, hagyjuk!, nem érdemes próbálkozni!

it's a waste of breath!
not worth the effort; leave it; not worth trying

| Kár a gőzért, úgysem tudod rábeszélni, hogy velünk jöjjön.

HAMV
hamvába holt *C1*
kudarcra ítélt, megvalósíthatatlan, kilátástalan (ügy, terv, dolog)

a non-starter
bound to fail; impracticable, hopeless (e.g. issue, plan)

| Hamvába holt ötlet volt egy újabb női magazin kiadása, már így is tele a piac ilyen jellegű lapokkal.

HETET-HAVAT
hetet-havat összehord
összevissza beszél

waffle on (about sg)
talk nonsense

| Az ügyfélszolgálaton dolgozó nő hetet-havat összehordott, de nem derült ki, miért nem működik nálunk az internet.

HULLÁMHOSSZ
egy/azonos hullámhosszon van vkivel
hasonlóan gondolkodnak, jól megértik egymást

be on the same wavelength as sy
think in a similar way; understand each other

| Nagyon jól telt az este, végre egy hullámhosszon voltunk anyámékkal.

JÉG *B1*
a jég hátán is megél
életrevaló, ügyes, talpraesett

can always get by; always land on one's feet
resourceful; shrewd, quick-witted

| Nem kell őt félteni, nem lesz semmi baja Ausztráliában, a jég hátán is megél.

megtört a jég — broke the ice
hosszú idő után gyökeres változás következett be — a fundamental change occurred after a long time

| A hazai csapat sokáig nem játszott jól, de végül a legfiatalabb játékos góljával megtört a jég, és 5:1-re nyertek.

JÉGHEGY
(ez csak) a jéghegy csúcsa — the tip of the iceberg
zavaros ügy, probléma felszíne, legkisebb része — the surface or smallest part of a difficult matter or problem

| Zsolti tegnapi szemtelenkedése csak a jéghegy csúcsa, sokkal nagyobb gondok vannak vele.

KŐ
egy követ fúj vkivel — be hand in glove with sy
vkivel azonos véleményt hangoztat — get sy to agree with you for selfish reasons

| A város vezetése egy követ fúj a multinacionális cégekkel, és ez nagyon hátrányos a kisboltoknak.

minden követ megmozgat — leave no stone unturned
vmely cél elérése érdekében mindenfajta eszközt felhasznál — use all means at one's disposal to achieve an aim

| A szervezők minden követ megmozgattak a segélykoncert érdekében.

nagy kő esik le vkinek a szívéről *B1* — be a weight off sy's mind
megkönnyebbül — feel relieved

| Nagy kő esett le a szívemről, amikor megtudtam, hogy nem kell vizsgáznom.

LEVEGŐ
a levegőbe beszél *B1* — talk through one's hat
megalapozatlan dolgokat mond — say unfounded, empty things

| Dávid nem a levegőbe beszélt, mikor azt mondta, hogy tud főzni. Nagyon finom volt a vacsora.

benne van a levegőben — there's sg in the air; there's sg afoot
változás készülődik — sg is about to happen

| Már régóta benne volt a levegőben, hogy nálunk is meg kellene rendezni a gasztroblogok versenyét.

levegőnek néz vkit *B1* — look through sy
semmibe vesz vkit, nem vesz tudomást vkiről — despise sy; ignore sy

| Nagyképű, ellenszenves alak volt Erdei, levegőnek nézett mindenkit, akinek nem volt pénze.

rontja a levegőt vhol — he's a good-for-nothing
alkalmatlankodik, felesleges vhol — to be a nuisance; useless somewhere

| Ez az ember még mindig itt rontja a levegőt? Mondtam, hogy küldd haza!

tiszta a levegő *B1* — the coast is clear
mehetünk, nincs veszély — we can go, there's no danger

| – Elment már a rendőr?
– Jöhetsz, tiszta a levegő!

NAP (1)
a napra lehet nézni, de rá nem *B1* — she's a stunner
nagyon szép — very beautiful

| Olyan szép volt a menyasszony, hogy a napra lehetett nézni, de rá nem.

leáldozik *v.* **leáldozóban van vkinek a napja** — one's star is on the wan; one's glory has faded
rossz(abb)ra fordul a sorsa, elhagyja a szerencséje — one's fate takes a turn for the worse, one's luck leaves him

| Leáldozott a luxusautók napja, a pénzügyi válság hatására radikálisan csökkent a kereslet a drága kocsik iránt.

napnál is világosabb *B1*
nyilvánvaló, egyértelmű
as clear as daylight
clear, obvious, unmistakable

| Napnál is világosabb, hogy valami történt.

nincs új a nap alatt *B1*
mindig ugyanazok a dolgok történnek, keveset változnak a dolgok
there is nothing new under the sun
the same things keep happening, things don't change much

| Újra divatba jött a trapéznadrág? Nincs új a nap alatt.

NAP (2)

holnap is van nap *B1*
nem kell mindent megcsinálni v. felhasználni most azonnal
save some for tomorrow
you don't have to do or use up everything immediately

| Ne edd meg az összes csokoládét, holnap is van nap.

lopja a napot *B1*
nem dolgozik, lusta, nem csinál semmi hasznosat
idle (one's time) away; twiddle one's thumbs
not work; is lazy; not do anything useful

| Ne lopd a napot, inkább segíts nekem!

meg vannak számlálva vkinek/vminek a napjai
halál vagy bukás vár vkire, vmi a vége felé közeledik
sy/sg's days are numbered
death or failure is awaiting sy; the end of sg is approaching

| A régi Windowsok napjai meg vannak számlálva, a Microsoft az új operációs rendszereket javasolja az ügyfeleknek.

nem lehet őket egy napon említeni

az egyik sokkal jobb, mint a másik
they can't be mentioned in the same breath; sy can't hold a candle to sy else
the one is much better than the other

| – Melyik énekes tetszett jobban?
– Nem is lehet őket egy napon említeni.

NAPVILÁG

napvilágot lát vmi
nyilvánosságra kerül, nyomtatásban megjelenik
come to light; come out
be mad public; be published

| Új Janus Pannonius-kézirat látott napvilágot.

napvilágra kerül/jut
rejtett, ismeretlen dolog nyilvánosságra kerül
come to light
sg hidden or unknown becomes public

| Érdekes részletek kerültek napvilágra az énekesnő magánéletéről.

NYOM

a nyomába se ér/léphet vkinek/vminek
értékét tekintve meg sem közelíti
not be a patch on sg
with regard to quality/value it's nowhere near as good

| A dobozos narancslé nyomába sem ér annak, amit a gyümölcsből frissen facsarnak.

nyomon követ vmit
figyelemmel kísér
keep an eye on sg
follow with interest

| Mostanában nem követtem nyomon a sporteseményeket, nem tudom, ki nyerte a bajnokságot.

NYOMDOK

vkinek a nyomdokában jár *v.* **a nyomdokait követi** *C1*   follow in sy's footsteps
vkinek a példáját, szellemét, útmutatásait követi   follow sy's example, lead or guidance

| Mind az öt gyerek a szülők nyomdokait követi: ők is népi együttesben táncolnak.

NYUGTA

vkinek nincs nyugta *C1*   be always on the go
szüntelenül tesz-vesz, nem tud leállni, pihenni   permanently active; cannot stop or rest

| A nagymamám már 86 éves, de még mindig nagyon tevékeny, soha nincs nyugta.

vkinek nincs nyugta vkitől/vmitől *C1*   sy/sg never gives sy a moment's peace
vki állandóan zaklat vkit, vmi nyugtalanít, zavar vkit   sy is always bothering sy; sg makes sy restless or disturbs sy

| A szálloda a vasútállomáson volt. Egész éjszaka nem volt egy perc nyugtunk sem a zajtól.

nyugtával dicsérd a napot!   don't count your chickens before they are hatched
ne örülj előre!, várd ki a végét!   don't celebrate too soon; wait for the end

| A tegnapi győzelem után jól áll a csapat, de nyugtával dicsérd a napot! Legközelebb legalább döntetlent kell játszanunk a továbbjutáshoz.

SÁR

állja a sarat   stand one's ground; hold one's own
nehéz körülmények között is helytáll, kitart   even in difficult circumstances sy stands his ground or perseveres

| A vállalat igazgatója tévévitán vett részt, ahol egyszerre öt újságíró kérdezte, de ő állta a sarat, mindenre tudott válaszolni.

sárba tipor vmit *C1*   ride roughshod over sy; trample sy/sg underfoot
egyáltalán nem vesz figyelembe vmit   ignore sy/sg in a high-handed/authoritarian way

| Sajnos vannak még olyan országok, ahol sárba tiporják a nők jogait.

SZÉL

a széltől is óv vkit   mollycoddle, cosset sy
mindentől félt vkit, nagyon vigyáz vkire   be overprotective of sy

| Anikó egyedüli gyerek, szülei a széltől is óvják.

csapja a szelet vkinek   to court sy
hevesen udvarol vkinek   make passionate advances towards sy

| A népszerű focista egy topmodellnek csapja a szelet.

más/új szelek fújnak *B1*   the winds of change; new winds are blowing
megváltoztak a körülmények, szokások   circumstances and customs change

| Idén új szelek fújnak. Már nem ajánlják a káposztalevest a fogyókúrázóknak.

mi szél hozott ide/erre? *B1*   what wind blows you here?; what brings you here?
milyen ügyben jöttél?, hogy kerülsz ide? (meglepődve)   how come you're here? (surprise)

| De régen láttalak! Mi szél hozott erre?

szélnek ereszt vkit   send sy out into the world; cut sy loose
elbocsát, elküld vkit   dismiss sy; let sy go

| A számítástechnikai cég a válság miatt szélnek eresztette alkalmazottai felét.

tudja, honnan fúj a szél *B1* — know which way the wind blows; know which side one's bread is buttered
érti, ismeri a helyzetet — understand/be familiar with the situation
| Edit évek óta itt dolgozik, ismer mindenkit, rögtön tudja, honnan fúj a szél.

SZÉLMALOMHARC
szélmalomharcot folytat/vív vki/vmi ellen — tilt at windmills
hiábavaló, reménytelen küzdelmet folytat vki/vmi ellen — take on futile struggles against sy/sg
| A rendőrség régóta szélmalomharcot vív a CD- és DVD-másolókkal.

SZÍN
vkinek/vminek a színét sem látta — sy hasn't shown himself around here; we haven't seen him at all
nem látott vkit, nem találkozott vkivel — no one has seen/met sy for a while
| A legidősebb kollégám múlt héten még bejött dolgozni, de azóta színét se láttam.

jó színben tüntet fel vkit/vmit — describe sy/sg in a favourable light
a kedvező tulajdonságait hangsúlyozza, előnyös oldalát mutatja — emphasize the good points of sy
| Jó színben tünteti fel az irodánkat, ha újrahasznosított papírt használunk.

más színben lát vmit *B1* — see something in a new light
másképpen lát vmit, más a véleménye vmiről — see sg differently; have a different opinon of sg
| Több év eltelt már utolsó találkozásunk óta, ma már más színben látom a kapcsolatunkat.

rossz színben van *B1* — be off colour; look like death warmed up
rosszul néz ki, beteg — looks poorly; ill
| Találkoztam tegnap egy volt osztálytársammal. Nagyon rossz színben volt, szerintem súlyos beteg.

semmi szín alatt — not for love or money; no way
semmiképpen — under no circumstances
| Semmi szín alatt ne vegyél fel kölcsönt a jelenlegi helyzetben!

színt vall — show one's true colours; come clean
elárulja valódi érzelmeit, gondolatait, szándékait — betray one's true feelings, thoughts, intentions
| Színt vallott a kereskedelmi lánc igazgatója: inkább olcsó import zöldséget forgalmaz, mint drágább hazait.

TŰZ
játszik a tűzzel *B1* — play with fire; skate on thin ice
veszélyt keresve, kockázatosan él, cselekszik — take unnecessary risks; live dangerously
| Az új svéd krimi egy vakmerő lányról szól. A címe magyarul: A lány, aki a tűzzel játszik.

két tűz között van *v.* **két tűz közé kerül** *B1* — be caught in the crossfire
mindkét oldalról támadnak vkit — be under attack from both sides
| Két tűz közé kerültem, mikor a két legjobb barátnőm összeveszett.

közel van a tűzhöz *B1* — be in a advantageous position
kapcsolatai és lehetőségei révén könnyen jut anyagi előnyökhöz — get financial or other advantages by positioning oneself close to the powers that be
| Mindig közel volt a tűzhöz, nem csodálkozom, hogy néhány év alatt meggazdagodott.

tűzbe teszi/tenné a kezét vkiért
tökéletesen megbízhatónak tart vkit,
teljesen megbízik vkiben

put one's hand into fire for sy
consider sy completely trustworthy; completely trust sy

| Régóta ismerem Zsoltot, és tűzbe tenném érte a kezemet. Benne megbízhatunk.

VIHAR

vihar egy pohár vízben
egy semmiség miatt támadt vita, nagy felhajtás egy apróság miatt

storm in a tea-cup
an argument about nothing; big fuss about a small matter

| – Igaz, hogy nagy botrány volt tegnap az értekezleten?
| – Á, nem történt semmi. Vihar egy pohár vízben.

vihar előtti csend
veszekedés előtti nyugalom

the calm before the storm
a lull before the quarrel breaks out

| Félek, hogy a mai nyugalom csak vihar előtti csend.

VILÁG

a világért sem *v.* **a világ minden kincséért sem**
semmiképpen

not for the world; not for all the tea in China
in no way

| A világért sem szeretnék zavarni.

egy világ dől/omlik össze vkiben   C1
vki nagyot csalódik vkiben, kiábrándul vkiből/vmiből

see all one's hopes shattered; the world came tumbling down around sy
be very disappointed in sy; be disillusioned about sy/sg

| Egy világ dőlt össze benne, mikor megtudta, hogy senki nem olvassa a blogját.

kicsi a világ   B1
bárhol találkozhatunk ismerőssel

it's a small world
one can meet acquaintances anywhere

| – Tudod, kivel találkoztam Finnországban? Péterrel.
| – Tényleg? Kicsi a világ!

ki lehet kergetni vkit a világból vmivel
vki nagyon utál vmit

sy can be driven out of the world by sg
sy hates sg

| A spenóttal engem ki lehetne kergetni a világból.

mióta világ a világ
mindig így volt, mióta csak létezünk

since the beginning of time; from time immemorial
it was always this way, ever since we can remember

| – Gombát tettél a húslevesbe?
| – Mióta világ a világ, mindig is tettem gombát a húslevesbe.

nem a világ (vége)   B1
nem nagy baj, ne is beszéljünk róla!

no big deal; not the end of the world
not a real problem; doesn't warrant further discussion

| Egy kis túlsúly még nem a világ! Majd elkezdek sportolni.

rajta a világ szeme   B1
mindenki őt figyeli

the eyes of the world are upon sy
everybody's is watching sy

| Na, mondjad, rajtad a világ szeme!

világgá kürtöl vmit
mindenkinek elmond, elhíresztel vmit, nyilvánosságra hoz vmit

shout sg from the rooftops
tell sg to everybody; spread the news

| Zsóka olyan boldog volt, hogy rögtön világgá kürtölte az eljegyzését.

világot lát *B1* see the world
utazással élményeket gyűjt, ismereteket szerez   travel abroad gaining experiences and knowledge
| Zsolt érettségi után szeretett volna utazni, világot látni.

világra jön *B1* come into the world
megszületik be born
| Az autópálya parkolójában jött világra egy német kisfiú, mert a szülők későn indultak el a kórházba.

VILLÁM
mint a villám *B1* as quick as lightning
nagyon gyorsan very fast
| Öltözködj, kisfiam, de mint a villám!

villámokat szór vkinek a szeme see red
nagyon dühös, indulatos be very angry
| Éva nagyon dühös lett. Nem szólt semmit, de a szeme villámokat szórt.

VÍZ
bedob vkit a mély vízbe throw sy in at the deep end
egy kezdőnek rögtön nehéz munkát ad give a beginner difficult work
| A fiatal színésznőt bedobták a mély vízbe: be kellett ugrania egy főszerepbe.

felkapja a vizet *biz.* *C1* blow a fuse; blow one's top
dühös lesz, megsértődik become very angry or offended
| Nem kell rögtön felkapni a vizet, nem akartalak megbántani!

kinn/kint van a vízből be out of the woods
sikerül túljutni vmilyen nehézségen succeed in getting out of trouble
| Nehéz időszak volt, de most már elmondhatjuk, hogy kint vagyunk a vízből.

nem sok vizet zavar *B1* makes no difference one way or the other
keveset számít, nem avatkozik bele semmibe doesn't matter much; doesn't interfere with anything
| Beni nyugodt, jó gyerek, nem sok vizet zavar. Órákig eljátszik a kisautókkal.

tiszta vizet önt a pohárba *B1* get things straight
világos, átlátható helyzetet teremt, őszintén beszél make a situation clear; speak frankly
| Öntsünk tiszta vizet a pohárba! Mondd meg őszintén, mi a bajod velem!

veszélyes vizekre evez row in dangerous waters
számára ismeretlen területre kerül, be on unfamiliar ground; bring up a dangerous
veszélyes témát hoz szóba subject
| Veszélyes vizekre eveztek, ha a genetikailag módosított növényekkel kísérleteztek.

VÍZFOLYÁS
(úgy) hazudik, mint a vízfolyás lie through one's teeth
folyékonyan, elbizonytalanodás nélkül hazudik lie continuously, without wavering
| Ne higgy neki, tudhatnád, hogy úgy hazudik, mint a vízfolyás!

ZÁTONY
zátonyra fut *C1* fall through
(terv, törekvés) meghiúsul, nem sikerül (a plan or endeavour) comes to nothing
| Zátonyra futottak a két ország közötti tárgyalások.

Feladatok

1. Mikor mondhatjuk? Állítsa párba a mondatokat és a szituációkat! B1

1. Öntsünk tiszta vizet a pohárba!
2. Ne játssz a tűzzel!
3. Ez volt az utolsó csepp a pohárban!
4. Lóg az eső lába.
5. Mi szél hozott?
6. Tiszta a levegő!
7. Kicsi a világ!
8. Holnap is van nap!

a) Vendég érkezett, akit évek óta nem láttunk.
b) Kinézek az ablakon, és látom, hogy esőfelhők vannak az égen.
c) Tisztázni szeretném, hogy a kollégámnak mi baja van velem.
d) Egy betörő szól a társának, hogy jöhet, nincs senki a lakásban.
e) A férjem az éttermi vacsora után egy bárba akar menni.
f) A gyerek reggel kiöntötte a kakaót, lerántotta a terítőt, most meg az ablakon mászik ki a kertbe.
g) A barátom már megint a veszélyt keresi, biztosítókötél nélkül akar falat mászni.
h) Külföldön találkozom egy régi ismerősömmel.

1.	2.	3.	4.	5.	6.	7.	8.
c							

2. Mikor mondhatjuk? Állítsa párba a mondatokat és a szituációkat!

1. Ne rontsd itt a levegőt!
2. Egy világ omlott össze bennem!
3. Nem a levegőbe beszélek!
4. Meg vannak számlálva a napjai.
5. Eső után köpönyeg.
6. Derült égből villámcsapásként ért.
7. Égnek állt a hajam!
8. Tűzbe tenném érte a kezem!

a) Szeretném, ha hinnének nekem.
b) A barátomat lopással gyanúsítják, de én biztos vagyok benne, hogy ártatlan.
c) Egy idős ismerősünk halálos beteg.
d) Megtudtam, hogy a legjobb barátom becsapott.
e) Egy buliba eljött valaki, akit senki nem szeret, mert mindig mindenkit megsért.
f) Megláttam a barátnőmet, aki zöldre festette a haját.
g) Kirúgtak a munkahelyemről, pedig eddig mindig elégedettek voltak velem, és szerettem is ott dolgozni.
h) A fiam tegnap leégett a napon, és ma 30 faktoros naptejjel keni be magát.

1.	2.	3.	4.	5.	6.	7.	8.
e							

3. Mit jelent? Válassza ki a helyes jelentést!

1. *Ez volt az utolsó csepp a pohárban*
   a) köszönöm, nem kérek többet inni
   b) elég volt vmiből ✓
   c) nem fér be ide több ember

2. *Csapja a szelet vkinek*
   a) udvarol vkinek
   b) legyez vkit
   c) megijeszt vkit

3. *A nyomába sem ér vkinek*
   a) sokkal lassabb, mint ő, nem éri utol
   b) nem olyan jó, értékes, mint ő
   c) kisebb a lába, mint a másiknak

4. *Csillagokat lát*
   a) szerelmes
   b) álmodik
   c) fájdalmai vannak

5. *Megtöri a jeget*
   a) a munka nehezebb részét elvégzi
   b) kezdeményez
   c) befűt a lakásban

6. *Füstbe megy*
   a) elég
   b) nem sikerül
   c) elrepül

7. *Nincs nyugta vkinek*
   a) nem kapott számlát
   b) nem tud leállni
   c) nem kap nyugdíjat

8. *Rossz színben van*
   a) betegnek néz ki
   b) rosszul áll neki ez a szín
   c) rossz kártyát választott

4. Melyik szóval alkothatunk szólást? Válassza ki a helyeset!

1. Ő mindig tudta kivel kell barátkozni. Mindig is közel volt a ....*tűzhöz*..... .
   a) *naphoz*   b) *tűzhöz* ✓   c) *csillagokhoz*
2. Nagyon nehéz időszak volt ez az életemben, főleg anyagilag nagyon rosszul álltak a dolgaim, de most már elmondhatom, hogy kinn vagyok a ....
   a) *vízből*   b) *tengerből*   c) *jégből*
3. Szerettem volna valami egzotikus országba utazni, de a váratlan kiadásaim miatt ezek a tervek .... mentek.
   a) *ködbe*   b) *szélbe*   c) *füstbe*
4. Amikor a lány megtudta, hogy a barátja elfelejtette a születésnapját, ... szórt a szeme.
   a) *csillagokat*   b) *esőt*   c) *villámokat*
5. A fiú másnap hatalmas virágcsokorral érkezett, de ez már csak eső után .... volt.
   a) *napsütés*   b) *esernyő*   c) *köpönyeg*
6. Amikor Kati kritizálta barátnője frizuráját, az felkapta a ....
   a) *vizet*   b) *tüzet*   c) *jeget*
7. Amióta tüdőgyulladása volt a kislánynak, a szülei a .... is óvják.
   a) *naptól*   b) *levegőtől*   c) *széltől*
8. A rendőrök elől menekülő tolvaj a kis utcában úgy eltűnt, mintha a .... nyelte volna el.
   a) *víz*   b) *föld*   c) *sár*

5. Kapcsolódhatnak-e így a mondatok? Az első mondat jelentése alapján helyes-e a második mondat állítása? Igen (✓) vagy nem (×)?

1. Gizi mindig tudja, honnan fúj a szél, most is jó döntést hozott. ✓
2. A tegnapi viselkedésed volt az utolsó csepp a pohárban. Még ma elköltözöm.
3. Végre színt vallott az udvarlóm. Nem tudom, mit vár a kapcsolatunktól.
4. Valaki karikatúrát rajzolt a matektanárról a táblára. Mikor belépett az osztályba és meglátta, villámokat szórt a szeme.
5. A múltkori vitánk óta a színét sem láttam a barátnőmnek. Ma is együtt reggeliztünk.

6. Ezzel a fizetésemeléssel sem vagyunk kint a vízből. Nem tudjuk kifizetni a számlákat.
7. Pétert derült égből villámcsapásként érte a létszámcsökkentés híre. Már többször is beszéltek róla a személyzeti vezetővel.
8. Klári éjnek évadján ment haza. A szülei hiába várták a vacsorával.
9. Ottó tegnap leitta magát a sárga földig. Ma fáj a feje a másnaposságtól.

6. Melyik szó hiányzik? Egészítse ki a szólásokat a hiányzó kulcsszavakkal! Figyeljen a megfelelő toldalékok használatára!

1. elnyelt vkit a ......*föld*......
2. állja a ....
3. .... vall
4. nem sok .... zavar
5. közel van a ....
6. meg vannak számlálva a ....
7. .... áll a haja vmitől
8. más .... lát vmit
9. .... követ vmit
10. .... néz vkit

tűz   víz
ég   nyom   ~~föld~~
sár   szín
      levegő
szín   nap

7. Melyik szó hiányzik? Egészítse ki az alábbi szólásokat a hiányzó kulcsszóval!

1. rontja a ......*levegő*...t vhol
2. .... nek áll a haja vmitől
3. .... okat lát
4. ez csak a .... csúcsa
5. .... nek ereszt vkit
6. .... a tengerben
7. úgy hazudik, mint a ....
8. nincs új a .... alatt

nap   ég
      ~~levegő~~
jéghegy   csillag
         szél
vízfolyás   csepp

8. Melyik szó hiányzik? Egészítse ki a szólásokat a hiányzó igékkel! Figyeljen a ragozásra és az igekötő-használatra!

1. nyomon ......*követ*...... vmit
2. .... a levegőt vhol
3. rossz fényben .... vkit
4. nem lehet őket egy napon ....
5. új szelek ....
6. .... vkit a mély vízbe
7. .... vkinek a napja
8. szélnek .... vkit
9. világgá .... vmit

említ
           kürtül
bedob   feltüntet
           ~~követ~~
ereszt   ront
           leáldozik
      fúj

9. Hogyan mondhatjuk? Fejezze ki szólással a jelentéseket a megadott kulcsszó felhasználásával!

1. megvalósíthatatlan vágyai vannak ▶ *délibábot kerget* .... (délibáb)
2. minden feltétel nélkül megbízik vkiben ▶ .... (tűz)
3. udvarol vkinek ▶ .... (szél)
4. tisztáz egy helyzetet ▶ .... (víz)
5. kellemetlenül, váratlanul ▶ .... (ég)
6. legjobb tulajdonságait hangsúlyozza vkinek ▶ .... (szín)
7. szembefordul az általános hangulattal, véleménnyel ▶ .... (ár)
8. nagyon mérges, dühös ▶ .... (villám)
9. veszekedés előtti nyugalom ▶ .... (vihar)
10. egész nap, megállás nélkül dolgozik ▶ .... (éj)

10. Folytassa szólással! Az alábbi szituációkban használjon idiómát a megadott kulcsszó felhasználásával!

1. Régóta elégedetlen vagyok a munkahelyemmel, és ma minden ok nélkül üvöltözött velem a főnököm. *(csepp)*
   ▶ *Ez volt az utolsó csepp a pohárban.*
2. Biztos vagyok benne, hogy a másik nem mond igazat. *(hazudik)*
   ▶ ....
3. A barátaim hitetlenkedve nézték a terveimet hallgatva. Meg kell győznöm őket. *(levegő)*
   ▶ ....
4. Óriási különbség van a régi és az új biciklim között. *(ég)*
   ▶ ....
5. Megdöbbentem, mikor kiderült, milyen veszélyes túrára készülnek a gyerekeim. *(ég)*
   ▶ ....
6. Két új munkatársunk van, de az egyik sokkal jobban dolgozik, mint a másik. *(nap)*
   ▶ ....
7. Örülök, hogy mégsem beteg az anyukám, pedig tegnap még azt hittük, hogy tüdőgyulladása van. *(kő)*
   ▶ ....
8. István csúnyán lerészegedett tegnap este. *(föld)*
   ▶ ....

11. SZÖVEGÉRTÉS — Az alábbi szövegben egy fiatalember életútjáról olvashat. Figyeljen a kiemelt kifejezésekre!

Timkó Mihály már *születésétől kedvező helyzetben volt:* jómódú szülei egyetlen gyermekeként mindent megkapott, a legelitebb iskolákba járt, érettségi ajándéka egy piros sportkocsi volt. Szülei *külföldi utakra* is elküldték, járt minden európai országban, és a tengerentúlon is. Diplomáját Angliában szerezte, és 25 éves korában már saját cégét irányította. Eljegyezte apja régi osztálytársának, egy egyetemi professzornak a lányát, a következő nyárra tervezték az esküvőt. A lánnyal hasonló környezetből jöttek, *hasonlóan gondolkodtak,* jól megértették egymást. Az egyetlen vita oka a nászút volt: Mihály Afrikába szeretett volna nászútra menni, mert már gyermekkora óta vonzotta ez a földrész, de menyasszonya tiltakozott. Ekkor azonban, egy *mulatozással töltött éjszaka* megismerkedett Noémival. Első látásra beleszeretett a lányba, aki azonban másnap reggel indult vissza egy kis afrikai faluba, ahol ápolónőként dolgozott egy nemzetközi humanitárius szervezet munkatársaként. Mihály szüleit *váratlanul és kellemetlenül* érte fiuk bejelentése: már megrendelte a repülőjegyet, másnap indul Afrikába. Lemond a cég vezetéséről, eladja a piros sportkocsit, a pénzt átutalja a humanitárius szervezet számlájára. Aggódva kérdezték, hogy miből fog élni, de Mihály azt felelte, hogy *elég talpraesett embernek tartja magát*, nem lesznek ilyen problémái. Hiába tiltakoztak a szülők, nem tudták lebeszélni a tervéről, látták, hogy nem *csak fecseg*. Másnap útnak is indult.

Mikor Afrikában leszállt a repülőgépről, és a vakító nap a szemébe tűzött, biztos volt benne, hogy jól döntött. Ettől a pillanattól fogva *egyáltalán nem* érdekelték az anyagi javak, az afrikai emberek segítésének szentelte életét, angoltanárként dolgozott. Részt vett az AIDS elleni felvilágosító kampányokban, hogy a betegség terjedésének megállításáért ne *reménytelen küzdelmet folytassanak* az ottani orvosok. Blogot írt, melyben igyekezett minél közelebbről megismertetni az európaiakat az afrikai élettel. Noémival egy kis kunyhóban éltek boldogan, 4 gyermekük született. Jól érezte gyermekkorában, hogy csak Afrikában találhatja meg a teljes boldogságot, és nem *elérhetetlen vágy volt* az utazás.

A kiemelt kifejezéseket az alább felsorolt idiómákkal helyettesíthetjük! Melyiket melyikkel?

1. görbe éjszaka ▶ *mulatozással töltött éjszaka*
2. a jég hátán is megél ▶ ...
3. délibábokat kerget ▶ ...
4. a levegőbe beszél ▶ ...
5. azonos hullámhosszon vannak ▶ ...
6. derült égből villámcsapásként ▶ ...
7. szélmalomharcot vív ▶ ...
8. világot lát ▶ ...
9. egy cseppet sem ▶ ...
10. szerencsés csillagzat alatt született ▶ ...

12. (SZEREPJÁTÉK) **Írjanak párbeszédet a szituációkhoz a megadott idiómák felhasználásával, majd játsszák is el!**

B1 szint

Szituáció: Egy fiatal fiú meglátogatja rég nem látott nagynénjét, mert pénzt akar kölcsönkérni tőle.
Felhasználandó idiómák:
mi szél hozott?; rossz színben van; lóg az eső lába; holnap is van nap; a napnál is világosabb; kicsi a világ; csillagokat lát; nem a világ

B2 szint

Szituáció: Diákok beszélgetnek a gimnáziumban arról, hogy a fizikatanár rányitott a mosdóban dohányzókra, és az igazgatóhoz fordult büntetésért.
Felhasználandó idiómák:
derült égből villámcsapás; semmi szín alatt; égnek áll a haja; mióta világ a világ; gáz van!; nem lehet őket egy napon említeni; vminek a fejében; föld alá süllyed szégyenében

C1 szint

Szituáció: Egy pályakezdő fiatal arról panaszkodik idősebb kollégájának, hogy nem kap érdekes feladatokat a munkahelyén, ezért a tengerentúlon akar munkát keresni.
Felhasználandó idiómák:
délibábot kerget; éjnek évadján; rontja a levegőt; felkapja a vizet; bedob vkit a mély vízbe; a jég hátán is megél; a világért sem; egy világ omlott össze vkiben; nincs nyugta vmitől; nyugtával dicsérd a napot!

NEM ÁRULUNK ZSÁKBAMACSKÁT

BAK
bakot lő — make a mistake; miss the mark
nevetséges vagy súlyos hibát követ el — make an amusing or serious mistake

| Bakot lőtt a háziasszony, mikor húst sütött a vegetáriánus vendégeknek.

BÁRÁNY
a család fekete báránya *B1* — the black sheep of the family
a család szégyene, legnépszerűtlenebb tagja — person regarded as a disgrace to the family

| A nagybácsit elfelejtették meghívni a karácsonyi vacsorára. Nem csoda, mindig is ő volt a család fekete báránya.

ártatlan, mint a ma született bárány — (as) innocent as a newborn lamb
teljesen ártatlan, bűntelen, vétlen — completely innocent, guiltless, blameless

| A tolvaj a bíróság előtt azt állította, hogy ártatlan, mint a ma született bárány.

BEGY
a begyében van vkinek vki *C1* — bear sy a grudge
haragszik, neheztel vkire, — hold sg against sy; be angry with sy
elege van vkinek vkiből vkiből

| Klári a begyemben van, megsértett, nem is hívom meg a buliba.

nyomja vkinek a begyét vmi *C1* — sg is getting on sy's nerves; sg is niggling sy
vmi foglalkoztat, nyugtalanít vkit — sg is annoying/bothering sy

| Látom, dühös vagy. Gyere, mondd el, mi nyomja a begyedet!

BOGÁR
bogarat tesz vkinek a fülébe — put a bug in sy's ear
nyugtalanító, elgondolkodtató dolgot közöl — inform sy of sg disturbing or thought-provoking;
vkivel, kíváncsivá tesz vkit — arouse sy's interest in sg

| Tegnap az unokatestvérem bogarat tett a fülembe, mikor a golfról beszélgettünk. Lehet, hogy én is kipróbálom.

BOLHA
bolhából csinál elefántot *B1* — make a mountain out of a molehill
felnagyít, eltúloz vmit — exaggerate sg

| Ne csinálj a bolhából elefántot! Nem hiszem, hogy orvoshoz kellene menned ezzel a kis megfázással.

BORJÚ
bámul, mint borjú az új kapura — stare like a stuck pig
bután, csodálkozva, hosszan néz — gawp in surprise

| Úgy megdöbbent a hallott híreken, hogy meg sem tudott szólalni, csak bámult, mint borjú az új kapura.

CSŐR
vmi böki/bántja/piszkálja vkinek a csőrét *szleng* *C1* — sg is niggling sy
vmi bánt, bosszant, idegesít vkit — sg is irritating/worrying sy

| Irénnek böki a csőrét, hogy a munkatársai őt nem hívták el kávézni.

DARÁZSFÉSZEK
darázsfészekbe nyúl — stir up a hornet's nest
kínos, veszélyes ügybe avatkozik, kényes témát feszeget — interfere in a dangerous affair; pry into a delicate subject

| A magánnyomozó darázsfészekbe nyúlt, mikor a sikkasztásról kezdett kérdezősködni.

DISZNÓ
disznók elé szórja a(z igaz)gyöngyöt — cast pearls before swine
érdemtelenekre pazarol szellemi értékeket — waste sg of value on the undeserving

| Senki nem tapsolt a film bemutatóján. A rendező úgy érezte, hogy disznók elé szórta a gyöngyöt.

EB
ebek harmincadjára jut *C1* — go to the dogs; go to pot
rossz bánásmód miatt tönkremegy, elpusztul vagy elvész — be ruined by bad treatment; be destroyed

| Húsz évvel ezelőtt iskola működött itt, de miután máshová költözött, az épület ebek harmincadjára jutott.

köti az ebet a karóhoz *C1* — stick to one's guns
makacsul ragaszkodik az álláspontjához, szándékához — stubbornly stick to one's opinion or intention

| Mindenki tudta, hogy Péternek nincs igaza, ő mégis kötötte az ebet a karóhoz.

EGÉR
itatja az egereket — turn on the waterworks
sír, sírdogál — cry or cry softly

| Kislányom, ne itasd az egereket, meg fogjuk varrni a játék babád ruháját!

szegény, mint templom egere *B1* — as poor as a church mouse
nagyon szegény — very poor

ELEFÁNT
elefánt a porcelánboltban — (like) a bull in a china shop
tapintatlan — tactless

| A bátyám nem válogatja meg a szavait, mikor elmondja a véleményét. Elefánt a porcelán boltban.

FARKAS
éhes, mint egy farkas *B1* — be as hungry as a wolf
nagyon éhes — be very hungry

| Mikor lesz végre kész ebéd? Éhes vagyok, mint egy farkas.

FARKASSZEM
farkasszemet néz vkivel/vmivel *B1* — look sy steadily in the eye; face sg bravely
a) pislogás nélkül, mereven néz vkire/vmire — stare at sy/sg without blinking
b) elszántan szembenéz vmivel, nem hátrál meg — face sg courageously; not back out of sg

| A két csapat farkasszemet nézett egymással.
| A harcos bátran nézett farkasszemet a veszéllyel.

GALAMB

várja, hogy a sült galamb a szájába repüljön expect everything to fall into one's lap; expect to have everything handed to one on a plate
tétlenül várja a jó szerencsét wait passively for good luck to come

| Soha nem lesz sikered, ha munka helyett csak várod, hogy a sült galamb a szádba repüljön.

GÚZS

gúzsba köt vkit C1 bind sy hand and foot
megakadályoz vkit vmiben, megfoszt vkit cselekvési, szellemi szabadságától prevent sy from doing sg; take away sy's freedom of action or intellect

| A bürokratikus szabályok gúzsba kötik a tervezőket. Hogy legyenek így kreatívak?

HÁM

kirúg a hámból C1 go on a spree; paint the town red
nagyot mulat, szórakozik go out celebrating or enjoying oneself

| Egész hónapban napi 10-12 órát dolgoztunk, ma lazítunk. Elmegyünk egy jó kis romkocsmába, és kirúgunk a hámból.

IRHA

menti az irháját C1 run for dear life; save one's skin
menekül, menti az életét escape; save one's life

| A háborús bűnös egy faluban bujkált. Amikor egy szomszéd felismerte, megpróbálta menteni az irháját.

KÍGYÓ

kígyót-békát kiált vkire call sy all kinds of names
rossz hírét kelti vkinek give sy a bad name

| A volt főnökünk, miután felmondtak neki, kígyót-békát kiáltott az igazgatónkra.

kígyót melenget a kebelén nourish a viper in one's bosom
csalódik be disappointed

| A barátnőm kígyót melengetett a mellén: mindenét megosztotta a társával, aki egy napon váratlanul elhagyta.

KROKODILKÖNNY

krokodilkönnyeket hullat cry crocodile tears
sír, zokog cry or sob

| Egy eltörött játék miatt ne hullass krokodilkönnyeket! Megragasztjuk mindjárt!

KUTYA

a mi kutyánk kölyke one of us
közülünk való one of us

| Pétert is kínáljuk meg ezzel a finom pálinkával, ő is a mi kutyánk kölyke!

egyik kutya, másik eb six of one and half a dozen of the other
nincs köztük különbség, egyformák, egyik sem jobb a másiknál no difference between them; they are equal

| A helyedben egyikükben sem bíznék meg. Egyik kutya, másik eb.

itt van a kutya elásva/eltemetve that's the trouble/snag!
ez a baj/probléma oka, itt a lényeg that's just it!

| – Miért nem jött el Imre is?
– Azt mondta, hogy dolgoznia kell, de még aludt, mikor elindultunk.
– Szerintem itt van a kutya eltemetve! Egyszerűen nem akart felkelni.

vkinek kutya baja B1
nincs semmi baja

as fit as a fiddle; hale and hearty
perfectly fit

| Tegnap még lázas voltam, a torkom is fájt, de ma már kutya bajom.

kutyába se vesz
figyelmen kívül hagy vkit/vmit

not care two hoots
ignore sy/sg

| Az új kolléga kutyába se veszi a régieket, úgy viselkedik, mintha mindent tudna már.

vkinek kutya kötelessége
mindenképp meg kell tennie, nem várhatja,
hogy más csinálja meg

sy simply must do sg; sy's bounden duty
sg must be done at all costs; can't be left to
someone else

| Az autósoknak kutya kötelességük megállni a zebra előtt.

KUTYASZORÍTÓ
kutyaszorítóba kerül
kellemetlen vagy veszélyes helyzetbe,
kényszerhelyzetbe kerül

be in dire straits; be in a fix
to be in a dangerous or difficult situation

| Veszélyes a városban biciklizni, tegnap is kutyaszorítóba kerültem, mikor meg akartam előzni egy trolit, és szembejött egy másik.

LÉGY
a légynek sem tudna ártani
jó szándékú, teljesen ártalmatlan, szelíd

he wouldn't hurt a fly
well-intentioned; completely innocent; gentle

| Laci biztosan nem vett részt a verekedésben, ő a légynek sem tudna ártani.

két legyet üt egy csapásra
egy cselekedettel kettős célt ér el,
két dolgot intéz el egyszerre

kill two birds with one stone
accomplish two things with one action;
do two things at once

| Két legyet ütöttem egy csapásra, mert ezzel a mobillal nemcsak telefonálni, hanem fényképezni is lehet.

tudja, mitől döglik a légy *szleng*
nem kell félteni, tudja, hogy érhet el vmit,
elég ravasz

knows the score; knows what's what
no need to worry about him; he knows the situation;
he's shrewd enough

| Ez a fazon tudja, mitől döglik a légy. Az ötödik felesége harminc évvel fiatalabb nála.

LIBA
buta liba B1
ostoba nő

silly goose
silly, stupid woman

| Juci egy buta liba, ha még ezt sem értette meg!

LÓ
átesik a ló túlsó/másik oldalára B1
az ellenkező végletbe esik

go to the other extreme
go to the opposite extreme

| Évekig csak ült a tévé előtt, és chipset evett. Most átesett a ló másik oldalára: naponta öt-hat órát tölt a fitneszteremben, és csak gyümölcsöt meg zöldséget fogyaszt.

lóvá tesz vkit
becsap, megtréfál vkit

make a fool of sy
swindle, dupe

| A bankrabló lóvá tette a rendőröket, és szőke parókában, női ruhában elmenekült a helyszínről.

lovat ad vki alá B1
vmilyen cselekedetre biztat, bátorít vkit

egg sy on (to do sg)
encourage sy to do sg

| Ne add alá a lovat, így is elég szemtelen!

magas lóról beszél (vkivel)   B1
fölényesen, lenézően beszél, viselkedik
ride the high horse; get on one's high horse
talk or behave in a haughty, contemptuous manner

| Az új igazgatónkban a legkellemetlenebb, hogy mindenkivel magas lóról beszél.

rossz lóra tesz
rosszul számít vagy dönt, rosszul választ
back the wrong horse
make the wrong decision or choice

| Rossz lóra tett a mobilgyártó cég, amikor az online értékesítés mellett döntött.

LÓLÁB
kilóg a lóláb
megmutatkozik a rejtett, valódi (rossz) szándék
the cloven hoof is showing
the hidden, real (bad) intention is revealed

| Azt állította, hogy segíteni akar nekünk, de kilógott a lóláb, tudtam, hogy csak a pénz érdekli.

MACSKA
kerülget vmit, mint macska a forró kását
nem mer nyíltan megmondani, megtenni vmit, mellébeszél
beat around the bush
evade the issue; talk about sg in a roundabout way

| A férj nem merte megmondani a feleségének, hogy összetörte az autót. Kerülgette a témát, mint macska a forró kását.

nem árul zsákbamacskát
világosan, nyíltan beszél, nem titkolja a szándékát
he doesn't sell a pig in a poke
speak openly; not concealing the intention

| A rendező nem árult zsákbamacskát. Már az első nap bejelentette, hogy aki elkésik a forgatásról, azt rögtön kirúgja.

MADÁR
madarat lehetne fogatni vkivel
nagyon örül, jókedvű
be happy as a lark; be on cloud nine
be very happy; be in a good mood

| Madarat lehetett volna fogatni vele, mikor megtudta, hogy felvették az egyetemre.

madárnak néz vkit
bolondnak/hülyének néz vkit
take sy for a sucker
take sy for a fool

| Ne nézz madárnak! Nem fogok helyetted mosogatni!

MAJOM
majmot csinál magából
nevetségessé teszi magát
make an idiot of oneself
make an exhibition of oneself

| A főnökünk majmot csinált magából, amikor az értekezleten táncolni kezdett.

MEDVE
előre iszik a medve bőrére v.
ne igyál előre a medve bőrére!   B1
még el nem ért eredménynek, sikernek örül
don't count your chickens before they are hatched!
don't take as certain sg that is not yet certain

| A csapat nem ivott előre a medve bőrére, csak az utolsó meccs után ünnepeltek.
| Még nem biztos, hogy sikerült. Ne igyál előre a medve bőrére!

lássuk a medvét!
lássuk a lényeget!, térjünk a lényegre!
let's get down to business; let's get down to brass tacks
get down to essentials; concentrate on the matter in hand

| Elég volt a bevezetésből, most már lássuk a medvét!

MÉREGFOG
kihúzza vminek a méregfogát — take the sting out of sg
veszélytelenné tesz vmit — make sg safe

| Kihúztam a dolog méregfogát azzal, hogy enyhítettem a cikk néhány kifejezésén, és kihagytam az utolsó mondatot.

MÓKUSKERÉK
benne van a mókuskerékben — the daily grind
nem tud kitörni a hétköznapi robotolásból, — can't get out of the boring daily routine
a mindennapi egyhangúságból

| Mindennap reggeltől este 10-ig dolgozik, folyamatosan benne van a mókuskerékben.

NYEREG
nyeregben érzi magát — be (firmly) in the saddle
fölényben, biztonságban érzi magát, úgy érzi, — feel self-confident; feel the aim has been achieved
elérte a célját

| A teniszező a második játszma megnyerése után nyeregben érezte magát.

NYÚL
kiugrasztja a nyulat a bokorból — make sy show his hand
ravaszul rávesz vkit, hogy elmondjon egy titkot — use cunning to get sy to disclose a secret

| A rendőrök biztosak voltak benne, hogy ő lopta el a biciklit, de nem tudták rábizonyítani. Ezért kihallgatás közben megpróbálták kiugrasztani a nyulat a bokorból.

NYÚLCIPŐ
felveszi/felhúzza a nyúlcipőt — take to one's heels; show a clean pair of heels
futni kezd; (gyáván) elmenekül — start running; escape (out of cowardice)

| A nyuszi felvette a nyúlcipőt, amikor a rókával találkozott az erdőben.
| Felvettem a nyúlcipőt, mikor megláttam közeledni a bőbeszédű szomszédasszonyt.

NYŰG
nyűg vkinek a nyakán *C1* — be a drag on sy; a stone around sy's neck
nyomasztó teher vki számára — a burden on sy

| A vendég már nyűg volt az egész család nyakán. Harmadik hete lakott nálunk, ráadásul mindennap főzni kellett neki.

OROSZLÁN
bemegy az oroszlán barlangjába — go into the lion's den
keresi a veszélyt, a kockázatot — look for danger or risk

| Az apám nagyon mérgesnek látszik. Nem most kérek tőle pénzt kölcsön, nem megyek be az oroszlán barlangjába.

POFA
pofá(ka)t vág (vmihez) *biz.* — make faces; pull a face
nemtetszését arckifejezésével mutatja ki — show dislike or disapproval with a facial expression

| A pincérnő pofákat vágott, mikor csapvizet kértem. Ebbe az étterembe biztosan nem jövök többet.

pofára esik *biz.* — fall flat on one's face
rosszul jár, csalódik — come off badly; suffer disappointment

| Zsófi elhagyta a barátját az új szerelméért, aztán elég hamar pofára esett: kiderült, hogy a pasi nős.

van pofája vkinek vmihez *biz.* have the cheek to do sg
nem szégyell kimondani, megtenni vmit not ashamed to do or say sg

| A vízszerelőnek volt pofája azt hazudni, hogy nem lehet megjavítani a csapot.

RÓKA
öreg róka be an old hand (at sg)
tapasztalt ember experienced person

| A munkatársam igazi öreg róka, 30 éve korrektor.

SZARV
letöri vkinek a szarvát take sy down a peg or two
elveszi vkinek az önbizalmát take away sy's self-confidence or self-esteem

| Zoli lelkesen mutatta a cikkét, de hamar letörték a szarvát. Sok hiba maradt benne.

SZÁRNY
a szárnyai alá vesz vkit take sy under one's wing
védelmez, pártfogol vkit, gondját viseli vkinek take care of sy in order to protect them

| A híres futballista szárnyai alá vette a tizenkét éves fiút, akit nagyon tehetségesnek talált.

szárnyait próbálgatja/bontogatja *C1* try out one's wings
első (művészi, tudományos) kísérleteit teszi, take the first steps (in artistic or academic life);
elindul a pályáján start out on a career

| Az ismert újságíró új területen próbálgatja szárnyait: krimit ír.

szárnyra kap/kel (a hír) (the news) spread like wildfire
(hír) terjedni kezd the news spread fast

| Mikor szárnyra kelt a hír, hogy felemelik a benzin árát, az autósok sorban álltak a benzinkutaknál.

TOJÁS
úgy bánik vkivel/vmivel, mint a hímes tojással handle sy/sg with kid gloves
gyengéden, óvatosan bánik vkivel/vmivel treat sy/sg gently or carefully

| Ez a porcelán még a nagymamámé volt. Úgy bánj vele, mint a hímes tojással!

úgy hasonlítanak egymásra, they are like two peas in a pod
mint két tojás *B1*
nem lehet őket megkülönböztetni, you can't tell the difference between them;
szinte egyformák they are almost identical

| Péter és az öccse úgy hasonlítanak egymásra, mint két tojás, pedig nem ikrek.

TOLL
idegen tollakkal ékeskedik ride on sy's coat tails
más munkáját a sajátjának tünteti fel, make sy else's work out to be one's own; present sy
más dicsőségét a sajátjának mutatja else's glory as one's own

| Ha más szerzőtől idézel a dolgozatodban, azt jelezni kell, nem szabad idegen tollakkal ékeskedni.

TYÚK
a tyúkokkal kel/fekszik rise with the lark / go to bed with the sun
korán kel fel / fekszik le get up / go to bed early

| A mezőgazdaságban dolgozók közül sokan a tyúkokkal kelnek s fekszenek.

Feladatok

1. Mikor mondhatjuk? Állítsa párba a mondatokat és a szituációkat! *B1*

1. Köszi, kutya bajom!
2. Ne igyunk előre a medve bőrére!
3. Bolhából csinált elefántot.
4. Rossz lóra tett.
5. Ne beszélj magas lóról!
6. Éhes voltam, mint egy farkas.

a) A kollégám abba a pártba lépett be, amelyik vesztett a választáson.
b) A barátom megkérdezi, fáj-e még a fejem.
c) Az ismerősöm úgy beszél velem, mintha a főnököm lenne.
d) A barátnőm azt gondolja, biztos ő kapja meg az állást, ezért pezsgővel akar koccintani.
e) Anyukám megkérdezi, miért ettem meg az összes palacsintát.
f) A barátnőm sírt, mert elvesztette a napszemüvegét.

1.	2.	3.	4.	5.	6.
b					

2. Mikor mondhatjuk? Állítsa párba a mondatokat és a szituációkat!

1. Megpróbálom kiugrasztani a nyulat a bokorból.
2. Kérlek, vedd a szárnyaid alá!
3. Húzzuk fel a nyúlcipőt!
4. Itt van a kutya elásva!
5. Ne várd, hogy a sült galamb a szájadba repüljön!
6. Ártatlan vagyok, mint a ma született bárány!
7. Ne kerülgesd, mint macska a forró kását!
8. Lássuk a medvét!

a) El akarom magyarázni valakinek, hogy nem én vagyok a hibás.
b) Rájöttem, hogy az ismerősöm azért akar feleségül venni egy nála idősebb nőt, mert az nagyon gazdag.
c) Meglátunk egy kellemetlen ismerőst, akivel nem szeretnénk találkozni.
d) Biztatom a barátomat, hogy adja be a pályázatát a külföldi állásra
e) Megérkezett az unokahúgom vidékről. Bemutatom a kollégámnak, és megkérem, hogy segítsen neki egy kicsit.
f) Megígérem a kollégámnak, hogy megpróbálom megtudni a főnökünktől, kapunk-e fizetésemelést.
g) Látom, hogy a barátom mondani akar nekem valamit.
h) Apám azt ígérte, megmutatja a legújabb bélyegét, de már 10 perce csak arról mesél, hogyan szerezte meg.

1.	2.	3.	4.	5.	6.	7.	8.
f							

3. Mit jelent? Válassza ki a helyes jelentést!

1. *Kerülget vmit, mint macska a forró kását*
   a) nem mer megmondani vmit
   b) fél vmitől
   c) körül sétál

2. *Kilóg a lóláb*
   a) vkinek kilátszik a lába a cipőből
   b) vki megmutatja az erejét
   c) látszik az igazi szándék

3. *Köti az ebet a karóhoz*
   a) makacs
   b) ő akar irányítani
   c) magához akar láncolni vkit

4. *Nyeregben érzi magát*
   a) kényelmetlenül érzi magát egy helyzetben
   b) nagyon szeret lovagolni
   c) fölényben érzi magát

5. *Madarat lehetne fogatni vkivel*
   a) jókedvű
   b) ideges
   c) sovány

5. *Tyúkokkal fekszik*
   a) későn fekszik le
   b) korán fekszik le
   c) délután alszik egyet

4. Melyik szóval alkothatunk szólást? Válassza ki a helyeset!

1. Más-más napra beszéltem meg találkozót a két ellenséges féllel. Úgy érzem, ezzel kihúztam a dolog ...*méregfogát*... .
   a) *kígyófogát* b) *méregfogát* c) *csontfogát*
2. Nagyon szeretném megtudni, hogy a barátnőm tényleg férjhez megy-e jövő nyáron. Ma elmegyünk kávézni, és én megpróbálom kiugrasztani a .... a bokorból.
   a) *nyulat* b) *madarat* c) *bogarat*
3. Nehéz helyzetben vagyok, ... kerültem.
   a) *mókusszorítóba* b) *macskaszorítóba* c) *kutyaszorítóba*
4. Mikor meglátta a világ egyik legmagasabb felhőkarcolóját, csak bámult, mint .... az új kapura.
   a) *tehén* b) *bika* c) *borjú*
5. Mi a baj, Petike? Miért itatod a(z) .... ?
   a) *madarakat* b) *egereket* c) *galambokat*

5. Kapcsolódhatnak így a mondatok? Az első mondat jelentése alapján helyes-e a második mondat állítása? Igen (✓) vagy nem (✗)?

1. Péter lóvá tette a társait. Most haragszanak rá, mert becsapta őket. ✓
2. Szárnyra kapott a hír, hogy a trónörökös megnősül. Még senki nem tud róla. ☐
3. Már régóta a begyemben van ez a pénztárosnő. Inkább nem nála fizetek a boltban. ☐
4. Sikerült kiugrasztani a nyulat a bokorból. A vádlott bevallotta a lopást. ☐
5. Krisztával madarat lehetne fogatni. Nagyon szomorú szegény, de nem tudom, miért. ☐
6. Géza és a testvére úgy hasonlítanak egymásra, mint két tojás. Tegnap a szomszéd összetévesztette őket. ☐
7. Mikor kiderült, hogy neki volt igaza, az új főnök nyeregben érezte magát. Alig mert megszólalni az értekezleten. ☐
8. Mihály pofákat vágott, mikor megtudta, hogy ő lesz az ügyeletes. Nagyon szeret ügyelni. ☐

6. Melyik szó hiányzik? Egészítse ki az idiómákat a megfelelő kulcsszóval!

| ló | darázs- | disznó | eb | madár | bolha | kutya- | ~~farkas-~~ |

1. ....*farkas*....szemet néz vkivel
2. ....t lehetne fogatni vele
3. ....szorítóba kerül
4. ....ból elefántot csinál
5. rossz ....ra tesz
6. köti az ....t a karóhoz
7. ....k elé szórja a gyöngyöt
8. ....fészekbe nyúl

7. Melyik szó hiányzik? Egészítse ki a szólásokat a hiányzó igékkel!

1. pofákat *vág*
2. bogarat .... a fülébe
3. farkasszemet ....
4. kutyaszorítóba ....
5. két legyet .... egy csapásra
6. darázsfészekbe ....
7. .... a hámból
8. .... a ló másik oldalára

kirúg   kerül
    nyúl
~~vág~~   néz
    üt
átesik   tesz

8. Milyen toldalék hiányzik? Egészítse ki a szólásokat a hiányzó toldalékokkal, majd keresse meg a jelentésüket! B1

| -ra/-re (2×) | -ban/-ben (4×) | -ról/-ről | -n/-on/-en/-ön | -ból/-ből (2×) | -vá/-vé |

1. bolha.*ból*... elefántot csinál   [e]   a) fölényben van
2. vkinek a begye......... van   [ ]   b) mulatozik, sokat iszik
3. magas ló......... beszél   [ ]   c) nehéz feladat nehezedik rá
4. benne van a mókuskerék.........   [ ]   d) nem tud kiszállni a mindennapos rutinból
5. szárny......... kap   [ ]   ~~e)~~ eltúloz egy kis problémát
6. nyűg vkinek a nyaka.........   [ ]   f) nagyképűen, lenézően beszél
7. nyereg......... érzi magát   [ ]   g) idegesít, bosszant vkit
8. kirúg a hám.........   [ ]   h) elterjed (hír)
9. ebek harmincadja......... kerül   [ ]   i) tönkremegy, senki nem törődik vele
10. ló......... tesz vkit   [ ]   j) becsap vkit

9. Hogyan mondhatjuk? Fejezze ki a jelentéseket szólással a megadott a kulcsszó felhasználásával! C1

1. bánt, bosszant vmi vkit   ▶ *vki/vmi piszkálja a csőrét* .... (csőr)
2. nem szégyell vmit megtenni   ▶ .... (pofa)
3. gyorsan   ▶ .... (ló)
4. itt a megoldás   ▶ .... (kutya)
5. butàn, hosszan néz   ▶ .... (borjú)
6. kíváncsivá tesz vkit   ▶ .... (bogár)

7. elmenekül ▶ .... *(nyúl)*

8. nem tud kitörni a hétköznapi robotból ▶ .... *(mókus)*

9. nagyon jókedvű ▶ .... *(madár)*

10. feltétlenül neki kell megtennie ▶ .... *(kutya)*

10. **Folytassa szólással! Használjon idiómát a megadott kulcsszó felhasználásával!**

1. Nagyon haragszom rá. *(begy)*
   ▶ *A begyemben van.*

2. Én nem tehetek semmiről, teljesen bűntelen vagyok. *(bárány)*
   ▶ ....

3. Ne túlozd el a dolgokat! *(bolha)*
   ▶ ....

4. Azt hiszem, most az ellenkezőjét mondod annak, amit eddig mondtál. *(ló)*
   ▶ ....

5. Elmentem a bankba elintézni a banki ügyeimet, és a mellette lévő boltban sikerült bevásárolnom. *(légy)*
   ▶ ....

6. Látom, hogy a fiam valamit el akar mondani, de nem meri. *(macska)*
   ▶ ....

11. **SZÖVEGÉRTÉS** **Olvassa el az alábbi szöveget a világhírű magyar származású fotós, Robert Capa életéről!**

Robert Capa, a világhírű haditudósító élete leginkább egy több ezer darabból álló mozaikhoz hasonlítható. Ha ezeket a darabkákat egymás mellé illesztjük, egy életművész portréja rajzolódik ki: állandóan szomjazta ugyanis a kalandot, imádta a szerencsejátékot, és hivatásán, a háborús fotózáson kívül – legalábbis látszólag – semmit sem vett komolyan.

Robert Capa, eredeti nevén Friedmann Endre Ernő 1913. október 22-én született Budapesten, egy középosztálybeli zsidó családban. Szülei divatszalont vezettek, Capa így Pest belvárosában töltötte fiatal éveit, itt is járt iskolába. Annak ellenére, hogy családja és barátai vásott kisfiúnak ismerték, és megannyi csínytevésben részt vett, Capa érzékenységgel viseltetett környezete iránt, így már akkor sokan kedvelték. Nagylelkű, vidám ember volt, aki mindig szívesen segített barátainak, és *gyakran vette szárnyai alá a fiatal tehetségeket.*

Érzékenységének, fogékonyságának azonban árnyoldalaival is meg kellett birkóznia, hiszen nem mindig tudott igazán bátran viselkedni. Amikor 1929-ben a gazdasági válság hatására az utcai tüntetések száma megnövekedett Budapesten, a baloldal pártfogójaként ő is rendszeresen részt vett rajtuk. Az egyik ilyen felvonulás alkalmával például felmászott egy lámpaoszlopra, hogy onnan buzdítsa verekedő társait, ha már nagy volt a veszély, akkor pedig *felhúzta a nyúlcipőt.* Képes volt azonban szorult helyzetét pár kedves szóval egyik pillanatról a másikra pozitívvá alakítani, s olyan természetességgel és őszinte könnyedséggel kezelte saját hibáit, hogy ismerősei sokszor azon nyomban megbocsátottak neki. *Nem árult zsákbamacskát* olyannak vállalta magát, amilyen volt. Imádták a nők, és ő is rajongott a gyengébbik nemért. Élvezte az életet, gyakran *kirúgott a hámból.*

Egyik leghíresebb jelmondata: "ha a képeid nem elég jók, nem voltál elég közel", híven tükrözi azt a viszonyulást, amelyet szinte tökéletességre fejlesztett. Capa soha *nem várta, hogy a sült galamb a szájába repüljön.* Ahhoz, hogy a felvételei jól sikerüljenek, nemcsak fizikailag, hanem érzelmileg is közelednie kellett az emberekhez, saját magának is át kellett élnie sorsukat.

1. A szövegben kiemelt idiómák helyettesíthetők az alábbi szavakkal, kifejezésekkel. Melyik melyikkel?

1. mindig tevékeny volt ▶ *Nem várta, hogy a sült galamb a szájába repüljön.*
2. elmenekült ▶ ....
3. támogatta a fiatalabbakat ▶ ....
4. nyíltan beszélt a hibáiról is ▶ ....
5. mulatott, lerészegedett ▶ ....

2. Mit jelent? Keresse meg a szavak jelentését vagy rokon értelmű kifejezését!

1. vásott   a) ösztönöz
2. illeszt   b) szlogen
3. buzdít   c) szófogadatlan, pajkos
4. csínytevés   d) sok
5. jelmondat   e) szeret
6. kedvel   f) tréfa, rosszaság
7. megannyi   g) hozzáigazít, csatlakoztat

3. Jól értette? Döntse el az alábbi állításokról, hogy igazak (✓) vagy hamisak (x)!

1. Robert Capa változatos életet élt. [x]
2. Capa portréfotókat készített egész életében.
3. A kis Endre szófogadó, eminens gyerek volt.
4. Szívesen tanította, pártfogolta a nála fiatalabb, tapasztalatlanabb művészpalántákat.
5. Életének voltak árnyoldalai.
6. Az 1920-as évek közepén elhagyta Magyarországot, és többé nem tért vissza hazájába.
7. Szeretett mulatozni.
8. Csak olyan embereket fotózott, akiket közelről ismert.

12. (SZEREPJÁTÉK) Írjanak párbeszédet a megadott idiómák felhasználásával, majd játsszák is el!

B1 szint

Szituáció: Egy vásárló visszaviszi a boltba az előző nap vásárolt mobiltelefont, mert nem lehet vele fényképezni.
Felhasználandó idiómák:
bolhából csinál elefántot; magas lóról beszél; előre iszik a medve bőrére

B2 szint

Szituáció: Két barátnő beszélget egy harmadikról, akit nagyon pletykásnak tartanak.
Felhasználandó idiómák:
bogarat tesz a fülébe vkinek; nem árul zsákbamacskát; két legyet üt egy csapásra; szárnyra kap; itt van a kutya elásva

C1 szint

Szituáció: Két szomszédasszony beszélget. Az egyik a felnőtt fiáról panaszkodik a másiknak.
Felhasználandó idiómák:
a begyemben van vki; kirúg a hámból; van pofája; kilóg a lóláb; nyűg vkinek a nyakában; úgy bánik vkivel, mint a hímes tojással

KEMÉNY DIÓ

ÁG
az ág is húzza it never rains but it pours
több gondja is van, minden rosszul alakul have many problems; everything turns out badly in
az életében one's life

| Szegény Ildit még az ág is húzza, elvesztette az állását, kirabolták és még a kocsija is tönkrement.

hét ágra süt a nap *C1* a bright, sunny day
nagyon erősen süt a nap it's very sunny

| Ma strandra megyünk, olyan jó idő van, hét ágra süt a nap.

zöld ágra vergődik (vmivel) *C1* sort sg out; cope with sg
megold vmit, boldogul vmivel solve sg; manage to get sg done

| Nem tudtunk zöld ágra vergődni a feladattal, meg kellett kérdeznünk a tanárt.

ALMA
az alma nem esik messze a fájától like father, like son
a gyerek hasonlít a szüleire the child takes after his parent

| Péter is építész lesz, akár az apja és a nagyapja. Hiába, az alma nem esik messze a fájától.

BAB
nem babra megy a játék there is a great deal at stake
fontos dologról van szó, nagy tétje van vminek sg is important; a lot depends on sg

| Nem babra megy a játék. A holnapi meccsen dől el, hogy továbbjutunk-e.

BABÉR
learatja a babérokat reap the rewards
övé lesz a siker the success will be his

| Mindannyian részt vettünk a munkában, mégis Tibor aratta le a babérokat.

nem terem babér vkinek *v.* **vki számára** he hasn't got much going for him
nem számíthat sikerre not very likely to succeed

| Annak itt nem terem babér, aki nem beszél legalább két idegen nyelven.

ül/pihen a babérjain rest on one's laurels
régi sikereiből él, most nem dolgozik live off the fruit of past successes; now work

| Szent-Györgyi Albert tevékeny ember volt, mindig új célok vezették, soha nem pihent a babérjain.

BANÁNHÉJ
elcsúszik egy banánhéjon slip on a banana skin
jelentéktelen, apró hiba miatt kudarcot vall, sy fails because of an insignificant or tiny mistake
egy semmiségen bukik meg

| Akármilyen folyékonyan hazudik is valaki, általában elcsúszik egy banánhéjon.

BEFŐTT

elvan, mint a befőtt *biz.* — veg out; be okay
a) tétlen, nincsenek ambíciói — inactive; (lying) idle; not in action
b) jól érzi magát — have a great time

| A fiam hétvégén semmit sem csinált, elvolt, mint a befőtt.
| Evett, ivott, aludt, elvolt, mint a befőtt.

BOKOR

nem terem minden bokorban — it does not grow on every bush
ritka, különleges — rare; exceptional

| Tehetséges és egyben szorgalmas zongorista nem terem minden bokorban.

szid vkit, mint a bokrot — haul sy over the coals
nagyon megszid vkit — scold; reprimand

| Nem szeretem, ha valaki szidja a gyerekét, mint a bokrot.

BORS

borsot tör vkinek az orra alá — get under someone's skin
bosszant vkit, kellemetlenkedik vkinek — bother or irritate sy

| A gyerekek nem voltak rosszak, de szerettek borsot törni a tanárnő orra alá.

BORSÓ

falra hányt borsó — it's like talking to a brick wall
feleslegesen, hiába mond vmit — it's wasted breath

| Az abszurd irodalomról beszéltem, de a diákok nem ismerték Beckettet sem. Falra hányt borsó volt minden szavam.

CITROM

citromba harapott — make a sour face
kedvetlen, szomorú az arca — have a dejected or sad facial expression

| Szia, Kinga! Mi a baj? Miért vágsz olyan képet, mint aki citromba harapott?

DIÓ

kemény dió *B1* — hard nut to crack
nehéz kérdés, nehezen megoldható feladat — difficult question; difficult to solve

| A tegnapi matekpélda igazán kemény dió volt. Nem is sikerült megoldanom.

DIÓHÉJ

dióhéjban elmond vmit — in a nutshell; in short
röviden, tömören összefoglal vmit — sum up sg briefly; concisely

| Akkor most dióhéjban elmondom, mit kell tudni a holnapi kirándulásról. Részletesebb információkért olvassátok el a tájékoztatót!

FA

fából vaskarika — squaring the circle
lehetetlen, elképzelhetetlen, a logikának ellentmondó — impossible, illogical

| Ebben a helyzetben a semlegesség fából vaskarika, mindenképp állást kell foglalni.

fát lehet vágni a hátán — have the patience of a saint
nagyon türelmes, mindent elvisel — be very patient; endure everything

| Laci nagybátyám soha nem veszíti el a türelmét, fát lehet vágni a hátán.

kemény fából faragták | be made of strong stuff
sokat kibír | can endure a lot

| Nem kell félteni Zoltánt, kemény fából faragták, ki fogja bírni a nomád tábort.

(saját) maga alatt vágja a fát | cut the ground from under one's feet
önmagának okoz bajt, a vesztébe rohan | cause oneself trouble; be heading for disaster

| Maga alatt vágja a fát, aki nem mond igazat.

mi fán terem (ez)? | what on earth is that?
mi (lehet) ez? | what is? what this might be?

| Sokan nem tudják még, mi fán terem a rucola, pedig egyre több helyen lehet kapni ezt a finom saláta-félét.

nagy fába vágja a fejszéjét | set oneself a hard task
nehéz vállalkozásba fog | take on sg difficult

| Nagy fába vágta a fejszéjét a két hegymászó. Úgy döntöttek, hogy megmásszák a világ legmagasabb csúcsát.

nem látja a fától az erdőt | he can't see the wood for the trees
elvész a részletekben, nem látja a lényeget | get lost in the details; not recognize the main issues

| Nem látja a fától az erdőt, aki csak az apró részproblémákkal foglalkozik, nem az egész koncepcióval.

rossz fát tesz a tűzre *B1* | get into hot water
rosszalkodik (főleg gyerek) | get into trouble (mainly refers to children)

| Peti, nem kapsz csokoládét, ha megint rossz fát teszel a tűzre!

FŰ
fű alatt | stealthily; on the sly
titokban, rejtve | in secret; in an underhand way

| Fű alatt kötötték meg a szerződést, senki nem tudott róla.

fűnek-fának elmond vmit | tell sg to all and sundry
mindenkinek elmond vmit, közlékeny | tell sg to everyone; talkative

| Anikó örömében fűnek-fának elmondta, hogy barátja megkérte a kezét.

fűt-fát ígér vkinek | promise sy the world
mindent (még teljesíthetetlen dolgokat is) megígér vkinek | promise sy everything (even the impossible)

| Imre fűt-fát ígért a feleségének, hogy a nő megbocsássa a félrelépését.

GESZTENYE
másnak kaparja ki a gesztenyét | pull sy's chestnuts out of the fire
akaratlanul mást juttat előnyhöz, elvégzi a munkát vki helyett | unwittingly help sy; do sy's work instead of them

| Géza éjjel-nappal dolgozott, mégis a főnöke kapta a kitüntetést. Úgy érzi, hogy másnak kaparta ki a gesztenyét.

GOMBA
gomba módra szaporodik | spring up like mushrooms
gyorsan terjed vmi | come into general use

| Magyarországon is divatba jöttek a dél-amerikai táncok. Gomba módra szaporodnak a salsa-klubok.

GYÖKÉR

gyökeret ereszt vhol *C1* — put down roots
a) (vki) letelepszik vhol — (sy) settles somewhere
b) (vmi) elterjed — (sg) spreads

| A forradalom után sokan hagyták el az országot, de nem mindenki tudott gyökeret ereszteni külföldön.
| A magyar kultúrában soha nem tudott igazán gyökeret ereszteni az avantgárd.

gyökeret ver vkinek a lába *C1* — stop dead in one's tracks; be rooted to the ground
meglepetéstől, rémülettől mozdulatlanul áll — stand motionless in surprise or fear

| Amikor kecskemama a rétre ért, a fűben horkoló farkas láttán gyökeret vert a lába.

GYÜMÖLCS

meghozza (a) gyümölcsét — bear/yield fruit
hasznot hajt, eredményt hoz — be useful; bring results

| A sok erőfeszítés végre meghozta a gyümölcsét: a csapat megnyerte a bajnokságot.

IBOLYA

alulról szagolja az ibolyát — be pushing (up) daisies
halott — dead

| Szegény öreg barátom, már nem osztogathatja a tanácsait. Egy éve alulról szagolja az ibolyát.

MAG

kemény mag — hard core
középpont, központi csoport — central point; central group

| Éjfél után már csak a kemény mag maradt a buliban.

OLAJ

olajat önt a tűzre v. **olaj a tűzre** — add oil to the flames/fire
fokozza a feszültséget — increase tensions

| Megjegyzéseivel nem segítette a probléma megoldását, sőt, csak olajat öntött a tűzre.

olajra lép — skedaddle
meglóg, elmenekül — hop it; escape

| Amikor megszólalt a riasztó, a betörő olajra lépett.

SZALMASZÁL

az utolsó szalmaszál — the last resort
az utolsó remény, lehetőség — the last hope or opportunity

| Nagyon köszönöm, hogy kölcsönadtad a pénzt. Ez volt számomra az utolsó szalmaszál.

egy szalmaszálat sem tesz keresztbe — not do a stroke of work
nem csinál semmit, nem segít — do nothing; not help

| Az egész lakást egyedül takarítottam ki, a lakótársam egy szalmaszálat sem tett keresztbe egész délután.

SZÉNA

rosszul áll vkinek a szénája — the chips are down for sy; sy is going through a bad patch
kedvezőtlenül alakulnak a körülményei — sy's circumstances are developing in a negative way

| Tamás jókedvűnek látszott, pedig rosszul áll a szénája a munkahelyén. Lehet, hogy elbocsátják.

SZŐLŐ
savanyú a szőlő — sour grapes
fáj az igazság — the truth hurts

| Katinak savanyú a szőlő: a barátnője sokkal jobban néz ki, mint ő.

TÜSKE
tüske van v. **tüske maradt vkiben vmi miatt** — ill feelings about sy/sg
haragszik vmi miatt — be angry about sg

| A múltkori vita miatt még mindig tüske van bennem.

VADALMA
vigyorog, mint a vadalma — grin like a Cheshire cat
ok nélkül mosolyog — smile for no reason

| Péter nyitott egy üveg pezsgőt, utána egész nap meg se szólalt, csak vigyorgott, mint a vadalma.

ZÖLDSÉG
zöldségeket beszél *B1* — talk nonsense/rot
értelmetlen dolgokat mond — say nonsensical things

| Ne beszélj zöldségeket! Úgy látszik, semmit nem értesz.

HÁNYADÁN ÁLLUNK?

ÁLL

vmin áll vagy bukik vmi stand or fall by sg; make or break sg
vmin múlik a sikere vminek the success of sg depends on sg

| Jól gondold meg, mit válaszolsz, mert ezen áll vagy bukik a terv sikere!

hányadán áll? where does sg stand?
milyen állapotban, szakaszban, what is the situation or condition of sg
helyzetben van (ügy, dolog)

| Hányadán áll az utazás? Minden el van már intézve?

hányadán áll vkivel/vmivel where does sg stands with sy or how does sg stand
milyen viszonyban van vkivel; what is one's relationship to sy; at what stage is sg
meddig jutott (ügy, dolog)

| Jó lenne tudni, hányadán állok Zsolttal, haragszik-e még rám.
| Hányadán állunk a statisztikákkal? Elkészültek már?

még neki áll feljebb look who's talking!
még ő van felháborodva, még ő sértődik meg he's the one protesting; he's the offended party

| Nem végezted el a munkádat, és még neked áll feljebb?

távol álljon vkitől wouldn't dream of
vkinek nincs szándékában has no intention of

| Távol álljon tőlem, hogy kétségbe vonjam a szavaidat, de ennek jó lenne alaposabban utánanézni.

ALSZIK

alszik egyet vmire sleep on it; consult with one's pillow
döntés előtt még egyszer átgondol vmit think through sg before making a decision

| Szerintem ne döntsünk most a lakásvásárlásról, aludjunk rá egyet!

BEFELLEGZIK

vkinek/vminek már befellegzett C1 it's curtains for him; it has had it
vkin/vmin már nem lehet segíteni sy/sg is beyond help

| A tavalyi netbookoknak már befellegzett.
| Ha ezt elmondod a főnöknek, neked befellegzett.

BEFÜRDIK

jól befürdik vmivel *biz.* be really out of luck
kudarcot vall, pórul jár vmivel fail; one's luck runs out

| Jól befürödtem az új mobiltelefonommal. Drága is volt, ráadásul állandóan elromlik.

BETESZ

ez betett neki! *szleng* C1 that finished him/it off
ez végleg tönkretette that ruined him/it once and for all

| Már hetek óta gondok vannak a számítógépemmel, állandóan lefagy. Az új program végleg betett neki.

CSŐSTÜL
csőstül jön a baj C1
egy időben, egyszerre sok baj történik

it never rains but it pours
many problems come at the same time

| Sajnos igaz, hogy csőstül jön a baj. A családoknak egyszerre emelkednek a kiadásai és csökkennek a bevételei, ugyanakkor a forint árfolyama is romlik.

CSURRAN-CSEPPEN
csurran-cseppen vkinek C1
(haszon, jövedelem) apránként adódik

a little falls to sy's lot
comes bit by bit (advantage, income)

| A fizetésem nem nagy, de az egyéb munkákból mindig csurran-cseppen valami.

DUGIG
dugig van
a) tele van (helyiség, tárgy)
b) teleette magát (vki)

chock-full; full up
be full (place, object)
full to bursting

| Ebbe a szekrénybe már biztosan nem fér be az új cipőm, ez már dugig van.
| Köszönöm szépen, nem kérek többet. Dugig vagyok, egy falat se menne le a torkomon.

ÉL
aki él és mozog
mindenki

all the world and his wife
everyone

| A búcsúkoncertnek nagy sikere volt. Mindenki eljött, aki él és mozog.

él és virul
nagyon jól van, semmi baja, jól megy dolga

be alive and kicking
he's fine; nothing wrong; things are going well for sy

| – Hogy érzi magát a testvéred Angliában?
  – Él és virul.

vkinek/vminek él B1
idejét, munkáját teljesen vkinek/vminek szenteli

live for sy/sg
devote one's time or work to sy/sg

| A feleségétől elvált, gyerekei, barátai nincsenek, csak a munkájának él.

vmin él B1
ez az egyetlen ennivalója, tápláléka vkinek

live/exist on sg
sy's only food or nourishment

| Robinson hetekig az erdőben talált gyümölcsökön élt.

hol élsz (te)?! B1
nézd reálisan a helyzetet!, ne álmodozz!

were you born yesterday!
be realistic! don't daydream!

| – Szeretnék idén nyáron a tengerparton pihenni!
  – Hol élsz?! A számlákat se tudjuk befizetni.

mintha élnél B1
gyorsabban!, igyekezz!

look lively! get a move on!
faster, hurry up!

| Öltözködj már, kisfiam, de mintha élnél!

nem él vmivel B1
nem kér, nem szokott fogyasztani vmiből

he doesn't take sg
he doesn't want it; he doesn't eat/drink sg

| – Kér egy pohárka pálinkát?

se él, se hal B1
nagyon rosszul van

be in bad shape
feel awful

| A szegény ember se élt, se halt félelmében, úgy megijedt a sárkánytól.
  – Köszönöm, nem élek vele.

HÁNYADÁN ÁLLUNK?

ELAD
(már) nem lehet eladni vkit vmilyen nyelven *B1*
a legfontosabbakat el tudja mondani, megérti azon a nyelven

he knows enough to get by in that language
he has a basic knowledge of the language

| Befejeztem a négy hetes svéd nyelvtanfolyamot, most már nem tudnának eladni svédül.

ELSÜL
jól sül el vmi
sikerül, szerencsésen alakul

come off (well)
successful; develops in a fortunate way

| Aggódtam, hogy nem sikerül a buli, mert a vendégek korábban nem ismerték egymást. De végül jól sült el.

ESIK
akár esik, akár fúj *B1*
mindenképpen, akármi történik

come rain or shine
definitely; whatever happens

| Én mindenképp elmegyek arra a koncertre, akár esik, akár fúj!

ESZIK
azt se tudja (vmiről), hogy eszik-e vagy isszák
semmit nem tud vmiről, nem ismer vmit

he doesn't have a clue about sg
he knows nothing about sg; is not familiar with sg

| Mi az az iPad? Azt sem tudom, eszik-e vagy isszák.

mit eszel rajta? *B1*
mi tetszik benne?

what do you see in him/her?
what do you like about him/her?

| Nem értem, miért jársz ezzel a lánnyal? Nem is csinos, és kicsit butácska. Mit eszel rajta?

FÉLVÁLLRÓL
félvállról beszél vkivel
lekicsinylően, lenézően beszél, viselkedik vkivel

give sy the cold shoulder
talk to sy in a disdainful or scornful way

| Nem leszel itt sokáig, ha félvállról beszélsz az alkalmazottakkal.

félvállról vesz vmit
nem törődik vmivel

take sg lightly
not take much notice of sg

| Ezeket a tüneteket nem szabad félvállról venni. Mindenképpen menj el orvoshoz!

GONDOL
hová gondol?
mi jut eszébe?, ezt nem gondolhatja komolyan?!

how can you think (of such a thing)?
you can't mean that seriously!

| – Budapesten ingyenes a metró?
  – Hova gondol? Természetesen fizetni kell érte.

miből gondolod, hogy...? *B1*
miért gondolod?

what makes you think that...?
why do you think that?

| Miből gondolod, hogy téged nem hívtak meg a buliba?

HANYATT-HOMLOK
hanyatt-homlok menekül *C1*
ijedtében gyorsan, fejvesztve fut

to rush away helter-skelter
to run swiftly; in a panic-stricken way

| Amikor meglátta a közeledő vaddisznókat, hanyatt-homlok menekülni kezdett.

HISZ

ha hiszed, ha nem! B1
bármilyen hihetetlen, mégis igaz

believe it or not
however incredible it may seem, it's the truth

| Ha hiszed, ha nem, lefutottam a maratont!

kötve hiszem!
egyáltalán nem hiszem

I doubt it!; tell me another!
I don't believe it

| Kötve hiszem, hogy ma még kisütne a nap. Teljesen felhős az ég.

meghiszem azt!
(nyomatékosítás kifejezésére) bizony,
tényleg, nagyon is

don't I know it!; you bet!
certainly; surely; really

| – Sikeres volt a koncerted?
– Meghiszem azt!

JÁR

együtt jár vkivel B1
szerelmesek

go out with sy; date sy
be in love

| Tudtad, hogy Lili és Vili együtt járnak?

ez nem járja!
ez nem helyes, nem illik, nem igazságos

that's not fair!
it's not right, not just

| Nem járja, hogy mindig te fizetsz, ha együtt vacsorázunk!

pórul jár
kár éri, rosszul jár

come to grief
suffer injury; come off badly

| Pórul járt a betörő: bokán harapta a háziak macskája.

JÖN

ahogy jön
összevissza, válogatás nélkül

as it comes
in no special order

| Adogasd, kérlek, a könyveket, csak ahogy jön!

jól/jókor jön vkinek vmi B1
vmi hasznára van vkinek, vkinek szüksége
van vmire

come in handy
sg is useful to sy; sy needs sg

| Nagyon jól jön most ez az esernyő, amit tegnap találtam, mert mindjárt esik az eső.

kapóra jön vmi
a legjobbkor történik, éppen jókor jön

be well timed
happen at the best time; come at just the right moment

| Kapóra jött most ez az eső, mindenképpen locsolnom kellett volna a kertben.

rosszul/rosszkor jön vkinek vmi B1
vmi kárára van vkinek, kellemetlenül érint vkit

come at the worst possible moment
sg is disadvantageous to sy; unpleasant for sy

| Rosszkor jött apám váratlan látogatása, dolgozni akartam.

KIÁLL

ki nem állhat vkit/vmit
nem szeret vkit/vmit, ellenszenvesnek talál vkit

can't stand sy/sg
hate sy/sg; find sy intolerable

| Ki nem állhatom az új portást, olyan udvariatlan.

KORDÁBAN
kordában tart vkit/vmit   *C1*
fegyelmez, megfékez, ellenőrzése alatt tart

keep sy/sg under control; keep tabs on sy/sg
disipline; keep a check on

| Nem könnyű kordában tartani a kisiskolásokat.
| Ha a vezérigazgató nem tudja kordában tartani a kiadásokat, veszteséges lesz a vállalat.

KÖRÖMSZAKADTÁIG
körömszakadtáig (küzd, ragaszkodik vmihez, tagad)   *C1*
ereje legvégső határáig, amíg bírja

(struggle with; insist on sg; deny sg) with all one's might
with all one's strength; as long as one can hold out

| Körömszakadtáig ragaszkodik az autójához, bár a bankkölcsönt sem tudja már törleszteni.

KÖZSZÁJON
közszájon forog vmi
széles körben beszélnek vmiről

be the talk of the town
everybody is talking about it

| Ez a kifejezés már egy ideje közszájon forog, de sokan nem tudják, mit is jelent valójában.

LERÁZ
leráz vkit (a nyakáról)
sikerül megszabadulnia vkitől

shake sy off
manage to get rid of sy

| A bankrablónak sikerült leráznia az őt követő rendőröket.

LÓHALÁLÁBAN
lóhalálában (fut, menekül)
gyorsan, fejvesztve

at break-neck speed (e.g. run, escape)
swiftly, recklessly

| 1241-ben a vesztes csata után IV. Béla lóhalálában menekült a muhi mezőről.
| Jancsi lóhalálában írta meg az e-mailt, amelyben rengeteg helyesírási hiba maradt.

MEGÍR
hol van az megírva?
(tiltakozásként) kötelező ez?, mindenképp így kell lennie?

who says I should? why should I?
(as a protest) is it a must?

| Hol van az megírva, hogy mindig nekem kell mosogatni?

MEGY
megy, mint (az) állat *biz.*
nagyon jól és gyorsan megy (jármű)

go like the wind
go very fast and well (a vehicle)

| – Milyen az új motorod?
  – Megy, mint az állat!

MOND
csak mondja a magáét   *B1*
nem figyel senkire

(just) natter on; rabbit on
talk without taking notice of anyone

| Lucával nem lehetett beszélni, csak mondta a magáét.

egyet mondok, kettő lesz belőle
van egy jó ötletem

I've had a brain wave; tell you what…
I've got a good idea

| Egyet mondok, kettő lesz belőle: szerintem vegyünk neki vásárlási utalványt, ő tudja, mire van leginkább szüksége.

hogy mást ne mondjak   for one thing…; not to say anything else
ennyi példának elégnek kell lennie   that should be enough for an example

| Hogy mást ne mondjak, a testvérvárosunkból is érkeznek vendégek.

(ezt) mondani sem kell   needless to say; it goes without saying
ez magától értetődik, ez természetes   it's obvious; that's how it is

| Ugye, mondanom se kell, kisfiam, hogy mosd meg a kezedet ebéd előtt?!

mondasz valamit!   B1   there is some truth in what you say; you've got a point
igazad van, ez jó ötlet   you're right, that's a good idea

| – Induljunk hajnalban, akkor kisebb a forgalom!
| – Mondasz valamit!

nekem mondod?   B1   you're telling me! you don't say! *ironic*
én nagyon is jól tudom, nekem nem kell mondani   I know very well, you don't need to tell me

| – Jó lenne, ha gyakrabban kinyitnátok az ablakot.
| – Én tudom, nekem nem kell mondani!

MUZSIKÁL
gyengén muzsikál   be below par; doesn't make the grade
rosszul teljesít   below standard achievement in sg

| Nagyon gyengén muzsikáltál a legutolsó versenyen. Az első ötbe se kerültél be.

NYUGTON
nyugton marad   keep still/quiet; hold one's peace
nyugodt, fegyelmezett marad, nem mozog   stay calm, disciplined; not move

| Kisfiam, maradj nyugton, hogy meg tudjalak fésülni!

ODAVAN
odavan vkiért/vmiért   B1   adore sy/sg; be crazy about sy/sg
imád vkit/vmit, rajong vkiért/vmiért   love sy/sg; rave about sy/sg

| A turisták általában odavannak a téli szalámiért.
| Zoli odavan a szomszéd lányért.

SZÓL
magunk közt szólva   between you and me
bizalmasan, egymás között   confidentially; between the two of us

| Megkóstoltam az ebédet, de magunk közt szólva, Éva nem valami jó szakács.

SZŐRMENTÉN
szőrmentén bánik vkivel   C1   handle sy with kid gloves; give sy the kid glove treatment
óvatosan, kíméletesen bánik vkivel/vmivel   deal with sy very carefully or indulgently

| Mindenki szőrmentén bánik vele, mióta kiderült róla, hogy az igazgató sógora.

TUD
nem akar tudni vkiről/vmiről   B1   not want to know about sy/sg
a) megszakítja a kapcsolatot vkivel   break off a relationship with sy
b) nem akar hallani vmiről   not want to hear about sg

| Évekig jóban voltunk Péterrel, de a veszekedés óta tudni sem akar rólam.
| Inkább ne meséld el, mennyit ittál a bulin. Nem akarok tudni róla.

tudod/tudja, mit? B1 d'you know what?
figyelj(en), van egy ötletem! listen, I've got an idea

| Tudod, mit?! Menjünk inkább moziba. Nincs kedvem tanulni.

tudom is én! B1 how should I know?
nem tudom I don't know

| – Zoltán miért nem jött?
  – Tudom is én!

UTOLÉR
nem tudja utolérni magát he can't catch up with himself
nem tudja időben elvégezni a munkáját, feladatát, he's fallen behind/he's late (with work or a task)
késésben van

| Annyi dolgom van, már hetek óta nem tudom utolérni magam.

ÜT
mi ütött beléd? what's come over you?; what's got into you?
mi történt veled? mi bajod van? what happened to you?; what's the matter?

| Mi ütött beléd? Nem te akartad, hogy csak holnap induljunk? Most meg türelmetlenkedsz.

Feladatok

1. Mikor mondhatjuk? Állítsa párba a mondatokat és a szituációkat! B1

1. Mi ütött beléd?
2. Se éltem, se haltam az idegességtől.
3. Nem lehet eladni spanyolul.
4. Tudod, mit?! Nézzünk meg egy filmet!
5. A családjának élt.
6. Ez rosszkor jött.
7. Hol élsz te?
8. Tudom is én!
9. Nekem mondod?
10. Mondasz valamit!

a) Az állásinterjú előtt nagyon izgultam.
b) A barátnőm azt kérdezi, hogy ingyenesek-e a múzeumok Budapesten.
c) A nagymamám soha nem gondolt magára, mindig a család érdekeit tartotta a legfontosabbnak.
d) Kerti partira készülünk, és elkezd esni az eső.
e) Nem értem, mi a bajod.
f) Fél évig jártam spanyol nyelvtanfolyamra, az alapokat már tudom.
g) Azt javaslom, menjünk moziba.
h) A barátnőmnek nagyon jó ötlete van.
i) Tőlem kérdezik meg, hogy egy ismerősünk miért nincs itt.
j) Egy barátom arról mesél, milyen szép hely Olaszország. Nemrég jöttem haza Rómából.

1.	2.	3.	4.	5.	6.	7.	8.	9.	10.
e									

2. Mikor mondhatjuk? Állítsa párba a mondatokat és a szituációkat!

1. Kötve hiszem!
2. Kemény dió.
3. Ki nem állhatom.
4. De hiszen hét ágra süt a nap!
5. Ezt mondanod sem kell!
6. Hol van az megírva?
7. Maradj nyugton!
8. Hova gondolsz?
9. Hányadán állunk?
10. Jól befürödtem.

a) Érdeklődöm a vízszerelőtől, hogy mikorra lesz kész a fürdőszoba.
b) Egy nagyon nehéz kérdést kellene megoldanom.
c) Vettem egy új, akciós hajfestéket, de rózsaszín lett tőle a hajam.
d) Az ellenfelem azt mondja, legyőz sakkban. Szerintem én jobb vagyok.
e) Megkérdezik, hogy kérek-e spenótot, de gyerekkorom óta utálom.
f) A kollégám panaszkodik, hogy megint neki kell kitakarítania este az irodát.
g) Anyukám megkér, hogy ebéd után mosogassak el.
h) A barátnőm azt hiszi, hogy haragszom rá.
i) A barátnőm nem akar strandra menni, mert szerinte hideg van.
j) A gyerekkel ülünk a váróteremben, és ő ugrálni, mocorogni kezd.

1.	2.	3.	4.	5.	6.	7.	8.	9.	10.
i									

3. Mit jelent? Válassza ki a helyes jelentést!

1. *Fából vaskarika*
   a) meglepő dolog
   b) értelmetlen dolog
   c) szükségtelen dolog

2. *Nem babra megy a játék*
   a) kockázatos dologról van szó
   b) sokat lehet nyerni ezen az ügyön
   c) sokat kell még dolgozni ezen a projekten

3. *Gyengén muzsikál*
   a) halkan zenél
   b) rosszul teljesít
   c) rossz állapotban van

4. *Citromba harapott*
   a) rosszkedvű
   b) fáj a foga
   c) sír

5. *Nem látja a fától az erdőt*
   a) nem szeret kirándulni
   b) könnyes a szeme
   c) nem veszi észre a lényeget

6. *Mondasz valamit!*
   a) Végre megszólaltál!
   b) Igazad van.
   c) Micsoda butaság!

7. *Távol álljon tőlem*
   a) nem szándékom
   b) nincs kedvem
   c) nem akarok vele találkozni

8. *Aki él és mozog*
   a) aki egészséges
   b) a sportolók
   c) mindenki

4. Melyik szóval alkothatunk szólást? Válassza ki a helyeset!

1. Ez a gyerek nagyon sokat rosszalkodik, állandóan ….*borsot*….. tör a felnőttek orra alá.
   a) *paprikát* b) *sót* c) *borsot*
2. – Kérsz egy cigit? – Köszönöm, nem élek ……………… .
   a) *rajta* b) *vele* c) *hozzá*
3. Miért nézel így, kisfiam, megint rossz ……………… tettél a tűzre?
   a) *fát* b) *parazsat* c) *gyufát*
4. Most már biztosan nem fog sikerülni. Az ő segítsége lett volna az utolsó ……………… .
   a) *szívószál* b) *szénaszál* c) *szalmaszál*
5. Olyan erősek az ellenfelek, hogy itt nem terem ……………… az ő számára.
   a) *gyümölcs* b) *babér* c) *alma*
6. Olyan kellemetlen ember ez a szomszéd, végre sikerült leráznom a ……………… .
   a) *nyakamról* b) *vállamról* c) *fejemről*
7. Magunk közt ……………… , én ezt nem igazán szeretem.
   a) *mondva* b) *szólva* c) *beszélve*
8. Olyan nagyképű ez az ember, mindenkivel félvállról ……………… .
   a) *beszél* b) *foglalkozik* c) *beszélget*

5. Kapcsolódhatnak így a mondatok? Az első mondat jelentése alapján helyes-e a második mondat állítása? Igen (✓) vagy nem (✗)?

1. Kinéztem az ablakon, és hét ágra süt a nap. Biztosan nem kell esernyőt vinni. ✓
2. A versenyzők elég gyengén muzsikáltak a legutóbbi bajnokságon. Egy érmet sem nyertek.
3. Fából vaskarika, amit mondasz. Teljesen logikus.
4. Jól sült el a tervünk. Mindenki elégedett volt.
5. Kálmán dióhéjban elmondta, mik a tervei. A részleteket még nem ismerem.
6. Az új titkárnő félvállról beszélt velem. Nagyon udvarias, segítőkész nő.
7. Ezt mondani sem kell. Magamtól is tudom.
8. Zsolt nem látja a fától az erdőt. Ezért nem tudta összefoglalni a lényeget.

6. Melyik szó hiányzik? Egészítse ki a szólásokat a hiányzó igékkel (a megfelelő alakban)!

1. jól .....*sül*..... el vmi
2. másnak .... ki a gesztenyét
3. fűt-fát .... vkinek
4. minden jóra ....
5. .... hiszem
6. mosolyt .... vkinek az arcára
7. nem tudja magát ....
8. dióhéjban .... vmit
9. nagy fába .... a fejszéjét
10. rosszul .... a szénája

fordul, utolér, ~~sül~~, áll, csal, vág, elmond, ígér, kapar, köt

7. Mi hiányzik? Pótolja a toldalékokat, a névutókat, a vonzatokat az alábbi idiómákban! Keresse meg az idiómák jelentését! C1

-ig (2x)   neki   -ról/ről   alatt (2x)   -ra/-re (2x)   vkinek   -val/-vel   vhol

1. félváll..*ról*.... vesz vmit — [b]
2. maga .... vágja a fát — [ ]
3. gyökeret ereszt .... — [ ]
4. dug.............. van — [ ]
5. ez betett .... — [ ]
6. hányadán áll vmi.............. — [ ]
7. fű .... — [ ]
8. vkinek kapó.............. jön vmi — [ ]
9. körömszakadta.............. küzd — [ ]
10. olajat önt a tűz.............. — [ ]

a) titokban, nem hivatalosan
b) nem vesz komolyan
c) a végsőkig harcol
d) fokozza a feszültséget
e) tele van
f) saját magának okoz kárt
g) letelepedik vhol
h) ez tönkretette
i) hol tartunk?
j) jókor jön

8. Hogyan mondhatjuk? Fejezze ki a jelentéseket szólással a megadott kulcsszó felhasználásával!

1. fogalma sincs vmiről ▶ *azt se tudja, eszik-e vagy isszák* .... (eszik)
2. ez nem helyes, nem illik ▶ .... (jár)
3. rajong vkiért ▶ .... (odavan)
4. nehéz kérdés ▶ .... (dió)
5. haszna lesz vminek ▶ .... (gyümölcs)
6. titokban ▶ .... (fű)
7. mindig ezt eszi ▶ .... (él)
8. nehéz vállalkozásba kezd ▶ .... (fa)
9. ez mi lehet? ▶ .... (fa)
10. ez végleg tönkretette ▶ .... (betesz)

9. **Hogyan mondhatjuk? Alakítsa át a mondatokat a megadott kulcsszót tartalmazó szólás felhasználásával!**

1. Már nagyon nagy szárazság volt a kertben, örülök, hogy most esik. *(jön)*
   ▶ *Nagy szárazság volt a kertben, jókor jött az eső.*

2. Véletlenül találkoztunk velük, de kellemes volt az este. *(sül)*
   ▶ ....

3. Nem akarok velük soha többet találkozni. *(tud)*
   ▶ ....

4. Nem értem, mi van veled, miért viselkedsz így? *(üt)*
   ▶ ....

5. A két szomszéd utálja egymást, mindig bosszantják a másikat. *(bors)*
   ▶ ....

6. Ne haragudj, de ez nem megoldás, ez teljes képtelenség. *(fa)*
   ▶ ....

7. A sok tanulásnak meglett az eredménye, kiválóan sikerült a vizsga. *(gyümölcs)*
   ▶ ....

8. Kár volt installálni ezt az új programot, csak lelassult tőle a gépem. *(fürdik)*
   ▶ ....

9. Károly megírt egy nagy sikerű tanulmányt évekkel ezelőtt, azóta viszont nem dolgozik. *(babér)*
   ▶ ....

10. Sürgetem a gyereket, hogy gyorsabban öltözködjön. *(él)*
    ▶ ....

10. **SZÖVEGÉRTÉS** **Olvassa el a következő hétköznapi párbeszédet!**

– Csá, Imi!
– Szia, Isti.
– Te, nem a Lacit láttam elrohanni?
– De, ő volt az.
– És nem tudod, *mi ütött belé?* Úgy nézett ki, mint aki *citromba harapott*.
– Meglátta az új mocimat, és ez *betett neki*.
– Tényleg? Új motorod van?
– Igen, nézd csak meg. Vadiúj. És *megy, mint állat*.
– *Ez nem járja!* Én sem keresek kevesebbet, mint te, de még egy biciklit se tudok venni a fizetésemből.
– Én se abból vettem. Nagyanyám *dugig van lóvéval*. Felköszöntöttem a névnapján, és *jól sült el* a látogatás, kaptam tőle egy rongyot. Pont *jókor jött*, tudod, hogy *odavagyok a motorokért*. Sajnos, a sisakkal viszont *befürödtem*, nem próbáltam fel a boltban, és kiderült, hogy kicsi.
– És a nagymamádnak megmutattad már, mit vettél a pénzén?
– Á, minek? Szegény *azt se tudja, eszik-e vagy isszák* az ilyesmit.

1. A szövegben kiemelt idiómák helyettesíthetők az alábbi szavakkal, kifejezésekkel. Melyik, melyikkel?

   1. rosszkedvű   ▶ *citromba harapott*
   2. mi van veled? ▶ ....
   3. gyors   ▶ ....
   4. nem helyes   ▶ ....

5. sok pénze van ▶ ....
6. jól alakult ▶ ....
7. szeretem a motorokat ▶ ....
8. nem tudja mi ez ▶ ....
9. rosszul érintette ▶ ....
10. épp a megfelelő pillanatban ▶ ....
11. rosszul jártam ▶ ....

11. (SZÖVEGÉRTÉS) **Olvassa el a következő szöveget az egyik leghíresebb magyar sportolóról, Puskás Ferencről!** *C1*

Puskás Ferenc (Puskás Öcsi, 1927. április 1.–2006. november 17.) labdarúgó, edző, az Aranycsapat kapitánya, a Nemzet Sportolója. Minden idők legsikeresebb magyar futballistája, a legismertebb magyar személyiség. „A világon akárhova megyünk mi, magyarok, ha megtudják, honnan jöttünk, az biztos, hogy az első reakció: a Puskás…" – írta róla egyik volt csapattársa.

Lássuk *dióhéjban elmesélve* a híres magyar sportoló életét és pályafutását: Puskás Ferenc szegény sváb családban született. Már gyerekkorától kezdve remekül futballozott. Pénz hiányában általában rongyokból és harisnyanadrágból készített labdával játszott a közeli grundon, ahol társaival napi tíz órát is eltöltött.

Legjobb barátja, későbbi csapattársa a szomszédban lakó Bozsik József volt. Édesapja mindkettejüket tehetségesnek találta, és – *nagy fába vágva a fejszéjét* – elhatározta, hogy híres futballistát farag belőlük. A sok edzés *meghozta gyümölcsét,* Puskás már 15 évesen bekerült a kispesti felnőtt csapatba (a húszéves alsó korhatár kijátszása érdekében hamis adatokkal, Kovács Miklós álnéven). A csapat tagjaként 1943 őszén játszott legelőször, miután egy influenzajárvány miatt több játékosnak is távol kellett maradnia a nagyváradi NAC elleni mérkőzéstől. Ekkortájt kezdték idősebb játékostársai „Puskás Öcsinek" szólítani, és ebből az időszakból származik a „Sváb" becenév is.

1945 augusztusában a II. világháború után első ízben összeállt magyar válogatottal vett részt az első nemzetközi mérkőzésen, melyen 5:2-re győzték le Ausztria csapatát. Képzéséhez és sikeréhez nagyban hozzájárult a csapat edzője, Sebes Gusztáv, akit lenyűgözött Puskás játékstílusa, és megjósolta, hogy tanítványa egy napon a világ legjobb futballistájává válik.

Az Aranycsapat – élén Puskással – minden idők legsikeresebb magyar csapatává vált. Ahol ők játszottak, *mások számára nem termett babér.* Az Aranycsapat egyik legemlékezetesebb győzelmét 1953. november 25-én, a Wembley stadionban lejátszott, angolok elleni találkozón aratta, mely „az évszázad meccseként" vonult be a futballtörténelembe. A hazájában veretlen angol válogatott ellen küzdeni, ráadásul Londonban, *kemény diónak* ígérkezett, ám a magyarok – az angol közönség megdöbbenésére – 6:3-ra győztek. Puskás két gólt lőtt. Az angolokat, akik a meccs kezdete előtt még jót mulattak az általuk alacsonynak és túlsúlyosnak tartott Puskás külsején, sokkolta az eredmény.

Puskás legismertebb gólja, melynél kapuralövés előtt a labdát egy elegáns mozdulattal visszahúzza, kicselezve az angol játékost, látható a legtöbb futballról szóló dokumentumfilmben. Puskás ezt a meccset tartotta pályafutása csúcsának. A következő év májusában a Népstadionban megrendezett visszavágóról az angolok 7:1-es vereséggel távoztak, amely szintén jórészt Puskásnak volt köszönhető.

Puskás mindig is *csak a focinak élt.* Erre így emlékszik vissza ő maga egy interjúban: „… Én imádtam a futballt! Imádtam a családomat, és mindig a futballpályán jártam, engem több más nem érdekelt. Az én kabalám mindig a labda volt. Akkor éreztem magam biztosnak, amikor a labda nálam volt, vagy ha a labdába belerúghattam…". … „Hogy mi fogott meg benne először? A vidámsága. Optimista volt, semmiből sem csinált problémát, szórta a tréfákat, *mindenkinek mosolyt csalt az arcára"* – nyilatkozta róla felesége. „Egyetemi tanár lehetne a labdarúgás tudományának katedráján" – írta róla egy sporttörténész.

1. A szövegben kiemelt idiómák helyettesíthetők az alábbi kifejezésekkel. Melyik melyikkel?

1. kizárólag a labdarúgás érdekelte ▶ *csak a focinak élt*
2. nehéz feladat ▶ ....
3. mindenkit megnevettetett ▶ ....
4. másnak nem volt esélye a győzelemre ▶ ....
5. röviden összefoglalva ▶ ....
6. nehéz dologra vállalkozva ▶ ....
7. eredményes lett ▶ ....

2. Mit jelent? Keresse meg a szavak jelentését vagy rokon értelmű kifejezését!

1. küzdeni
2. reakció
3. mérkőzés
4. megdöbbenés
5. megfog vkit vmi
6. lenyűgöz vmi vkit
7. grund
8. első ízben
9. sokkol
10. győzelmet arat

a) válasz
b) nagyon tetszik vmi vkinek
c) először
d) nyer
e) üres városi telek
f) megdöbbent, elképeszt
g) harcolni, versenyezni
h) megnyer, megragad vkit vmi
i) csodálkozás
j) meccs

3. Jól értette? A szöveg alapján válaszoljon a kérdésekre!

1. Milyen sikereket mondhatott magáénak Puskás Ferenc?
   az Aranycsapat kapitánya, a Nemzet Sportolója, a legsikeresebb magyar futballista

2. Milyen származású volt?
   ....

3. Miért nem volt bőrlabdája, és mivel pótolta azt?
   ....

4. Miért játszott Kovács Miklós néven?
   ....

5. Milyen becenevei voltak, és miért kapta azokat?
   ....

6. Minek köszönheti első szereplését a felnőtt csapatban?
   ....

7. Miért mondhatjuk, hogy az Aranycsapat életében az angolok elleni mérkőzés volt az egyik legjelentősebb?
   ....

8. Milyen testalkatú volt Puskás Ferenc?
   ....

9. Milyen egyéniség lehetett?
   ....

10. Melyik tárgyat tartotta szerencsét hozónak?
    ....

12. **(SZEREPJÁTÉK)** Írjanak párbeszédet a megadott idiómák felhasználásával, majd játsszák is el!

B1 szint

Szituáció: Két kezdő síelő beszélget a hegy tetején.
Felhasználandó idiómák:
kemény dió; hol élsz?; ha hiszed, ha nem!; nekem mondod?; tudom is én!

B2 szint

Szituáció: Két barát beszélget, egyikük új vállalkozást akar indítani, a másik nem biztos benne, hogy ez jó ötlet.
Felhasználandó idiómák:
nem babra megy a játék; távol álljon vkitől; alszik még egyet vmire; dugig van; azt se tudja; eszik-e vagy isszák; hová gondol?; meghiszem azt!; magunk közt szólva

C1 szint

Szituáció: Anya és apa vitatkoznak a gyereknevelésről, miután fiuk betörte a szomszédék ablakát, és megverte a kislányukat.
Felhasználandó idiómák:
zöld ágra vergődik vmivel; ez betett neki; kordában tart; hol van az megírva?; odavan vkiért; mi ütött beléd?; rossz fát tesz a tűzre

BEDOBJUK A MÉLYVÍZBE

1. Folytassa szólással! Az alábbi szituációkban használjon idiómát a megadott kulcsszó felhasználásával! B1

1. Sajnálom, ezzel a kérdéssel én nem tudok foglalkozni. *(asztal)*
   ▶ Ez nem az én asztalom.
2. Nekem is ugyanezek a problémáim. *(cipő)*
   ▶ ....
3. Szerintem eltúlzod ezt a problémát, csak egy kis apróságról van szó. *(bolha)*
   ▶ ....
4. Depressziós vagyok, annyi rossz dolog történt velem. *(magam)*
   ▶ ....
5. Nem bírom tovább, én ezt nem tudom megcsinálni. *(törölköző)*
   ▶ ....
6. Gratulálok, ez tényleg szép teljesítmény. *(valami)*
   ▶ ....
7. Azért csinálom ezt, hogy meg tudjak élni. *(kenyér)*
   ▶ ....
8. Péter igazi profi, gyönyörű weblapot készített. *(dolog)*
   ▶ ....

2. Hogyan fejezhetjük ki szólással? Alakítsa át a mondatokat a megadott kulcsszót tartalmazó szólás felhasználásával!

1. Irén teljesen váratlanul megbetegedett. *(ágy)*
   ▶ Irén teljesen váratlanul ágynak dőlt.
2. A szüleim órák óta vitatkoznak, de szerintem az egész ügy nem olyan komoly. *(vihar)*
   ▶ ....
3. Minden pénzünket elköltöttük az utazásra. *(gatya)*
   ▶ ....
4. A gyerekek egész délután engem idegesítettek. *(ideg)*
   ▶ ....
5. Egészen biztos, hogy nem megyek ma strandra. *(ész)*
   ▶ ....
6. Szerintem ezzel a kérdéssel veszélyes témát érintesz. *(darázs)*
   ▶ ....
7. Egy fiatalember nagyon udvariatlanul viselkedett, nem is köszönt. *(gyerekszoba)*
   ▶ ....
8. Az idei nyaralás nem sikerült tökéletesen, végig esett az eső, és barátságtalanok voltak a pincérek az étteremben. *(tejfel)*
   ▶ ....

9. Tegnap mindenfélét ettem és ittam összevissza, ma rosszul vagyok. *(has)*

   ▶ ....

10. Szerintem ennek az embernek nagyon magas a fizetése, ezért tud BMW-vel járni. *(halál)*

    ▶ ....

3. Melyik szó hiányzik? Egészítse ki az idiómákat a hiányzó igékkel (a megfelelő formában)! Ügyeljen az elváló igekötők használatára! B1

1. vkinek az oldalára *áll*
2. nagyot ....
3. egy hajóban ....
4. nem .... a helyét
5. mindenki magából ....
6. gyerekcipőben ....
7. nagy kanállal ....
8. a pohár fenekére ....

kiindul   néz
    eszik
néz   evez
    ~~áll~~
jár   talál

4. Melyik szó hiányzik? Egészítse ki az idiómákat a hiányzó igékkel (a megfelelő formában)!

1. magyarán *szólva*
2. .... az ágyat
3. dróton ....
4. dühbe ....
5. .... a vágytól
6. .... vminek a levét
7. szárnyra ....
8. .... a bőrt
9. bottal .... vminek a nyomát
10. szöget .... vkinek a fejébe

    ég
kap   rúg
    nyom
üt   üt
    gurul
~~szól~~   rángat
    megiszik

5. Kapcsolódhatnak így a mondatok? Az első mondat jelentése alapján helyes-e a második mondat állítása? Igen (✓) vagy nem (✗)?

1. Géza érvelése gyenge lábakon állt. Mindenkit meggyőzött a bizottságban. ✗
2. Az apja levette róla a kezét. Minden héten megkapja a zsebpénzét.
3. Piri rajta tartotta a szemét a kutyán. Az állat nem tudott kiszökni a kertből.
4. A vadásznak csütörtököt mondott a puskája. Nem tudta lelőni a vaddisznót.
5. Katika még viheti valamire! Sokat tanult, és most nagyon szorgalmasan dolgozik.
6. Sándor egész életében az asztalfióknak írt. Már hat kötete jelent meg.
7. Amikor a tolvaj meglátta a rendőröket, felvette a nyúlcipőt. A rendőröknek szaladniuk kellett, hogy elkapják.
8. Ő volt a csoportban a leggyengébb láncszem. Miatta lettünk utolsók.
9. Péter égett a vágytól, hogy végre elmehessen az állatkertbe. Péter utálta az állatokat.
10. Juli észbe kapott, hogy még meg kell látogatnia a nagymamáját. A nagymama hiába várta.

6. **Kapcsolódhatnak így a mondatok? Az első mondat jelentése alapján helyes-e a második mondat állítása? Igen (✓) vagy nem (✗)?** *C1*

1. Péter elszégyellte magát, és elhúzta a belét. Most már nincs itt. ✓
2. Ilona nagy feneket kerített a mondanivalójának. Két perc alatt mindent elmondott. ☐
3. Nagy bajba kerültünk, de sikerült kimásznunk a csávából. Most már minden rendben van. ☐
4. Nagyon nyomja a begyét a tegnapi sérelme. Sokat gondol rá. ☐
5. Tibor köti az ebet a karóhoz. Könnyű lesz meggyőzni őt. ☐
6. Ez a szerelő ismeri a mestersége minden csínját-bínját. Nyugodt szívvel rábízhatjuk a lakásfelújítást. ☐
7. István kiköszörülte a csorbát. Korábban valamiféle hibát követett el. ☐
8. Végül dűlőre jutottak a tárgyalások a bankkal. Holnap megkapom a hitelt. ☐
9. Dániel általában nem szív mellre semmit. Szerencsés természet. ☐
10. Csöbörből vödörbe kerültünk ezzel az új munkával. Sokkal könnyebb és érdekesebb, mint az előző. ☐

7. **A következő mondatokban szereplő idiómákból hiányzik az ige. Az egy csoportba soroltaknál mindig ugyanarról az igéről van szó. Keresse meg a hiányzó igét, és egészítse ki a mondatokat az ige megfelelő alakjával!**

1. (AD)
   Margit sokat .... a tisztaságra, állandóan takarít.
   A könyvelő nem tudott számot .... arról, hová tűnt a pénz.
   Ne .... a lovat a gyerek alá!

2. ( )
   Ne foglalkozz azzal, miket mond, csak a bor .... belőle!
   Megpróbáltam az öcsém lelkére ...., hogy törődjön az egészségével.
   Látom, a falnak ...., senki nem figyel arra, mit mondok.

3. ( )
   Sajnos nem .... módomban teljesíteni a kérésedet.
   Hédi megsértett, többé nem .... szóba vele.
   Úgy gondolom, nagy változások .... küszöbön.

4. ( )
   A játszótéren az anyukák beszélgetnek egymással, de közben rajta .... a szemüket a gyerekeken.
   Nagyra .... a nagymamámat, aki egész életét a családnak szentelte.
   Ez egyelőre még titok, ... a szádat!

5. ( )
   Tipikus kamasz, eljön velünk sétálni, de mintha a fogát ....
   Megmondtam Évának, hogy nem tetszik az új frizurája, erre fel .... az orrát.
   Az előbb még itt volt Janó, de aztán el .... a csíkot.

6. ( )
   Igazad van, pontosan ez a helyzet. Fején .... a szöget.
   Kérésem nyitott ajtókra ...., rögtön teljesítették.
   Vilmos nem .... a helyét, amióta elvesztette az állását.

7.
Amint ki........................ a lábamat otthonról, a gyerekek rögtön veszekedni kezdenek.
Rossz lóra ...., a bokszolót már az első menetben kiütötte az ellenfele.
Én ki........................ a lelkemet értetek, ti pedig meg se köszönitek.

8.
Úgy alakítod át a lakást, ahogy neked tetszik, szabad kezet ....
A lányok hajba .... az új baba miatt.
Mire észbe ...., már elfogytak a színházjegyek.

9.
Nagyot ...., mikor kiderült, hogy én kaptam az első díjat.
Háromszáz forintért adja ezt a csomag retket? Ne .... baleknak!
A szülők nem .... jó szemmel, hogy fiuk egy nála sokkal idősebb nőnek udvarol.

8. SZÖVEGÉRTÉS Olvassa el az alábbi különös történetet, majd oldja meg a feladatokat!

Egy kivételesen hideg tél után egy amerikai házaspár elhatározta, hogy Floridába utaznak pihenni, mert egész évben *nagy volt a hajtás* a munkahelyükön. Úgy tervezték, abban a szállodában szállnak meg, ahol a nászútjukat is töltötték húsz évvel ezelőtt. *Tisztában voltak vele,* hogy különböző munkabeosztásuk miatt nehéz lenne egyeztetniük az utazás időpontját, ezért megbeszélték, hogy a férj pénteken indul Floridába, felesége pedig a következő napon. A férfi érkezése után bejelentkezett a szállodába, és mivel a szobában volt számítógép, úgy döntött, hogy *megragadja az alkalmat,* és küld egy e-mailt a feleségének. Egy betűt azonban elrontott a címzésben, és anélkül, hogy észrevette volna, rossz címre küldte a levelet.

Közben egy másik városban egy özvegy éppen férje temetéséről tért haza. A férje, aki miniszter volt, néhány nappal azelőtt *ágynak dőlt,* majd elhunyt. Az özvegy, aki teljesen *maga alatt volt,* elhatározta, megnézi az elektronikus postáját, hisz arra számított, hogy sok részvétnyilvánító üzenet érkezik majd barátoktól, ismerősöktől. Miután meglátta az első üzenetet, felsikoltott, és elájult. Fia berohant a nappaliba, ahol anyját a földön fekve találta, a számítógép képernyőjén pedig a következő e-mailt olvasta:

Szeretett feleségemnek
okt. 13. péntek
Tárgy: megérkeztem!

Drága Szerelmem,
biztosan meglepődsz, hogy írok neked. Itt most már vannak számítógépek, így üzenetet is küldhetünk szeretteinknek. Most érkeztem, és elintéztem a bejelentkezést. Minden elő van már készítve holnapi érkezésedre, és nagyon várom, hogy viszontlássalak. Remélem, utad ugyanolyan kellemes lesz, mint az enyém volt.

Ui. Tényleg nagyon meleg van itt!

1. Fejezze ki másképpen a szövegben kiemelt idiómákat!

1. nagy volt a hajtás ▶ *sok volt a munka*
2. tisztában volt vele ▶ ....
3. megragadja az alkalmat ▶ ....
4. ágynak dőlt ▶ ....
5. maga alatt volt ▶ ....

2. Döntse el az alábbi állításokról, hogy igazak-e (✓) vagy hamisak (x), esetleg nincsen információnk róluk (–)!

1. A házaspár Floridában ismerkedett meg egymással. [x]
2. Már évtizedek óta házasok.
3. Nem szerettek együtt utazni.
4. Férj és feleség egy munkahelyen dolgozott.
5. A feleség mindennap megnézte az e-mailjeit.
6. A feleség egy nappal későbbre tervezte az indulást, mint a férje.
7. A miniszter váratlanul halt meg.
8. A miniszter felesége kapta meg a rosszul címzett üzenetet Floridából.

3. Az alábbi szavak vagy kifejezések kicserélhetők a szöveg egy-egy szavával vagy kifejezésével. Melyik melyikkel?

1. regisztrál ▶ *bejelentkezik*
2. együttérző ▶ ....
3. csodálkozik ▶ ....
4. forróság ▶ ....
5. e-mail ▶ ....
6. monitor ▶ ....
7. különösen ▶ ....
8. meghal ▶ ....
9. rosszul ír ▶ ....
10. összeesik ▶ ....
11. imádott ▶ ....
12. regisztráció ▶ ....

9. SZÖVEGÉRTÉS Olvassa el a könyv- és filmismertetéseket! Keresse meg a megfelelő magyar címeket, majd a szerző vagy főszereplő nevét. *C1*

1. Ferdinánd és udvarnépe fogadalmat tesz: három évig csak tanulmányaiknak élnek, és tartózkodni fognak a földi örömöktől, így a szerelemtől is. Ám megérkezik a francia királylány és kísérete, s a fogadalomról egy pillanat alatt elfeledkeznek.

2. Az időjós Phil önző, cinikus ember, aki utálja a világot, és pokollá teszi mások életét. Amikor vidékről kell tudósítania, már alig várja, hogy visszatérhessen Pittsburghbe. Ebben azonban megakadályozza a váratlan hóvihar, amelyről azt jósolta, hogy elkerüli a környéket. Másnap reggel különös dolog történik vele: úgy érzi, megismétlődik az előző napja, minden nehézségével együtt. A következő nap sem változik a helyzet, megint minden újra megismétlődik. A kétségbeesett Phil orvoshoz, majd pszichiáterhez fordul segítségért.

3. Mr. Shaitana különös ember, senki nem tudja róla, honnan származik, argentin, portugál vagy netán görög. Legújabb estélyére furcsa módon válogatja össze a vendégeket: valamilyen formában mindegyikük bűntényekkel hozható kapcsolatba; egy részük bűnesetekkel foglalkozik, másik részük pedig feltételezhetően „sikeres" gyilkos, akiről sohasem derült ki bűnössége. Így jön össze a vacsora után két bridzsparti. A házigazda nem vesz részt a játékban, csak üldögél a kandalló mellett. A játék befejeztével a vendégek döbbenten veszik észre, hogy Shaitanát megölték.

4. Jeff született vesztes. Egy 30 éves gyerek. Ennyi idősen is a szüleivel él, ráadásul anyagilag is függ tőlük. Mindennap terápiára jár, úgy gondolja, itt végre van valaki, aki meghallgatja. A csoport felügyelője egy nap elhozza egy ismerősét, Lynnt, aki rögtön összebarátkozik Jeffel. A lány tehetséget lát a fiúban. Tetszik neki, ahogy előadja történeteit, és azt tanácsolja neki, hogy próbálkozzon meg a komikus mesterséggel. Jeff azonban nem hisz magában, és inkább minden más munkát elvállal. Lynn egy idő után megunja Jeff önsajnálatát és semmittevését. Elhagyja. Jeff ezek után még mélyebbre süllyed, és életében először csak magára számíthat.

5. Timmynek pár napot az édesapjával kell töltenie. Az apuka azonban nem ér rá vele foglalkozni, mert éppen élete nagy rablásán dolgozik. Timmy unalmában elrabolja a papa legújabb zsákmányát, és feltételeket szab neki. Az apa tehát kénytelen teljesíteni a gyerek számos kívánságát, például elviszi fagyizni, vidámparkba.

6. „Amíg kicsi voltam és okos és kedves és szép, mindig tudták, hogy kire hasonlítok... Amióta nagy vagyok, és ütődött és nyegle és idétlen, csak ülnek és sóhajtoznak, hogy kire ütött ez a gyerek." Jót szórakozhat a kamaszkorát élő olvasó, és a kamasz fiait-lányait nevelő szülő is, s fedezhetik fel együtt, hogy változhat divat és technika, a kamaszlélek problémái változatlanok.

7. Egy profi tolvajbanda fegyverrel kirabol egy gyémántraktárat. A rendőrség hamar a helyszínre ér, ezért felmerül a gyanú, hogy valaki a banda tagjai közül besúgó. A cselekmény a rablás elkövetése után indul, és egy-egy visszatekintő jelenetben látjuk a korábban történteket. Magukat a szorult helyzetben lévő szereplőket is ilyen módon ismerjük meg.

8. A legokosabb német ügynök, aki a nevét éles tőréről kapta, Angliában felfedez egy katonai reptérnek álcázott makettfalut. Rájön, hogy az angolok így akarják elhitetni a német kémrepülőgépekkel, honnan indulhat az angol–amerikai partraszállás a D-napon. A megszerzett információkat egy német tengeralattjáróval akarja eljuttatni a németekhez. Az angol titkosszolgálatnak meg kell találnia őt, és meg kell akadályoznia, hogy az információ kijusson az országból. Hol keressék? Hiszen az egész országban lehet.

a) Kire ütött ez a gyerek?
b) Csöbörből vödörbe
c) Kutyaszorítóban
d) Tű a szénakazalban
e) Palira vettem a papát
f) Idétlen időkig
g) Lóvá tett lovagok
h) Nyílt kártyákkal

A) Agatha Christie
B) William Shakespeare
C) Macaulay Culkin
D) Sean William Scott
E) Janikovszky Éva
F) Quentin Tarantino
G) Ken Follet – Donald Sutherland
H) Bill Murray

1.	2.	3.	4.	5.	6.	7.	8.
g	B						

10. Folytassa szólással! Az alábbi szituációkban használjon idiómát a megadott kulcsszó felhasználásával!

1. Valaki egy teljesen értelmetlen, kaotikus történetet mesél nekem, amiből nem értek semmit. *(fül)*
   ▶ *Se füle se farka ennek a történetnek.*

2. Akivel beszélgetek, pontosan ugyanazt mondta, mint amit én is akartam. *(kivesz)*
   ▶ ....

3. Valaki megkérdezi, hogy jobb-e az eperfagylalt a kedvenc cukrászdámban, mint máshol. *(ég)*
   ▶ ....

4. Mindenképpen elmegyek szabadságra, akkor is, ha a főnököm nem egyezik bele. *(fej)*
   ▶ ....

5. Az utcánkban lévő ruhaboltos fél év alatt meggazdagodott, házat és luxusautót vett. Biztos nagyon jól keres. *(dől)*
   ▶ ....

6. Az új kolléganő nagyképű, okosabb akar lenni mindenkinél, állandóan dicsekszik. *(ész)*
   ▶ ....

7. Valaki egy számomra kellemetlen témáról kezd kérdezgetni. *(feszeget)*
   ▶ ....

8. Szerintem ez a fiú már önállóan is meg tud élni. *(megáll)*
   ▶ ....

9. Egy közös barátunkkal nagyon sok probléma van mostanában. Megígérem a többieknek, hogy megpróbálok hatni rá. *(fej)*
   ▶ ....

11. Állítsa párba a kérdéseket és a megfelelő válaszokat!

1. Miért nem értetted, amit a jogász mondott?
2. Miért beszélsz suttogva?
3. Örülnek a szüleid, hogy ezzel a fiúval jársz?
4. Honnan tudod, hogy Bence szerelmes abba a lányba?
5. Szívesen segített Irén a takarításban?
6. Nem akarok veled menni. Nem kedvelem a barátaidat.
7. Szerinted sárga nadrágot vegyek zöld pólóval, vagy sárga pólót zöld nadrággal?
8. Annyira szomorú vagyok, semmi sem sikerül.
9. Milyen volt a tegnapi vacsora az anyósodnál?
10. Ne haragudj, hogy hetekig nem hívtalak fel!

a) Majd minden jóra fordul!
b) Mintha a fogát húznák.
c) Bükkfanyelven beszélt.
d) Egyre megy.
e) Jó szemem van az ilyesmihez.
f) Borítsunk rá fátylat!
g) Kitett magáért.
h) Aha, itt van a kutya elásva.
i) Nem nézik jó szemmel.
j) A falnak is füle van.

1.	2.	3.	4.	5.	6.	7.	8.	9.	10.
c									

12. Állítsa párba a kérdéseket és a megfelelő válaszokat! C1

1. Mit szólt, amikor megtudta, hogy elvesztette minden pénzét a tőzsdén?
2. Miért teljesíti a főnöke minden kívánságát?
3. Mit szóltak a szüleid, mikor meglátták, hogy összetört a tévé?
4. Eddig minden este nyertek a ruletten. Miért nem hagyják abba?
5. Hogy van az öcséd a tegnapi buli után?
6. Hová lett az a szemét pasas, aki ellopta a táskámat?
7. Mit csinált, mikor kiderült, hogy ő a hibás?
8. Sok a vásárló? Jól megy az üzlet?
9. Fél éve megvette a repülőjegyet, de utazás előtt egy héttel eltörte a lábát.
10. Milyen érzés volt, mikor megdicsért a vezérigazgató?

a) Ennek már befellegzett.
b) Elhúzta a csíkot.
c) Mintha hájjal kenegetnének.
d) Dögrováson van.
e) A markában tartja.
f) Csurran-cseppen valami.
g) Balhét csaptak.
h) Majd a föld alá süllyedt szégyenében.
i) Arcizma se rándult.
j) Vérszemet kaptak.

1.	2.	3.	4.	5.	6.	7.	8.	9.	10.
i									

13. **Melyik szóval alkothatunk szólást? Válassza ki a helyeset!**

1. El se tudtam képzelni, miért jött át a szomszéd, de aztán kibújt a ......*szög*...... a zsákból.
   a) *macska* b) *szög* c) *egér*
2. Gábor már öt éve él együtt a barátnőjével, az egész család azt várja, mikor vezeti .... elé.
   a) *oltár* b) *pap* c) *templom*
3. Biztos vagyok benne, hogy Iván jól keres. Látszik rajta, hogy van mit a .... aprítania.
   a) *levesbe* b) *kávéba* c) *tejbe*
4. Nem értem, mit akarsz most ezzel az üggyel. Ez teljesen más ....
   a) *piskóta* b) *torta* c) *tészta*
5. El se tudod képzelni, miket tudtam meg a szomszéd családról. Tegnap az asszony kiteregette a ....
   a) *ruhákat* b) *lepedőket* c) *szennyest*
6. Nem elég, hogy Zoli eltörte a bokáját, most az influenzát is elkapta. Szegényt még az .... is húzza.
   a) *föld* b) *ág* c) *fű*
7. Juci biztos megsértődött. Tegnap elküldtem melegebb ....
   a) *éghajlatra* b) *országba* c) *földrészre*
8. Azért tartott ilyen sokáig az értekezlet, mert az igazgató nagyon bő .... eresztette a mondanivalóját.
   a) *levesre* b) *mártásra* c) *lére*
9. De jó, hogy elhoztad a lexikont! Most épp kapóra .... !
   a) *ment* b) *jött* c) *érkezett*
10. Elegem van Editből. Egész héten egy szalmaszálat sem tett ....
    a) *keresztre* b) *keresztül* c) *keresztbe*

14. **Melyik szóval alkothatunk szólást? Az alábbi mondatok idiómáiban mindig a *tesz* ige szerepel. Válassza ki a helyes kulcsszót!**

1. A gyerekek rossz ....*fát*....... tettek a tűzre, ezért nem ehetnek csokoládét.
   a) *papírt* b) *fát* c) *olajat*
2. Az egész lakást .... tettük a kulcsokért, de nem lettek meg.
   a) *tűvé* b) *fűvé* c) *fává*
3. Ádámban tökéletesen megbízhatsz, ... tenném érte a kezem.
   a) *lángba* b) *tűzbe* c) *zsebre*
4. A szomszédasszony .... tett a fülembe; én is felszereltetem a biztonsági rácsot.
   a) *rovart* b) *szúnyogot* c) *bogarat*
5. Elmondom neki a véleményemet, de azt nem fogja kitenni a(z) ....
   a) *kirakatba* b) *ajtóba* c) *ablakba*
6. A szálloda vendégei .... tették, hogy napok óta nem volt takarítás a szobákban.
   a) *beszéddé* b) *szóvá* c) *kritikává*
7. Zsolt nagyon pletykás, nem tud .... tenni a szájára.
   a) *zárat* b) *lakatot* c) *rúzst*
8. Gizi egész biztosan eljön, a .... teszem rá.
   a) *nyakamat* b) *kezemet* c) *szívemet*
9. Az egész vállalkozás sikerét tesszük ...., ha most szabadságra megyünk.
   a) *kockára* b) *kártyára* c) *rulettre*
10. A rendőrök végre .... tették a gyanúsítottat.
    a) *sötétre* b) *pincébe* c) *hidegre*

15. Az alábbi összetett szavak, szókapcsolatok egy-egy idióma tagjainak összevonásából születtek. Mely idiómákról van szó?

1. fejmosás ▶ *megmossa vkinek a fejét*
2. porhintés ▶ ....
3. fejtörés ▶ ....
4. szemrehányás ▶ ....
5. világlátott ▶ ....
6. nyelvtörő ▶ ....
7. hasraütésből ▶ ....
8. szívbe markoló ▶ ....
9. mellbevágó ▶ ....
10. szekértoló ▶ ....
11. lelkiismeret-furdalás ▶ ....
12. szófogadó ▶ ....

Egészítse ki az alábbi mondatokat a fenti szavakkal! Használja a megfelelő toldalékot!

1. Környezetvédők számára különösen .... *mellbevágó* .... látvány a hatalmas olajfolt a tengeren.
2. A riporter .... fotókat készített a katasztrófa helyszínén.
3. Az óra végén kiejtésünk javítására .... gyakoroltunk.
4. Sok .... okozott nekem, mit vegyek a fiam születésnapjára.
5. A nagybátyám .... ember, minden kontinensen járt már.
6. Ne nekem tegyél ...., ha rosszul leszel, én szóltam, hogy ne egyél több fagyit!
7. Nem használt a gyereknek a ...., továbbra sem tanult.
8. Ennél az újságnál független, saját véleményüket vállaló újságírók dolgoznak, nem valamelyik párt ....
9. .... volt, amiért elfelejtettem a nagymamám névnapját.
10. Nem tudom, csak .... mondtam két számot.
11. Misi nagyon aranyos, ... kisfiú.
12. A felelősök nem akarják elismerni a hibáikat, minden nyilatkozatuk csak ....

16. Párosítsa a szóláshasonlatok két részét! C1

1. szidja, *mint a bokrot* ....
2. ártatlan, ...
3. megy, ...
4. iszik, ...
5. éhes, ...
6. úgy bánik vele, ...
7. sovány, ...
8. szegény, ...

a) mint a hímes tojással
b) mint a hét szűk esztendő
c) mint egy farkas
d) mint a ma született bárány
e) mint a bokrot
f) mint a kefekötő
g) mint a karikacsapás
h) mint a templom egere

17. Melyiket mondhatjuk? Válassza ki a szituációba illő idiómát!

1. Egy ügyfél rossz irodába megy be, és kérdez valamit az ott dolgozó hölgytől. A hölgy válasza:
   a) Ez nem az én asztalom.
   b) Becsukom a boltot.
   c) A vak is láthatja.

2. Megkérdezem az ügyvédet, hogy érvényes-e már az új törvény.
   a) Erőre kapott.
   b) Életbe lépett.
   c) Meghozta a gyümölcsét.

3. Egy riporter érdeklődik, hogyan szerepelt a kezdő bokszoló a világbajnok elleni mérkőzésen.
   a) Csapta a szelet.
   b) Állta a sarat.
   c) Vérszemet kapott.

4. A szurkolók ezt kiabálják a futballcsapatnak:
   a) Sok szerencsét!
   b) Szedjétek a lábatokat!
   c) Mindent bele!

5. Megkérdezem a barátnőmet, mit szólt a lánya ahhoz, hogy ki kellett takarítania a lakást.
   a) Nyitott kapukat döngetett.
   b) Pofákat vágott.
   c) Csillagokat látott.

6. Egy régen látott kedves ismerősöm becsönget hozzám.
   a) Nem hiszek a szememnek!
   b) Kicsi a világ!
   c) Mi az ábra?

7. Az öcsém megkérdezi, hogy kölcsön tudok-e adni neki egy nagyobb összeget.
   a) Megállok a magam lábán.
   b) Ha minden kötél szakad.
   c) Annyi baj legyen!

8. A kolléganőm megkérdezi, hogy ki volt az a jóképű férfi, akivel sétálni látott.
   a) Tisztában vagyok vele.
   b) Hova gondolsz?
   c) Nem kötöm az orrodra!

9. A nagymama megkérdezi, jóllaktak-e a gyerekek.
   a) Fél fogukra se volt elég.
   b) Jól sült el.
   c) A világért sem.

10. A szomszédom elnézést kér udvariatlan viselkedéséért.
    a) Borítsunk rá fátylat!
    b) Ahány ház, annyi szokás.
    c) Tudom is én.

18. Hol a hiba? Az alábbi szólásokban összekeveredtek a kulcsszavak. Tegye rendbe őket!

1. behúz vkit az alagútba ▶ *behúzza a csőbe*
2. látja a fal végét ▶ ...
3. elássa a kesztyűt ▶ ...
4. rúgja a csatabárdot ▶ ...
5. szekrényben érzi magát ▶ ...
6. felveszi a bőrt ▶ ...
7. csontváz a nyeregben ▶ ...
8. ez nem az én lábam ▶ ...
9. a csőnek beszél ▶ ...
10. az asztal alatt van ▶ ...

19. Hol a hiba? Javítsa ki a helytelenül megadott szólásokat! C1

1. egy cipőben evezünk ▶ *egy cipőben járunk, egy hajóban evezünk*
2. nyisd ki a nyelvedet ▶ ...

3. nagy fejszébe vágta a fáját ▶ ....

4. nehéz dió ▶ ....

5. lándzsát tör vki felett ▶ ....

20. Reklámokban is gyakran használunk idiómákat a figyelem felkeltésére. A példákban mi az eredeti idióma? Mit reklámoztak? *C1*

1. Nem a levegőbe beszélünk! ▶ ....
2. Ha torkig van a torokfájással! ▶ ....
3. Hűlt helye a meghűlésnek. ▶ ....
4. Négy új levest hozunk a konyhára. ▶ ....
5. Egy szempillantás alatt segít. ▶ ....

21. Az alábbi szólások eredete egy-egy sporttevékenységhez, játékhoz vagy foglalkozáshoz kapcsolódik. Melyekről van szó? *C1*

1. bedobja a törölközőt ▶ *boksz*
2. egy malomban őrölnek ▶ ....
3. egyenesbe jön ▶ ....
4. van még egy dobása ▶ ....
5. sakkban tart vkit ▶ ....

6. két vasat tart a tűzben ▶ ....
7. fej fej mellett ▶ ....
8. nyílt kártyákkal játszik ▶ ....
9. felveszi a kesztyűt ▶ ....
10. mindent egy lapra tesz fel ▶ ....

22. A következő magyar irodalmi művek címében is szólások szerepelnek. Kösse össze a szerzők nevét a művek címével! Melyik a kakukktojás? *C1*

1. Letészem a lantot
2. Mintha élnél
3. Napos oldal
4. Mi fán terem?
5. Csutak színre lép
6. Az Isten háta mögött

a) Karácsony Benő
b) Mándy Iván
c) O. Nagy Gábor
d) Móricz Zsigmond
e) Garaczi László
f) Arany János

23. **SZÖVEGÉRTÉS** Olvassa el a horoszkópot, majd egészítse ki a zárójelben megadott kifejezéseknek megfelelő idiómákkal! Az idiómákat a csillagjegyek szerint csoportosítva a horoszkóp alatt találja meg. *C1*

Kos (március 21.–április 20.)
A tettek embere. Férfias, aktív, energikus, kezdeményező, cselekvő, határozott, lendületes, vállalkozó kedvű. *Megáll a maga lábán* .... *(Nem szorul mások segítségére).* Nyílt, őszinte, gyakran kissé naiv. .... *(Nem erőssége a türelem).* Gyorsan dönt, határoz, de nem elég kitartó. Nem ritkán meggondolatlan, forrófejű, elhamarkodott. A szerelemben is tüzes, a nők gyakran férfias tulajdonságokat mutatnak. Rossz esetben önző, kapkodó, türelmetlen, összeférhetetlen, akaratos.

Bika (április 21.–május 21.)
Szívós, állhatatos, gyakorlatias, óvatos, nyugodt, türelmes, megfontolt, céltudatos, ragaszkodó, megbízható. Nehezen szánja rá magát a cselekvésre, de amibe belekezd, azt nagy kitartással végigcsinálja.

.... *(A legnehezebb helyzetben is feltalálja magát.)* Szereti a természetet, a földet, az anyagot. Jó ízlésű, rendszerint művészetkedvelő. Nehezen fogad be új információkat, de amit egyszer megtanult, azt nem felejti el. Termékeny típus, gyermek- és családszerető. Beosztó, gyakran fejlett pénzügyi érzékkel rendelkezik, néha ....
(túlzottan takarékos, anyagias). Rossz esetben makacs, csökönyös, lassú, merev, nehéz felfogású, lusta, önző, féltékeny.

Ikrek (május 22.–június 21.)
Fizikailag és szellemileg rendkívül mozgékony. Élénk, intelligens, értelmes, kíváncsi, ügyes, talpraesett. .... *(Gyorsan és jól dolgozik.)* Sokoldalú, minden érdekli, de hiányzik belőle az elmélyülés, az alaposság. Rugalmas, könnyed, jól alkalmazkodó. Mint kettős jegynek, gyakran több foglalkozása, munkája van, azokat is könnyen váltogatja. Sokat és szívesen utazik. Közlékeny, jó nyelvérzék és beszédkészség jellemzi, ... *(jól érzi magát),* ha kommunikálni kell. Rossz esetben felszínes, szétszórt, kapkodó, kiszámíthatatlan, elhamarkodott, pletykás.

Rák (június 22.–július 22.)
A legnőiesebb jegy. Érzelmes, romantikus, óvó, gondoskodó, befogadó, alkalmazkodó, ragaszkodó. Óvatos, intuitív, érzékeny, sérülékeny, változékony. Fantáziadús, jó színész, előadó. ....
.... *(Bárkit meg tud hódítani.)* Látszólag gyenge, valójában igen céltudatos, mindent elér, amit igazán fontosnak tart, ... *(nem beszél megalapozatlanul).* Fontos számára a múlt, emlékeket, tárgyakat gyűjt. ....
(Nagyon szeret enni.) Rossz esetben az érzelmei vezérlik, gyanakvó, túl érzékeny, sértődékeny, szeszélyes, féltékeny, befolyásolható. Hajlamos levertségre, visszahúzódásra.

Oroszlán (július 23.–augusztus 23.)
Az Oroszlán .... *(rendkívül kedvező adottságokkal bír)*. Vezetésre, szervezésre, irányításra termett. Általában .... *(karriert csinál)*. Magabiztos, határozott, szilárd, büszke, öntudatos, kezdeményező, kreatív. Nagyvonalú, önzetlen, igazságszerető. Szereti a luxust, a szép, elegáns dolgokat, és azt, ha felnéznek rá. Indulatos, könnyen dühbe gurul, de ritkán rosszindulatú. Tudja élvezni az élet örömeit, játékos, bohém is tud lenni. Önérzetes, a mások igazáért is kiáll. Rossz esetben lobbanékony, hiú, uralkodni vágyó, hatalmaskodó, ellentmondást nem tűrő, ... *(nagyképűen bánik másokkal).*

Szűz (augusztus 24.–szeptember 22.)
Intellektuális típus. Gyakorlatias, inkább az esze irányítja, semmint a szíve. Tudós alkat, jó megfigyelő, elemző, rendszerező. Aprólékos, alapos, szorgalmas, megbízható, mindig ....
.... *(megtartja az ígéretét)*. Jó kritikai érzékkel rendelkezik. Szerény, türelmes, tiszta. Hajlamos elmerülni a részletekben, gyakran ezért nem halad a munkájában. ....
.... *(takarékos, nem pazarol)*. Rossz esetben aggodalmaskodó, fukar, szégyenlős, félénk, visszahúzódó, gátlásos. Hajlamos sokat foglalkozni az egészségével, gyakran hipochonder.

Mérleg (szeptember 23.–október 23.)
Kedves, mosolygós, közvetlen, barátságos, figyelmes, alkalmazkodó. Egyensúlyra, harmóniára törekvő. Jó ízlésű, vonzó, elegáns megjelenésű, rendszerint szimpátiát ébreszt. Békeszerető, zavarja a vita, a veszekedés, az erőszak. Jó diplomáciai érzékkel rendelkezik. Szeret szerepelni, gyakran művészi képességekkel, hajlamokkal megáldott ember. Fontos számára a társ az élet minden területén, a társasági élet, az emberi kapcsolatok. Sokat ad a megjelenésére, a környezetére, ...
.... *(minden lehetőséget kihasznál)* a szépítkezésre. Rossz esetben kiegyensúlyozatlan, határozat-

lan, bizonytalan, felszínes, befolyásolható, megbízhatatlan, lusta, ...
(csak kevés energiával) dolgozik, feltűnést keltő.

Skorpió (október 24.–november 22.)
A legszélsőségesebb, legellentmondásosabb típus. Jó esetben mély érzésű, emberszerető, az életet tisztelő, szenvedélyes, szívós, kitartó, energikus, megbízható, ...
(titoktartó). Óriási akaraterő jellemzi, lelkileg azonban rendkívül érzékeny, sérülékeny. Kutató hajlamú, vonzzák a rejtélyek, minden titkot fel akar tárni, ő maga azonban nem adja ki könnyen a titkait. Erre a típusra mondják, hogy .... *(a másik ember legtitkosabb gondolatait is kitalálja)*. Mélyreható gondolkodás, jó szellemi képességek jellemzik. Önfeláldozó, a családjáért minden áldozatra képes. Rossz esetben önző, sértődékeny, bizalmatlan, bosszúálló, önhitt, csökönyös, mániákus. A legféltékenyebb típus.

Nyilas (november 23.–december 21.)
Tüzes, lendületes, energikus, kötetlen, mozgékony, kezdeményező. Mindent tudni akar, ...
.... *(mindenre kíváncsi)*. Őszinte, nagyvonalú, jóindulatú, emberszerető. Nyílt, becsületes, törvénytisztelő. Derűs, optimista, könnyen lelkesedő. Szabadságszerető, rendkívül erős benne a függetlenségi vágy. Mint kettős jegynek, gyakran két foglalkozása van. Gyakori a filozófiai, a vallási vagy a jogi érdeklődés. Szeret .... *(utazni)*, vonzzák az idegen kultúrák. Érdeklődő, szívesen tanul, ehhez azonban nem mindig elég kitartó. A szerelemben is tüzes, hajlamos a párhuzamos kapcsolatokra. Gyakran .... *(illúziókba ringatja magát)*.

Bak (december 22.–január 20.)
Kitartó, szívós, állhatatos, céltudatos, komoly, célratörő, határozott, megbízható, szorgalmas, felelősségteljes, pontos, türelmes, óvatos. .... *(nagyon realista)*, rendkívül gyakorlatias. Fontos számára a létbiztonság, a pozíció, a karrier. Gyakran ő a szürke eminenciás, aki a háttérből irányít, a vezető .... *(legfontosabb segítője)*. Zárkózott, csendes, visszahúzódó, nehéz a bizalmába férkőzni, de akit egyszer elfogad, az biztosan számíthat rá. .... *(nagyon alaposan meggondolja, mit mond)*. Rossz esetben törtető, karrierista, önző, makacs, keményfejű, gátlásos, anyagias.

Vízöntő (január 21.–február 19.)
Az egyik legemberibb, leginkább emberszerető jegy. Segítőkész, közösségi gondolkodású, mindig .... *(sok feladat jut rá a közösségben)*. Éles eszű, eredeti, ötletes, intellektuális, barátságos, őszinte, független, rendkívül szabadságszerető. Újító, forradalmár, reformer, aki nem illeszthető semmilyen rendbe, rendszerbe. Vonzzák az új társadalmi mozgalmak, a modern technika, a merész ötletek, találmányok. A szerelemben is sokat megőriz a függetlenségéből. Előfordul, hogy .... *(intenzív, önpusztító életet él)*. Rossz esetben önfejű, érzéketlen, különc. Öntörvényű, fanatikus, ideges, kiszámíthatatlan, könnyen ....
.... *(esik túlzásokba)*.

Halak (február 19.–március 20.)
Befelé forduló, elsősorban az érzelmei irányítják. Emberszerető, jóindulatú, megértő, önfeláldozó. Romantikus, áldozatkész, együttérző, érzelemgazdag, fantáziadús, alkalmazkodó, békeszerető. Rendkívül érzékeny, intuitív. A szerelemben is hajlamos a plátói érzelmekre. Rossz esetben túl érzékeny, befolyásolható, határozatlan, irreálisan látja a világot, érthetetlen, zavaros, megbízhatatlan, előfordul, hogy ....*(nem mond igazat)*. Könnyen ....
.... *(tönkremegy lelkileg)*.

Víz jegyek (Rák, Halak, Skorpió)
tudja tartani a száját; szereti a hasát; kicsúszik a lába alól a talaj; mindenkit az ujja köré csavar; nem a levegőbe beszél; belelát az ember veséjébe; hazudik, mint a vízfolyás

Tűz jegyek (Oroszlán, Kos, Nyilas)
mindenbe beleüti az orrát; hadilábon áll vmivel; világot lát; szerencsés csillagzat alatt született; magas lóról beszél; délibábot kerget; megáll a maga lábán; sokra viszi,

Föld jegyek (Bika, Szűz, Bak)
megrágja minden szavát; két lábbal áll a földön; állja a szavát; a jobb keze vkinek; fogához veri a garast; megfogja a pénzt; a jég hátán is megél

Levegő jegyek (Ikrek, Mérleg, Vízöntő)
sok van a vállán; minden alkalmat megragad; ég a keze alatt a munka; elveszti a mértéket; elemében van; fél gőzzel; két végén égeti a gyertyát

24. **SZÖVEGÉRTÉS** **Olvassa el az Illyés Gyula által feldolgozott Rózsa vitéz című népmesét!** C1

Volt egy királynak három fia, akik a *megszólalásig hasonlítottak egymásra*, és nagyon jó testvérek voltak. Egyszer ellenség támadta meg az országot, s a háborúban a király is elesett. A királyfiak *nyakukba vették a világot*. Sokáig mentek, azt sem tudták, hová. Végül egy magas hegyen úgy határoztak, hogy elválnak egymástól, s külön-külön *próbálnak szerencsét*. Megegyeztek abban, hogy a hegy csúcsára, egy magas fa hegyébe hosszú botot állítanak, arra egy fehér kendőt kötnek, és mindhárman vissza-vissza fognak rá nézegetni. Aki a kendőt véresnek látja, testvérei után indul, mert akkor valamelyikük veszélybe került.

A legkisebb, akit Rózsának hívtak, bal felé indult, a másik kettő jobb felé. Rózsa jó messze meglátott egy szép kastélyt. Bement, de nem talált ott senkit. Lepihent. Este nagy zajjal kinyílt a kastély kapuja. Rózsának *meghűlt a vér az ereiben*, ijedtében az ágy alá bújt. Óriások léptek be. Az egyik mindjárt azt mondta:

– Hú! Milyen emberbűz van itt!

Rózsa *életével fizetett*, amiért bement a kastélyba: az óriások megkeresték, *se szó, se beszéd* összeaprították, és kidobták az ablakon. Reggel az óriások megint elmentek, *hogy megkeressék a kenyerüket*. Akkor a bokorból előmászott egy szép, lányfejű kígyó, és Rózsa testének minden darabját összeszedte, forrasztófűvel megkenegette. Egy közeli forrásból élő-halóvizet hozott, avval is meglocsolta. Rózsa egyszer csak talpra ugrott, *erőre kapott*. Hétszer szebb és erősebb lett, mint azelőtt. Erre a lányfejű kígyó is kibújt a kígyóbőrből, hónaljig.

Rózsa este nem bújt az ágy alá, hanem a kapuban várta haza az óriásokat, hogy *farkasszemet nézzen velük*. Azok megérkeztek, de Rózsához csak a szolgáikat küldték. A szolgák azonban nem bírtak Rózsával. Maguknak az óriásoknak kellett ismét összeaprítaniuk. Másnap reggel a lányfejű kígyó megint életre keltette Rózsát. Ő maga pedig most már övig bújt ki a kígyóbőrből. Rózsa kétszer erősebb lett, mint akármelyik óriás.

Este megint megölte őt a hét óriás, de csak nagy küzdelem után, mert a szolgákat Rózsa most már mind elkergette, sőt három óriást is megsebesített. A kígyó Rózsát most is feltámasztotta. Rózsa erősebb lett, mint a hét óriás együtt, s olyan szép, hogy *a napra lehetett nézni, de reá nem*. A lány is kibújt egészen a kígyóbőrből; így igen kedves, szép teremtés volt!

Ekkor elbeszélték egymásnak az életüket. A lány elmondta, hogy ő is királyvérből való; hogy az ő apját is az óriások ölték meg. Az országot elfoglalták. A kastély a lány apjáé volt. A lány a dajkája segítségével változott kígyóvá. Kijelentette, hogy addig *fabatkát sem ér az élete*, míg az óriásokon meg nem bosszulja apja halálát. Most már elérheti célját, mert Rózsa olyan erős, hogy könnyen megfelelhet mind a hét óriásnak.

– Rajta hát, Rózsa, pusztítsd el őket! Nem leszek én sem hálátlan!

– Kedves, szép lány! – felelte Rózsa – Te nekem az életemet három ízben adtad vissza. Legyen tied az életem s egész magam!

Egymásnak holtig való szerelmet esküdtek, s így igen jóízűen telt el a nap egész estig. Mikor az óriások megérkeztek, Rózsának *helyén volt a szíve,* s így szólt hozzájuk:

– Ugyebár, gazemberek, azt hiszitek, hogy már háromszor megöltetek? Most azt mondom, hogy ma ezen a kapun egyiktek se teszi ki a lábát! Hiszitek-e? Vívjunk meg!

Azok *nagyot néztek,* és rámentek, de Rózsa sorban megölögette őket mind, neki pedig *haja szála sem görbült meg.* Az éjszaka csendesen telt el, *kéz a kézben* üldögéltek a lánnyal. Reggel a kastély udvaráról Rózsa felnézett a havas tetőre, a fehér kendő felé, hát látja, hogy az egészen véres! Megbúsul, s mondja a kedvesének:

– Mennem kell, hogy a két bátyámat felkeressem, mert *addig nincs nyugtom,* amíg nekik rosszul van dolguk. Várj vissza engem, mert ha őket feltalálom, minden bizonnyal visszajövök.

Avval felkészült, kardot, nyilat, forrasztófüvet és élő-halóvizet vett magához. Útjában lőtt egy nyulat. Talált egy kicsi házikót, az előtt egy fát, ott megállt. Hát a két bátyja két vadászkutyája meg van kötve! Azokat eloldja, tüzet csinál, s a nyulat sütni kezdi. Amint süti, hallja, hogy a fán valaki kiáltozza:

– Jaj, mint fázom!

Kiszólt Rózsa, s azt mondja rá:

– Ha fázol, gyere be, melegedjél!

Az azt mondja:

– Igen, de félek a kutyáktól!

– Ne félj, mert azok becsületes embert nem támadnak meg!

– Hiszem – hallik a fáról –, de mégsem. Vesd közéjük ezt a hajszálat, szagolják meg azt előbb. Arról engem is megismernek!

Veszi Rózsa a hajszálat, és a tűzbe veti. A fáról meg leszáll egy vén boszorkány, bemegy, s melegszik. Felhúz egy nyársra egy békát, és sütni kezdi. Mondani kezdi Rózsának:

– Az az enyém, ez a tied! – s avval a békát neki veti. Erre Rózsa kirántja a kardot, hozzácsap a boszorkányhoz. Hát a kard fává válik. Nekimegy a boszorkány, hogy megölje Rózsát, s azt mondja:

– No, most véged neked is! Testvéreidet is én öltem meg, bosszúból azért, hogy te a hét óriás fiamat megölted.

A kutyák nekiugrottak a boszorkánynak, megharapták. A vére a fára cseppent, s megint karddá vált. Kapja azt Rózsa, lecsapja vele a boszorkány bal karját. Erre a boszorkány megmutatta neki, hová temette bátyjait.

Sújt még egyet Rózsa a karddal, s avval a boszorkány Plutóhoz költözött. Rózsa kiásta a bátyjait, összedarabolt testüket összerakta, forrasztófűvel összeforrasztotta, élő-halóvízzel föltámasztotta. Azok, mikor Rózsát megpillantották, mind a ketten azt mondták:

– Jaj, de sokat aludtam!

– Sokat bizony – mondta Rózsa –, de ha én ide nem jövök, még többet aludnátok!

Rózsa elbeszélte nekik, miken ment keresztül. Azt mondta:

– Te, nagyobb bátyám, menj haza, ülj be apánk országába! Te pedig, kisebb bátyám, jöjj velem, s igazgassuk ketten az óriások országát.

Elváltak, s mindegyik ment a maga helyére. Rózsa feltalálta szép kedvesét, aki már nagyon elbúsulta magát, de hogy Rózsát meglátta, egészen felvidult. Rózsa s kedvese olyan nagy lakodalmat csináltak, hogy mindenki *a csodájára járt,* a menyasszonyt jól megtáncoltatták, s ha meg nem haltak, máig is élnek.

1. A szövegben kiemelt idiómák helyettesíthetők az alább felsorolt szavakkal, kifejezésekkel! Melyik melyikkel?

1. megpróbáltak érvényesülni ▶ *szerencsét próbálnak* ....

2. szó nélkül ▶ ....

3. nem ér semmit az élete ▶ ....

4. addig nem nyugszom meg ▶ ....
5. meg kellett halnia ▶ ....
6. nagyon szép ▶ ....
7. szemükbe nézzen ▶ ....
8. nem lett semmi baja ▶ ....
9. megerősödött ▶ ....
10. megcsodálta ▶ ....
11. nagyon hasonlítottak ▶ ....
12. kézen fogva ▶ ....
13. pénzt keressenek ▶ ....
14. elindultak a világba ▶ ....
15. csodálkoztak ▶ ....
16. bátor volt ▶ ....
17. megijedt ▶ ....

2. A szöveg alapján folytassa a mondatokat!

1. A királyfiak apjuk halála után ....

2. A véres kendő annak a jele volt, hogy ....

3. Az óriások onnan tudták, hogy idegen van a kastélyban, hogy ....

4. A kígyó valójában egy királylány volt, aki ....

5. Az óriások legyőzése után Rózsa nem lehetett teljesen boldog, mert ....

6. A boszorkány azért adta a hajszálat Rózsának, hogy ....

7. A boszorkány azért állt bosszút Rózsa testvérein, mert ....

8. A királylány félt, hogy nem látja viszont Rózsát, de amikor ....

25. **SZÖVEGÉRTÉS** **Olvassa el a szöveget az egyik legismertebb magyar költő, Petőfi Sándor életéről!**

„Külföldön máig Petőfi Sándor a legismertebb magyar költő. Az istenek magyar kedvence. Mindent megkapott, hogy nagy költő lehessen: tehetséget, történelmet, sorsot. Huszonhat évet élt, s világirodalmi rangú s méretű életmű maradt utána, mely korfordulót jelentett nemzete irodalmában" – írja róla egy ismert irodalomtörténész.

Kiskőrösön született 1823. január 1-jén. Apja Petrovics István, édesanyja Hrúz Mária, aki szlovák anyanyelvű volt, s csak *törte a magyar nyelvet*. A kis csecsemőt még születése napján megkeresztelték, a bába ugyanis csak pár órát jósolt neki, olyan gyöngécskének látszott. A szülők éppen ezért sokáig *a széltől is óvták*.

Édesapja, aki megpróbált Sándorból *embert faragni*, 1838-ban anyagilag tönkrement, elszegényedett. Dühös indulatában azt írta fiának, hogy „*leveszi róla a kezét*". Petőfinek ekkor *össze kellett húznia a nadrágszíjat*, elkezdődött életének az az öt-hat éve, mely tele volt nyomorral, szenvedéssel, örökös vándorlással. Ezek a vándorévek *jó iskolát jelentettek* számára. Tény, hogy középiskolai tanulmányait nem fejezte be, de később igen alapos műveltséget szerzett, tudott latinul, németül, franciául, angolul (például Shakespeare-t fordított).

1842. május 22-én az Athenaeum című folyóiratban megjelent nyomtatásban első verse, A borozó. Érdekes megjegyezni, hogy életrajzírója szerint Petőfi *egy ültő helyében* legfeljebb egy pohár bort tudott meginni.

1844 februárjában, süvöltő szélben, havas esőben nekivágott a pesti útnak azzal a szándékkal, hogy költő lesz. Felkereste Vörösmarty Mihályt, a kor egyik legnagyobb költőjét, akit igen *nagyra tartott*. Vörösmarty már korábban is támogatta anyagilag, s az ő ajánlatára kiadták verseit. „E férfi, kinek én életemet köszönöm, s kinek köszönheti a haza, ha neki valamit használtam vagy használni fogok, e férfi: Vörösmarty" – írta Petőfi.

Kevesebben tudják róla, hogy drámát (Tigris és hiéna, 1846) és később regényt (A hóhér kötele) is írt a versek mellett.

1846. szeptember 8-án a megyebálon ismerte meg a 18 éves Szendrey Júliát, az erdődi jószágigazgató kissé szeszélyes, irodalomértő leányát. Már a legelső találkozás szenvedélyes szerelmet ébresztett Petőfiben, Júlia azonban nem érezte – saját szavait idézve – a szerelem „spontaneitását", s nem volt képes dönteni. Nem a férfi vonzotta, aki *csapta neki a szelet*, csak a költői hírnév ragadta meg, s az egyenes választ hónapokon át halogatta. Végül 1847. szeptember 8-án, megismerkedésük évfordulóján tartották meg az esküvőt, a szülők tiltakozása ellenére. Az 1847-es év meghozta Petőfi számára az igazi barátságot is. Február 4-én olvasta Arany János Toldiját, s még *azon melegében* lelkes prózai és költői levélben üdvözölte az ismeretlen nagyszalontai jegyzőt, akivel ettől kezdve rendszeresen levelezett. Úgy tűnt, az ifjú költő élete *révbe ért*.

1848 januárjától a forradalomvárás lázában égett. Március 15-ének egyik vezető hőse lett; a mai napig elképzelhetetlen március 15-i ünnepség a Nemzeti dal nélkül. Ugyanakkor kevesellte az elért politikai eredményeket, s szinte már másnap kiadta a „respublika" jelszavát. Királyellenes verseket írt (egyik híres sora egyenesen azt követelte, hogy „Akasszátok fel a királyokat!"), támadta a kormány politikáját, aminek következtében fokozatosan veszített népszerűségéből.

A szabadságharc idején nem harcoló alakulatoknál teljesített szolgálatot. Ezért rosszindulatú vádaskodások, célzások kereszttüzében állt: *szemére hányták*, hogy még él, nem esett el a harc mezején. Petőfinek gondoskodnia kellett idős szüleiről és feleségéről, aki *anyai örömök elé nézett*. Júliát Erdődre vitte, később azonban kénytelenek voltak Debrecenbe menekülni, itt jött világra fia.

Petőfi 1849. július 31-én tűnt el örökre. Sokféle hír és rémhír szólt sorsáról, az igazat azonban máig nem tudjuk biztosan. Sírjának helye ismeretlen.

1. A szövegben kiemelt idiómák helyettesíthetők az alábbi kifejezésekkel. Melyik melyikkel?

1. nyugodt, kiegyensúlyozott, boldog lett az élete ▶ ....
2. udvarolt neki ▶ ....
3. gyereket várt ▶ ....
4. mindentől féltették, nagyon vigyáztak rá ▶ ....
5. nem foglalkozik vele, nem segít neki ▶ ....
6. rögtön, késlekedés nélkül ▶ ....
7. sokat tanult belőlük ▶ ....
8. felállás nélkül ▶ ....
9. becsületes, jó embert nevelni ▶ ....

10. jó véleménnyel volt róla, értékelte ▶ ....
11. rosszul beszélt magyarul ▶ ....
12. takarékoskodni kellett, szerény körülmények között kellett élni ▶ ....
13. hibájának tartották, kritizálták ▶ ....

2. A szöveg alapján fejezze be az alábbi mondatokat!

1. A csecsemő Petőfi nagyon gyenge kisbaba volt, ezért ....
   ....

2. Egy időben nagyon rossz anyagi körülmények között élt, mivel ....
   ....

3. Érdekes, hogy a magyar irodalom egyik legnagyobb költőjének az anyanyelve szó szerinti értelemben
   ....

4. Furcsa, hogy a kor divatjának megfelelően sok bordalt írt, jóllehet ....
   ....

5. Petőfi művelt, nyelveket ismerő ember volt, pedig ....
   ....

6. Amikor Petőfi üdvözlő levelet írt neki, Arany János még ....
   ....

7. Petőfi sírjánál az utókor nem tud megemlékezéseket tartani, mivel ....
   ....

3. Keresse meg a szöveg egyes szavainak szinonimáit!

1. életmű
2. jósol
3. halogat
4. respublika
5. hóhér
6. bensőséges
7. bába
8. kevesell

a) köztársaság
b) szülésnél segédkező asszony, szülésznő
c) kevésnek talál
d) kivégzést végző személy
e) megmondja a jövőt
f) mindig későbbre halaszt
g) egy alkotó összes alkotása
h) baráti, bizalmas

26. (SZÖVEGÉRTÉS) **Az alábbiakban Budapest egyik kedvelt közlekedési eszközéről, a trolibuszról olvashat. Pótolja a hiányzó szavakat a megfelelő alakban a szövegben szereplő idiómákban!** *C1*

| csoda | szél | idő | tiszta | darab | csín | villám | napvilág | bélyeg | ~~szem~~ | sár |

Nem is villamos, nem is busz, hanem a kettő furcsa keveréke – ki gondolná, hogy a trolibusz egyidős a városi tömegközlekedéssel? 1933. december 16-án indult el az első troli Budapesten.

A szerkezet Werner von Siemens nevéhez fűződik, aki 1882-ben készítette el a villamos és az autóbusz keresztezését. Európában az utasok nem hittek a .... *szemüknek* (1), mikor meglátták a nem mindennapi járművet, nem is terjedt el az első világháború végéig. Ekkor azonban már új .... *k* (2) fújtak, a tömegközlekedés jobban előtérbe került. A trolibusz fokozatosan meghódította a kontinenst is. A dízelbuszok elterjedése előtt olcsóbb volt az üzemeltetésük, igaz, nem lehetett elmondani róluk, hogy úgy haladnak az utcákon, mint a .... (3).

Az első trolibuszjárat Budapesten 1933. december 16-án indult a Vörösvári út és az Óbudai temető között, 7-es számmal. A felsővezetéket a BESZKÁRT, az akkori budapesti közlekedési vállalat építette ki. A Boveri-trolin láthattak elsőként a pestiek sűrített levegő által mozgatott önműködő ajtót. A Ganz-trolik ajtói kézzel működtek, de állták a .... t (4). A vonal Budapest ostroma alatt sajnos elpusztult, és nem is építették újjá, a járművek tanulókocsik lettek.

1949-ben a fővárosi vezetés határozatot hozott, hogy a 10-es villamos helyett trolibusz fog közlekedni a Kossuth tér és az Erzsébet királyné útja között. 1949 májusában a Városligetben már elkészült a felsővezeték, ekkor a tanulókocsikkal megkezdték a járművezetők felkészítését. Az első trolikat 1949. november 24-én vizsgáztatták le. A vezetők ekkor már a járművek minden .... ját (5)-bínját ismerték. A forgalom 1949. december 21-én, Sztálin 70. születésnapján indult meg a 70-es vonalon. A fővárosi lakosság .... jára (6) járt a piros járműveknek. Mint látjuk, a politika a trolik számozására is rányomta .... ét (7).

1957 elején már olyan sok troli járta Budapest utcáit, hogy kinőtték régi tárolóhelyüket, ezért a legtöbb jármű a szabad ég alatt volt kénytelen tölteni az éjszakát, ami nem tett jót az amúgy sem túl jó műszaki színvonalú kocsiknak. Az utasok száma a BKV járatain ugrásszerűen megnőtt, ezért az Ikarus piacra dobta csuklós rendszerű trolibuszait. 1964-ben az éjszakai „szállás" problémáját is megoldották – legfőbb .... je (8) volt már ennek –, kialakították ugyanis a Pongrácz úti garázst, ahol több mint száz troli térhet nyugovóra esténként.

Mivel 1958 után egy jó .... ig (9) csak a hátsó ajtón lehetett felszállni a kocsikba, az elsőn pedig le, mindenkinek el kellett haladnia a járművön ülő kalauz előtt. A zsúfoltság csökkentése érdekében 1960-tól bevezették a pótkocsit, de ez nehézkesnek és balesetveszélyesnek bizonyult, ezért 1961-től inkább csuklós trolibuszokat építettek. A később .... ot (10) látott tervek szerint összekötötték volna a peremvárosokat, valamint ki akarták építeni a hegyvidéki vonalakat is, de ezek az elképzelések csendben kimúltak.

1968-ban – még az olcsó olaj és benzin idején – határozatot hoztak a trolibuszhálózat fokozatos leépítéséről, a tervek szerint 1980-ra megszűnt volna Budapesten a troli. Közbejött azonban az olajválság, emellett a város vezetése azzal is .... ban (11) volt, hogy zajvédelmi és levegőtisztasági szempontokat is figyelembe kell venni, így a sokak által kedvelt, halk és környezetbarát budapesti trolik megmenekültek. Jelenleg a pesti vonalak hossza 68 kilométer, a viszonylatok száma 14, Budán azonban mindmáig nincsen trolivonal.

27. (SZÖVEGÉRTÉS) **Az alábbi szöveg a C-vitamin felfedezéséről szól, de összekeveredtek a bekezdései. Állítsa helyes sorrendbe!** C1

A) Felfedezte, hogy gyógyítani lehet vele a skorbutot, ekkor keresztelte el aszkorbinsavnak. 1937-ben élettani-orvosi Nobel-díjat kapott a C-vitaminnal kapcsolatos kutatásaiért.

B) Ő az egyetlen magyar tudós, aki hazájában érdemelte ki ezt a magas kitüntetést. Napjainkban elsősorban antioxidáns, sejtvédő hatása adja a C-vitamin fontosságát.

C) A titkos diplomáciai küldetés célja Magyarország háborúból való kiugrásának az előkészítése volt. Szent-Györgyi a *tűzzel játszott:* lefolytatta a tárgyalásokat, a kiugrási kísérlet azonban meghiúsult, és a németek tudomást szereztek útjáról.

D) Szent-Györgyi érdekes körülmények között jött rá arra, hogy a zöldpaprika sokkal többet tartalmaz ebből az anyagból, mint a citrusféle gyümölcsök. A legendák szerint utálta a paprikát, és amikor egyik este a felesége a vacsora mellé egy darab paprikát is odatett, rutinos férjként vitatkozás helyett egy óvatlan pillanatban a köpenye zsebébe dugta. (*Nem volt nyugta,* amíg minden zöldséget ki nem próbált.)

E) Tudósi tekintélyét is *latba vetette,* amikor az értelmetlen vietnami háború ellen *emelte fel a szavát,* igen keményen bírálva az amerikai kormányt. 1986-ban halt meg Amerikában.

F) Ezután a biokémia területét tanulmányozta, pontosabban egy oxidációs folyamat reakciós késését kutatta. Azt a következtetést vonta le, hogy a késés valamilyen redukáló anyag meglétére utal.

G) Dr. Szent-Györgyi Albert Budapesten született 1893-ban. Az orvostudományi egyetem hallgatója volt, majd katonaorvosként dolgozott az első világháborúban. 1917-ben szándékosan karon lőtte magát, így hazatérhetett a frontról.

H) Elfogyasztotta a vacsoráját, majd lement a laboratóriumába, és sok más zöldség és gyümölcs sikertelen kipróbálása után – vesztenivalója nem lévén – elővette a vacsoráról kimenekített paprikát, és *munkához látott.* Állítólag még aznap éjjel a kezében volt a megoldás. Tudta, hogy megtalálta a C-vitamin aranybányáját. *Madarat lehetett volna fogatni vele.* A korábbi apró, jelentéktelen mennyiségek után egyszeriben több kilónyit tudott előállítani.

I) 1947 végén elhagyta az országot, és Boston mellett telepedett le, ahol 1947 és 1962 között egy tengerbiológiai laboratórium igazgatójaként dolgozott. Itt a sejtosztódást kiváltó tényezőkkel, és ennek nyomán a rák keletkezésének okával kapcsolatos kutatásokat irányította.

J) Észrevette, hogy ez az anyag a mellékvesekéregben és a citrusfélékben egyaránt előfordul. *A napnál is világosabb volt* számára, hogy az emberi sejteknek szükségük van erre az anyagra, de csak növények és állatok tudják előállítani. Érdekesség, hogy az emberen kívül még egy faj van, amelynek a szervezete nem képes a C-vitamin előállítására, ez pedig a tengerimalac.

K) Vannak ugyanakkor, akik azt mesélik, hogy a tudós kisfia, akinek már nagyon elege volt abból, hogy apukája *éjt nappallá téve* a laboratóriumában dolgozik, és *ki se látszik a munkából,* vacsoránál mindenről megkérdezte, vajon megvan-e az ételben az az anyag, amit a papa keres. A sonka, vajas kenyér, alma és mákos sütemény után így mutatta fel a zöldpaprikát is. Ezzel *bogarat tett apja fülébe,* aki magával vitte a paprikát, és megvizsgálta.

L) Az 1944. március 19-i német megszálláskor kénytelen volt illegalitásba vonulni. Hitler személyesen adott parancsot az elfogására, és a Gestapo mindent elkövetett, hogy *kézre kerítse,* ugyanis a második világháború végjátékában kémregénybe illő cselekmények szereplőjévé vált. Szent-Györgyi Albertet – mivel kitűnő angol kapcsolatokkal rendelkezett – a Kállay-kormány Isztambulba küldte, ezzel az akcióval azonban az *életét tette kockára.*

1.	2.	3.	4.	5.	6.	7.	8.	9.	10.	11.	12.
G											

2. Magyarázza meg a szövegben szereplő idiómákat!

1. tűzzel játszott ▶ ....
2. nem volt nyugta ▶ ....
3. latba vetette ▶ ....
4. emelte fel a szavát ▶ ....
5. munkához látott ▶ ....

6. madarat lehetett volna fogatni vele ▶ ....
7. a napnál is világosabb volt ▶ ....
8. éjt nappallá téve ▶ ....
9. ki se látszik a munkából ▶ ....
10. bogarat tett apja fülébe ▶ ....
11. kézre kerítse ▶ ....
12. életét tette kockára ▶ ....

3. Az olvasott szöveg alapján döntse el az alábbi állításokról, hogy igazak (✓), hamisak (✗) vagy nem szerepeltek a szövegben (–)!

1. Szent-Györgyi saját magának okozott sérülést, hogy ne kelljen harcolnia. ✓
2. Később is tiltakozott a háború ellen.
3. A legtöbb állatfaj szervezete képtelen C-vitamin termelésére.
4. Szent-Györgyi szeretett kémregényeket olvasni.
5. Kisfia szeretett volna többet együtt lenni az apukájával.
6. Szent-Györgyi állítólag nem kedvelte a paprikát.
7. A Nobel-díjat már amerikai tartózkodása során kapta meg.
8. Amerikában a tengeri rákokkal kapcsolatban végzett kutatásokat.
9. Nagyon sok növénnyel próbálkozott, mielőtt kimutatta, hogy a paprika fontos C-vitamin-forrás.
10. Szent-Györgyi papucsférj volt.

28. Keresse meg az alábbi viccek poénjait!

1. Hogyan csodálkozik a leprás?
2. Futball-világbajnokság idején tilos kimondani a következő mondatot:
3. Mikor van abszolút hideg?
4. – Jean, hozza ide a mozsarat! – Minek uram?
5. – Jean, hozza be a baltát! – Minek, uram?
6. Mit csinál az, aki az autója kerekeit kénsavba mártja?
7. Mi az abszurdum?

a) Ne vedd a szívedre, drágám! Legközelebb majd mi nyerünk!
b) Amikor az embernek az arcára fagy a mosoly.
c) Kereket old.
d) Törni akarom a fejem.
e) Leesik az álla.
f) Ha egy macska egérutat nyer.
g) Embert akarok faragni magából.

1.	2.	3.	4.	5.	6.	7.
e						

29. SZEREPJÁTÉK Írjanak párbeszédet az alábbi szituációkhoz a megadott idiómák felhasználásával! Játsszák is el őket!

B1 szint

Szituáció: A hipermarket parkolójában egy család szeretné betenni a vásárolt árut a kocsiba, és hazaindulni. Valaki azonban a kocsijuk elé parkolt, mert máshol nem talált helyet.

Felhasználandó idiómák:
ha hiszi, ha nem!; a vak is láthatja; egy jó darabig; ami sok, az sok!; szót fogad vkinek; beszél vkinek a fejével; kezet rá!; a könyökén jön ki

B2 szint

Szituáció: Utasok a buszon. Egy kamasz hangosan hallgatja a zenét a mobiltelefonján. A buszvezető közli, hogy addig nem megy tovább, míg le nem halkítja. Egy ideges üzletember nagyon siet, követeli, hogy a fiú kapcsolja ki a a telefont. Egy idős hölgyet szintén zavar. Egy joghallgató közli, hogy mindenkinek joga van zenét hallgatni. Egy pszichológus is utazik a buszon.

Felhasználandó idiómák:
borsot tör vkinek az orra alá; belegyalogol vkinek a lelkébe; nincsenek otthon vkinél; egyik fülén be, a másikon ki; beleüti az orrát vmibe; semmi szín alatt; rossz fényben tüntet fel vkit; levegőnek néz vkit; túllő a célon; vannak még csodák!

C1 szint

Szituáció: Két emelet között megáll a lift. Többen utaznak benne: egy kilenc hónapos terhes nő, egy testépítő két nagy kutyával, egy pizzafutár, egy költő.

Felhasználandó idiómák:
hét ágra süt a nap; balhét csap; halálra rémül; benne van a csávában; hamvába holt; rossz bőrben van; a haja szála sem görbül; tartja a hátát vmiért; mellre szív vmit; gáz van!

MUTATÓ

ABLAK 54
nem tesz ki az ablakba vmit
ÁBRA 54
mi az ábra?
ADÁS 86
veszi az adást
ÁG 151
az ág is húzza
hét ágra süt a nap
zöld ágra vergődik (vmivel)
AGY 9
agyára megy vkinek
agyba-főbe dicsér vkit
agyba-főbe ver vkit
eldurran az agya
ÁGY 54
ágyba bújik vkivel
ágynak dől
elválnak ágytól és asztaltól
nyomja az ágyat
ÁGYÚ 54
süket, mint az ágyú
AJAK 9
csüng vki ajkán
AJTÓ 54
ajtóstul ront a házba
ajtót mutat vkinek
nyitott ajtókra talál
zárt ajtókra talál
ALAGÚT 44
már látszik az alagút vége
ÁLARC 55
lehull az álarc
ALKALOM 86
megragadja az alkalmat
soha vissza nem térő alkalom
ÁLL (ige) 156
vmin áll vagy bukik vmi
hányadán áll?
hányadán áll vkivel/vmivel
még neki áll feljebb
távol álljon vkitől
ÁLL (fn) 9
leesik vkinek az álla vmitől

ALMA 151
az alma nem esik messze a fájától
ÁLOM 86
elnyomja az álom
ALSZIK 156
alszik egyet vmire
ÁR 124
az ár ellen v. az árral szemben úszik
ARC 9
vkinek az arcába v. a képébe vág vmit
vkinek az arcára fagy v. lefagy az arcáról a mosoly
vkinek az arcára van írva vmi
ég vkinek az arca (vmitől)
ARCIZOM 10
vkinek az arcizma se rándul
ASZTAL 55
asztalt bont
az asztalra csap
ez nem az én asztalom
letesz vmit az asztalra
ASZTALFIÓK 55
az asztalfióknak ír
BAB 151
nem babra megy a játék
BABÉR 151
learatja a babérokat
nem terem babér vkinek v. vki számára
ül/pihen a babérjain
BAJ 86
annyi baj legyen!
ellátja vkinek a baját
meggyűlik a baja vkivel/vmivel
BAJUSZ 10
a baj(u)sza alatt
összeakasztja a baj(u)szát vkivel
BAK 139
bakot lő
BAKANCS 55
feldobja a bakancsot
BAKLÖVÉS 86
baklövést követ el
BÁL 86
áll a bál
BALEK 41
baleknak néz vkit

BALHÉ 87
a balhé kedvéért
balhét csap/csinál vmi miatt
elviszi a balhét
kiveri a balhét
BANÁNHÉJ 151
elcsúszik egy banánhéjon
BANK 44
adja a bankot
BÁRÁNY 139
a család fekete báránya
ártatlan, mint a ma született bárány
BEFELLEGZIK 156
vkinek/vminek már befellegzett
BEFŐTT 152
elvan, mint a befőtt
BEFÜRDIK 156
jól befürdik vmivel
BEGY 139
a begyében van vkinek vki
nyomja vkinek a begyét vmi
BÉKEPIPA 55
elszívja a békepipát vkivel
BÉL 10
elhúzza a belét
kihányja a belét
BÉLYEG 55
rányomja a bélyegét vkire/vmire
BETESZ 156
ez betett neki!
BICIKLI 55
told el a biciklit!
BICSKA 56
beletörik vkinek a bicskája vmibe
kinyílik (vmitől) a bicska vkinek a zsebében
BILI 56
kiborul a bili vkinél
BOGÁR 139
bogarat tesz vkinek a fülébe
BOKA 10
megüti a bokáját
BOKOR 152
nem terem minden bokorban
szid vkit, mint a bokrot
BOLHA 139
bolhából csinál elefántot
BOLONDÓRA 87
rájön a bolondóra vkire
BOLT 44
becsukja a boltot
BONCKÉS 56
bonckés alá vesz vmit

BOR 56
a bor beszél vkiből
bort iszik, vizet prédikál
BORJÚ 139
bámul, mint borjú az új kapura
BOROTVAÉL 56
borotvaélen táncol
BORS 152
borsot tör vkinek az orra alá
BORSÓ 152
falra hányt borsó
BOT 56
bottal ütheti vkinek/vminek a nyomát
BŐR 10
bőrig ázik
ép bőrrel megússza (a dolgot)
leég a bőr vkinek a képéről/arcáról
majd' kiugrik a bőréből
nem fér a bőrébe
nincs jó bőrben v. rossz bőrben van
vastag bőr van vkinek a képén v. van bőr vkinek a képén
BŐSÉG 87
a bőség zavara
a bőség zavarával küzd
BÚ 87
búval bélelt
BUROK 11
burokban született
BÜKKFANYELV 87
bükkfanyelven beszél
CECH 87
állja a cechet
CÉL 88
túllő a célon
CÉRNA 56
nem bírja/győzi cérnával
CERUZA 57
vastagon fog vkinek a ceruzája
CIPŐ 57
egy cipőben jár vkivel v. ugyanabban a cipőben jár, mint vki
(tudja,) hol szorít a cipő
CITROM 152
citromba harapott
CUKOR 57
veszik/viszik, mint a cukrot
CSAP 57
a csapból is ez folyik
csapot-papot otthagy
CSAPÁS 88
egy csapásra

CSATABÁRD 57
elássa a csatabárdot
kiássa a csatabárdot
CSÁVA 57
benne van a csávában
kimászik a csávából
CSEH 41
csehül áll vmivel
csehül érzi magát
CSEPP 124
az utolsó csepp a pohárban
egy csepp a tengerben
egy cseppet
CSÍK 58
elhúzza a csíkot
CSILLAG 124
csillagokat lát (a fájdalomtól)
hanyatlik v. hanyatlóban van vkinek a csillaga
CSILLAGZAT 124
rossz csillagzat alatt született
szerencsés csillagzat alatt született
CSÍN 88
csínján bánik vkivel/vmivel
ismeri vminek a csínját-bínját
CSÍZIÓ 58
érti a csíziót
CSIZMA 58
hogy kerül a csizma az asztalra?
CSODA 88
a csodájára jár vkinek/vminek
mi a csoda (lehet ez)? mi a csodát csinálsz?
vannak még csodák!
CSOMÓ 58
csomót köt a nyelvére
CSÓNAK 58
egy csónakban evez vkivel
CSONT 11
csont nélkül
lerágott csont
CSONTVÁZ 11
csontváz a szekrényben
CSORBA 88
csorba esik vmin
kiköszörüli a csorbát
CSŐ 58
behúz a csőbe vkit
CSÖBÖR 58
csöbörből vödörbe (kerül)
CSŐR 140
vmi böki/bántja/piszkálja vkinek a csőrét
CSŐSTÜL 157
csőstül jön a baj

CSÚCS 124
ez csúcs!
CSURRAN-CSEPPEN 157
csurran-cseppen vkinek
CSÜTÖRTÖK 89
csütörtököt mond
DARAB 89
darabokra hull(ik)
darabokra szed vkit/vmit
egy (jó) darabig
DARÁZSFÉSZEK 140
darázsfészekbe nyúl
DÉLIBÁB 125
délibábot kerget
DERÉK 11
beadja a derekát
derékba törik
DÍJ 89
díjat tűz ki vkinek a fejére
DIÓ 152
kemény dió
DIÓHÉJ 152
dióhéjban elmond vmit
DISZNÓ 140
disznók elé szórja a(z igaz)gyöngyöt
DOB 58
(nagy)dobra ver vmit
DOBÁS 89
vkinek van még egy dobása
DOHÁNY 89
tele van dohánnyal
DOLOG 89
biztos a dolgában
elment vkinek a jó dolga
érti a dolgát
jó/rossz dolga van
lásd, kivel van dolgod!
visszafelé sül el a dolog
DÖGROVÁS 58
dögrováson van
DRÓT 59
dróton rángat vkit
leadja a drótot vkinek
DUGA 59
vmi dugába dől
DUGIG 157
dugig van
DÜH 90
dühbe gurul/jön
DŰLŐ 44
dűlőre jut vkivel
dűlőre jut vmi

EB 140
ebek harmincadjára jut
köti az ebet a karóhoz
ÉG 125
(mint) derült égből a villámcsapás
ég és föld a különbség vkik/vmik között
eget verő (hazugság, botrány)
égnek áll vkinek a haja v. minden haja szála égnek áll (vmitől)
égre-földre esküdözik
EGÉR 140
itatja az egereket
szegény, mint a templom egere
EGÉRÚT 44
egérutat nyer
EGÉSZSÉG 90
aláássa vkinek az egészségét (vmi)
használja/viselje egészséggel!
ÉGHAJLAT 125
elküld vkit melegebb éghajlatra
EGY 90
egy az egyben
egyet mondok, kettő lesz belőle
egyre megy
EGYENES 90
egyenesbe jön
ÉHKOPP 91
éhkoppon marad
ÉJ 125
az éj leple alatt
éjnek évadján
éjt nappallá téve dolgozik
ÉJSZAKA 125
görbe éjszaka
ÉL (ige) 157
aki él és mozog
él és virul
vkinek/vminek él
vmin él
hol élsz (te)?!
mintha élnél
nem él vmivel
se él, se hal
ELAD 158
(már) nem lehet eladni vkit vmilyen nyelven
ELEFÁNT 140
elefánt a porcelánboltban
ELÉG 91
eleget tesz vminek
elege van vkinek vmiből/vkiből
ELEM 91
elemében van

ÉLET 91
az életével fizet vmiért
egy életre
életbe lép
élet és halál között lebeg
életet ver vkibe
életre hív
ilyen az élet
ELEVEN 92
vkinek az elevenére tapint
ELME 92
csiszolja az elméjét
elborul vkinek az elméje
megvilágosodik az elméje vkinek
ELSÜL 158
jól sül el vmi
EMBER 41
emberére akad
embert farag vkiből
emberszámba vesz vkit
nem elveszett ember
nem embernek való
ÉN 41
a jobbik énje
megmutatkozik az igazi énje v. megmutatja az igazi énjét
EPE 11
elönt vkit az epe
ÉRDEKLŐDÉS 92
az érdeklődésnek a szikráját sem mutatja
felcsigázza vkinek az érdeklődését
ERDŐ 44
bevisz vkit az erdőbe
ÉREM 59
az érem másik oldala
ERŐ 92
erején felül költekezik
erőre kap
erőt vesz vkin vmi
ÉRZÉK 92
hatodik/hetedik érzék
ESIK 158
akár esik, akár fúj
ESŐ 126
eső után köpönyeg
lóg az eső lába
ÉSZ 92
elment az esze vkinek
észbe kap
vkinek esze ágában sincs (vmit megtenni)
eszedbe ne jusson!
felfog/felér (ép) ésszel vmit
játssza az eszét

megáll az esze vkinek
megjön az esze vkinek
rövid az esze vkinek
túljár vkinek az eszén
ESZIK 158
azt se tudja (vmiről), hogy eszik-e vagy isszák
mit eszel rajta?
ESZTENDŐ 93
sovány, mint a hét szűk esztendő
EZÜSTKANÁL 59
ezüstkanállal a szájában jött a világra v. született
FA 152
fából vaskarika
fát lehet vágni a hátán
kemény fából faragták
(saját) maga alatt vágja a fát
mi fán terem (ez)?
nagy fába vágja a fejszéjét
nem látja a fától az erdőt
rossz fát tesz a tűzre
FABATKA 59
fabatkát sem ér
FAKÉP 59
faképnél hagy
FAL 59
a falnak beszél
a falnak is füle van!
a falra mászik vmitől
falból (csinál vmit)
falra hányt borsó
FÁMA 93
erről nem szól a fáma
FARKAS 140
éhes, mint egy farkas
FARKASSZEM 140
farkasszemet néz vkivel/vmivel
FÁTYOL 60
borítsunk rá fátylat!
FEJ 12–13
vmire adja a fejét
vkinek a fejébe száll az ital
a fejébe vesz vmit
vkinek a fejéhez vág vmit
azt se tudja, hol áll a feje
beszél vkinek a fejével
elveszti a fejét
fején találja a szöget
fej fej mellett
felüti a fejét vmi
fő a feje (vmi miatt)
(még) ha a feje tetejére áll is!
vmi jár vkinek a fejében

kiver a fejéből vkit/vmit
megmossa vkinek a fejét
nem fér a fejébe
összedugják a fejüket
rosszban töri a fejét
tömi a fejét
töri a fejét (vmin)
FEJSZE 60
veszett fejsze nyele
FÉLVÁLLRÓL 158
félvállról beszél vkivel
félvállról vesz vkit/vmit
FENÉK 13
a fenekén marad
nagy feneket kerít vminek
nem fenékig tejfel
FÉNY 126
vminek a fényében
fény derül vmire
rossz fényben tüntet fel vkit
FOG 13–14
vkinek a fogára való vmi
beletörik vkinek a foga vmibe
fáj vkinek a foga vkire/vmire
fél fogára sem elég
fogához veri a garast
kimutatja a foga fehérét
mintha a fogát húznák
otthagyja a fogát
szívja a fogát
FÖLD 126
a föld alá süllyed (szégyenében)
leissza magát a sárga földig
ki se látszik v. alig látszik ki a földből
még a föld alól is
(eltűnt) mintha a föld nyelte volna el
FŰ 153
fű alatt
fűnek-fának elmond vmit
fűt-fát ígér vkinek
FÜL 14
egyik fülén be, a másikon ki
fülig ér a szája
megüti vkinek a fülét vmi
rágja a fülét vkinek
se füle, se farka
süket fülekre talált
FÜLES 94
fülest kap
lekever vkinek egy fülest
FÜRDŐVÍZ 60
a fürdővízzel együtt a gyereket is kiönti

FÜST 126
egy füst alatt
füstbe megy
nagyobb a füstje, mint a lángja
GALAMB 141
várja, hogy a sült galamb a szájába repüljön
GARAS 60
leteszi a garast vki/vmi mellett
GARAT 60
felönt a garatra
GATYA 60
felköti a gatyáját
gatyába ráz vkit/vmit
GÁZ 127
beletapos a gázba
gáz van!
GESZTENYE 153
másnak kaparja ki a gesztenyét
GOMB 61
gombhoz a kabátot
GOMBA 153
gomba módra szaporodik
GONDOL 158
hova gondol?
miből gondolod, hogy…?
GONDOLAT 94
fázik a gondolattól(, hogy…)
játszik/kacérkodik a gondolattal, hogy
GÖDÖR 44
kimászik a gödörből
GŐZ 127
fél gőzzel
gőze sincs vkinek vmiről
kár a gőzért!
GUTA 94
majd megüt a guta vkit
GÚZS 141
gúzsba köt vkit
GYANÚ 94
a gyanú(nak még az) árnyéka se(m) férhet vkihez
gyanút fog
GYÉKÉNY 61
egy gyékényen árul vkivel
GYEPLŐ 61
rövidre fogja a gyeplőt
GYEREK 42
gyerek még az idő
kire ütött ez a gyerek?
ne légy gyerek!
nem mai gyerek
GYEREKCIPŐ 61
gyerekcipőben jár vmi

GYEREKSZOBA 45
volt gyerekszobája (vkinek)
GYOMOR 15
jó gyomra van vkinek vmihez
megfekszi vkinek a gyomrát
remeg a gyomra (az idegességtől)
GYÖKÉR 154
gyökeret ereszt vhol
gyökeret ver vkinek a lába
GYÜMÖLCS 154
meghozza (a) gyümölcsét
GYŰRŰ 61
leesne a gyűrű az ujjáról, ha…
HADILÁB 94
hadilábon áll vmivel
HAJ 15
égnek áll a haja (vkinek vmitől)
hajánál fogva előrángatott
haja szála se(m) görbül (meg)
hajba kap vkivel
HÁJ 15
minden hájjal megkent
mintha hájjal kenegetnének vkit
HAJÓ 61
egy hajóban eveznek
elhagyja a süllyedő hajót
HAJSZÁL 15
(egy) hajszál híján
(egy) hajszálon múlik vmi
HAJTÁS 94
egy hajtásra megiszik vmit
nagy a hajtás
HALÁL 94
vkinek a halála vmi
halál fia vagy!
halál komoly
halálra keres vkit/vmit
halálra keresi magát
halálra unja magát
halálra válik/rémül
HALLOMÁS 95
hallomásból ismer vkit/vmit
HÁLÓ 61
vkinek a hálójába kerül
kiveti vkire a hálóját/hálót
HÁLYOG 16
lehull(ik) a hályog vkinek a szeméről
HÁM 141
kirúg a hámból
HAMV 127
hamvába holt

HANG 95
felemeli a hangját
más hangot üt meg
megtalálja a hangot vkivel
HANYATT-HOMLOK 158
hanyatt-homlok menekül
HARAG 95
elpárolog a haragja vkinek
(éktelen) haragra lobban/gerjed (vki ellen)
HAS 16
vkinek a hasára süt a nap
a hasára üt
elcsapja a hasát
hason csúszik vki előtt
hasra esik vki előtt
szereti a hasát
HÁT 16
vkinek a hátán csattan az ostor
tartja a hátát vkiért/vmiért v. vmi miatt
HATÁR 45
határ a csillagos ég
mindennek van határa
túlmegy minden határon
HÁZ 45
ahány ház, annyi szokás
mindenki v. ki-ki söpörjön a saját háza/portája előtt!
telt ház
HELY 45
egy ültő helyében
helyben vagyunk
helyén van vkinek az esze
helyt ad (kérésnek, véleménynek)
hűlt helye vminek
megállja a helyét
nem találja a helyét
HETET-HAVAT 127
hetet-havat összehord
HÉZAG 96
mi a hézag?
HIBA 96
kinövi vmely hibáját
öreg hiba
HÍD 62
minden hidat feléget maga mögött
HIDEG 96
hidegre tesz vkit
HÍJA 96
híján van vminek
jobb híján
HÍR 96
hírbe hoz vkit
hírből ismer vkit/vmit

híre-hamva sincs vkinek/vminek
jó/rossz hírét kelti vkinek/vminek
se híre, se hamva
HISZ 159
ha hiszed, ha nem!
kötve hiszem!
meghiszem azt!
HOLTPONT 97
holtpontra jut
HOMLOK 16
nincs vkinek a homlokára írva vmi
HÓN(ALJ) 17
vkinek a hóna alá nyúl
HOROG 62
horogra akad
HULLÁMHOSSZ 127
egy/azonos hullámhosszon van vkivel
HÚR 62
egy húron pendül vkivel
pattanásig feszíti a húrt
HUROK 62
szorul a hurok vkinek a nyaka körül
I 97
felteszi az i-re a pontot
IBOLYA 154
alulról szagolja az ibolyát
IDEG 17
vkinek az idegein táncol
IDŐ 97
agyoncsapja/agyonüti az időt vmivel
időtlen idők óta
kifut az időből
legfőbb ideje, hogy…
vki nem vesztegeti az idejét (vmire)
rabolja az időt v. vkinek az idejét
szorít az idő
ÍN 17
vkinek inába száll a bátorsága
ING 62
akinek nem inge, ne vegye magára
inge-gatyája rámegy vmire
ÍNY 17
vkinek nincs ínyére vmi
IRHA 141
menti az irháját
IRIGYSÉG 97
elsárgul v. sárga az irigységtől
ISKOLA 46
iskolát teremt vmivel
jó iskola vkinek
ISTEN 98
az isten háta mögött

felviszi az isten vkinek a dolgát
isten bizony
Isten éltessen (sokáig)!
Isten ments!
megfogta az isten lábát
nagy az isten állatkertje
ÍZ 17
ízekre szed vkit/vmit
JÁR 159
együtt jár vkivel
ez nem járja!
pórul jár
JÁRAT 98
mi járatban vagy/van?
JÉG 127
a jég hátán is megél
megtört a jég
JÉGHEGY 128
(ez csak) a jéghegy csúcsa
JELENLÉT 98
megtisztel vkit/vmit a jelenlétével
JÖN 159
ahogy jön
jól/jókor jön vkinek vmi
kapóra jön
rosszul/rosszkor jön vkinek vmi
KALAP 62
egy kalap alá vesz vkit vkivel v. vmit vmivel
le a kalappal vki/vmi előtt
megeszem a kalapomat, ha...
KANÁL 63
nagy kanállal eszik
KAPTAFA 63
egy kaptafára megy
KAPU 63
nyitott kapukat dönget
KAR 17
jó karban van
tárt karokkal fogad vkit
KÁR 98
a maga/saját kárán tanul
kárba vész/megy
KARIKACSAPÁS 99
(úgy) megy vmi, mint a karikacsapás
KÁRTYA 63
belelát vkinek a kártyáiba
nyílt kártyákkal játszik
KÁSA 63
nem eszik olyan forrón a kását!
nem kerülgeti a forró kását
KÁSAHEGY 63
átrágja magát a kásahegyen

KÁTYÚ 63
vmi kátyúba jut
KEFE 64
rágja a kefét
KEFEKÖTŐ 42
iszik, mint a kefekötő
KENYÉR 64
kenyér nélkül marad
kenyérre lehet kenni
vmivel keresi a kenyerét
nem kenyere vkinek vmi
KENYÉRTÖRÉS 99
kenyértörésre kerül sor (vkik között)
kenyértörésre viszi a dolgot
KÉP 17
vkinek a képébe vág vmit
van képe vkinek vmihez v. vmit megtenni
KÉRDÉS 99
feszeget egy kérdést
fogas kérdés
kihegyezi a kérdést vmire
KERÉK 64
vkinek hiányzik egy v. nincs ki minden kereke
kereket old
KERÉKVÁGÁS 99
kizökken a megszokott/régi kerékvágásból
visszatér a megszokott/rendes kerékvágásba
KÉS 64
kés alá fekszik
KÉSHEGY 64
késhegyre menő
KÉSZPÉNZ 64
készpénznek vesz vmit
KESZTYŰ 64
felveszi a kesztyűt
KÉZ 17–19
vkinek a jobb keze
vkinek a keze nyoma meglátszik vmin/vhol
benne van vkinek a keze vmibe
ég a keze alatt a munka
el a kezekkel (vmitől)!
első kézből
hamar eljár a keze
kesztyűs kézzel bánik vkivel/vmivel
kéz a kézben
kézben tart vkit/vmit
kéz- és lábtörést!
kezére játszik vkinek vmit
kezet emel vkire
kezet rá!
leveszi a kezét vkiről/vmiről
lyukas a keze

megkéri vkinek a kezét
meg van kötve vkinek a keze
messzire nyúlik/elér vkinek a keze
mossa kezeit
ráteszi a kezét vmire
szabad kezet kap vmiben
KIÁLL 159
ki nem állhat vkit/vmit
KÍGYÓ 141
kígyót-békát kiált vkire
kígyót melenget a kebelén
KILÁTÁS 99
kilátásba helyez (vkinek) vmit
rózsás kilátások
KILINCS 65
egymásnak adják a kilincset
KISKAPU 65
megkeresi a kiskaput
KISUJJ 19
vkinek a kisujjában van vmi
a kisujját sem mozdítja vkiért/vmiért
kiráz vmit a kisujjából
KIÜTÉS 19
kiütést kap vkitől/vmitől
KOCKA 65
vmi kockán forog
kockára tesz vmit
KONYHA 46
hoz a konyhára vmennyit
KORDÁBAN 160
kordában tart vkit/vmit
KOSÁR 65
kosarat ad vkinek
kosarat kap vkitől
KŐ 128
egy követ fúj vkivel
minden követ megmozgat
nagy kő esik le vkinek a szívéről
KÖNYÖK 20
(már) a könyökén jön ki vkinek vmi
KÖNYV 65
falja a könyveket
hazudik, mintha könyvből olvasná
vki nyitott könyv vki számára
KÖRÖM 20
vkinek a körmére ég a dolog
vkinek a körmére néz
KÖRÖMSZAKADTÁIG 160
körömszakadtáig (küzd, ragaszkodik vmihez, tagad)
KÖTÉL 65
ha minden kötél szakad

kötélből vannak vkinek az idegei
kötélnek áll
KÖZSZÁJON 160
közszájon forog vmi
KROKODILKÖNNY 141
krokodilkönnyeket hullat
KÚT 66
vmi kútba esik
KUTYA 141
a mi kutyánk kölyke
egyik kutya, másik eb
itt van a kutya elásva/eltemetve
vkinek kutya baja
kutyába se vesz
vkinek kutya kötelessége
KUTYASZORÍTÓ 142
kutyaszorítóba kerül
KÜSZÖB 66
vmi küszöbön áll
LÁB 20-21
vkinek/vminek a lába nyomába se ér
alig áll a lábán
bal lábbal kelt fel
eltesz vkit láb alól
gyenge lábakon áll
két bal lába van
két lábbal áll a földön
kicsúszik vkinek a lába alól a talaj v. elveszti a lába alól a talajt
kiteszi a lábát vhonnan
lába kel vminek
láb alatt van
lábra kap
lejárja a lábát vmi után v. vmiért
levesz a lábáról vkit
megáll a maga/saját lábán
megveti a lábát vhol
nagy lábon él
nem teszi be a lábát vhova
szedd a lábad!
LAKAT 66
lakat alá kerül
lakatot tesz a szájára
LÁNCSZEM 66
a leggyengébb láncszem
LÁNDZSA 66
lándzsát tör vmi/vki mellett
LANT 66
leteszi a lantot
LAP 66-67
vmi más lapra tartozik

mindent egy lapra tesz fel
nyílt lapokkal játszik
LAPÁT 67
lapátra kerül
lapátra tesz vkit
LAT 67
vmi sokat nyom a latban
LÉ 67
bő lére ereszt vmit
megissza vminek a levét
minden lében kanál
összeszűri a levet vkivel
saját levében fő
LÉC 67
rezeg a léc
LÉGY 142
a légynek sem tudna ártani
két legyet üt egy csapásra
tudja, mitől döglik a légy
LEJTŐ 46
a lejtőn nincs megálllás
elindul a lejtőn
LÉLEGZET 100
rövid lélegzetű
LÉLEK 100
vkinek a lelkén szárad vmi
a lelkére beszél vkinek
a lelkére köt vkinek vmit
belegyalogol vkinek a lelkébe
(csak) hálni jár belé a lélek
kiadja a lelekét
kiönti a lelkét vkinek
kiteszi a lelkét vkiért/vmiért
lelket önt vkibe
nem visz rá a lélek vkit vmire
nyomja vkinek a lelkét vmi
tartja a lelket vkiben
LELKIISMERET 101
vkinek a lelkiismeretén szárad vmi
furdal vkit a lelkiismeret
LEPEL 68
lerántja a leplet vkiről/vmiről
LÉPÉS 101
így jött ki a lépés
lépésről lépésre
LERÁZ 160
leráz vkit (a nyakáról)
LEVEGŐ 128
a levegőbe beszél
benne van a levegőben
levegőnek néz vkit

rontja a levegőt vhol
tiszta a levegő
LEVES 68
beleköp a levesbe v. vkinek a levesébe
LIBA 142
buta liba
LÓ 142
átesik a ló túlsó/másik oldalára
lóvá tesz vkit
lovat ad vki alá
magas lóról beszél (vkivel)
rossz lóra tesz
LÓHALÁLÁBAN 160
lóhalálában (fut, menekül)
LÓLÁB 143
kilóg a lóláb
LUCA 42
lassan készül, mint a Luca széke
LYUK 46
lyukat beszél vkinek a hasába
MA 101
máról holnapra él
MACSKA 143
kerülget vmit, mint macska a forró kását
nem árul zsákbamacskát
MADÁR 143
madarat lehetne fogatni vkivel
madárnak néz vkit
MAG 154
kemény mag
MAGA 42
kitesz magáért
maga alatt van
magába száll
megmondja a magáét vkinek
MAGYAR 43
magyarán szólva
MAJOM 143
majmot csinál magából
MALOM 46
vkinek a malmára hajtja a vizet
egy malomban őröl vkivel
MAROK 21
vkinek a markában van
markában tart vkit
(pénzösszeg) üti vkinek a markát
MÉCSES 68
eltörött a mécses
MEDER 47
vmilyen mederbe terelődik vmi

MEDVE 143
előre iszik a medve bőrére *v.* ne igyál előre a medve bőrére!
lássuk a medvét!
MEGÍR 160
hol van az megírva?
MEGSZÓLALÁS 101
a megszólalásig hasonlít vkire
MEGY 160
megy, mint (az) állat
MELEG 101
azon melegében
MELL 22
vmi mellbe vág vkit
vki mellének szegez (egy kérdést)
mellre szív vmit
MELLÉNY 68
nagy mellénye van
MÉREG 68
mérget vehet vmire
MÉREGFOG 144
kihúzza vminek a méregfogát
MÉRTÉK 101
betelt a mérték
megüti a mértéket
nem ismer mértéket
MESE 102
mese habbal
nincs mese
MÉZESMADZAG 68
elhúzza a mézesmadzagot vki előtt
MINDEN 102
mindent bele!
minden kitelik vkitől
MINDENKI 43
mindenki magából indul ki
MÓD 102
megadja vminek a módját
módjában áll megtenni vmit
MÓKUSKERÉK 144
benne van a mókuskerékben
MOND 160
csak mondja a magáét
egyet mondok, kettő lesz belőle
hogy mást ne mondjak
(ezt) mondani sem kell
mondasz valamit!
nekem mondod?
MOSOLY 102
mosolyt csal vkinek az arcára
MUNKA 102
alig látszik ki a munkából *v.* ki se látszik a munkából
kerüli a munkát
megfogja a munka végét
nem szakad meg a munkában
MUZSIKÁL 161
gyengén muzsikál
NADRÁG 68
felköti a nadrágját
NADRÁGSZÍJ 68
összehúzza a nadrágszíjat
NAGY 103
nagyot néz
nagyra tart vkit
NAGYKÖNYV 68
ahogy a nagykönyvben meg van írva
NAP[1] (fn) 128
a napra lehet nézni, de rá nem
leáldozik *v.* leáldozóban van vkinek a napja
napnál is világosabb
nincs új a nap alatt
NAP[2] (fn) 129
holnap is van nap
lopja a napot
meg vannak számlálva vkinek/vminek a napjai
nem lehet őket egy napon említeni
NAPVILÁG 129
napvilágot lát vmi
napvilágra kerül/jut
NEHÉZSÉG 103
áthidalja a nehézségeket
NÉV 103
felkapják vkinek a nevét
jó néven vesz (vkitől) vmit
nevén nevezi a gyereket
rossz néven vesz (vkitől) vmit
NÓTA 103
mindig ugyanazt a nótát fújja
NYAK 22
a nyakába szakad vkinek vmi
vkinek a nyakába ugrik
a nyakába veszi a várost *v.* az országot
a nyakára hág vminek
vkinek a nyakára küld vkit
a nyakát teszi vmire
nyakig ül vmiben
nyakon csíp vkit
NYÁL 23
csorog a nyála vmi után
NYÉL 69
nyélbe üt vmit
NYELV[1] (fn) 23
vkinek a nyelve hegyén *v.* a nyelvén van vmi
a nyelvét köszörüli vkin

beletörik a nyelve vmibe
elvitte a cica a nyelvedet?
lóg a nyelve
vigyázz a nyelvedre!
NYELV² (fn) 103
egy nyelvet beszél vkivel
hét nyelven beszél
töri a nyelvet
NYEREG 144
nyeregben érzi magát
NYOM 129
a nyomába se ér/léphet vkinek/vminek
nyomon követ vmit
NYOMDOK 130
vkinek a nyomdokában jár v. a nyomdokait követi
NYUGTA 130
vkinek nincs nyugta
vkinek nincs nyugta vkitől/vmitől
nyugtával dicsérd a napot!
NYUGTON 161
nyugton marad
NYÚL 144
kiugrasztja a nyulat a bokorból
NYÚLCIPŐ 144
felveszi/felhúzza a nyúlcipőt
NYŰG 144
nyűg vkinek a nyakán
ODAVAN 161
odavan vkiért/vmiért
OLAJ 154
olajat önt a tűzre v. olaj a tűzre
olajra lép
OLDAL 104
az élet napos oldala
vkinek az oldalára áll
furdalja/fúrja vkinek az oldalát vmi
OLTÁR 47
oltár elé vezet vkit
ÓRA 104
ütött vkinek/vminek az órája
OROSZLÁN 144
bemegy az oroszlán barlangjába
ORR 23
vkinek az orra alá dörgöl vmit
vkinek az orra előtt ment el vmi
vkinek az orrára koppint
beleüti az orrát vmibe
felhúzza az orrát (vmi miatt v. vmin)
vkinek jó orra van vmihez
lógatja az orrát
magasan hordja az orrrát

nem köti vkinek az orrára
(az) orránál fogva vezet vkit
OSTOR 69
vkin csattan az ostor
OTTHON 104
nincsenek otthon v. elmentek otthonról vkinél
otthon van vmiben
ÖL 24
az ölébe hull(ik) vkinek vmi
ölbe tett kézzel ül
ölre megy vkivel
ÖRDÖG 104
az ördög nem alszik
nem jó az ördögöt a falra festeni v. ne fesd az ördögöt a falra!
ördöge van vkinek
veri az ördög a feleségét
ÖRÖM 105
anyai örömök elé néz
öröm az ürömben
ÖV 69
övön aluli ütés
PÁC 69
benne van a pácban
PADLÓ 69
padlón van
PAKLI 69
benne van a pakliban
PALÁNK 47
átver vkit a palánkon
PÁLCA 69
pálcát tör vki felett
PALI 43
palira vesz vkit
PAPÍR 69
papírra vet vmit
PÁRT 105
a pártját fogja vkinek/vminek
PELLENGÉR 69
pellengérre állít vkit
PENGEÉL 70
pengeélen táncol
PÉNZ 105
(csak úgy) dől a pénz vkihez
felvet a pénz vkit
kifolyik a pénz vkinek a kezei közül
megfogja a pénzt
pénz áll a házhoz
pénzt hoz a konyhára
pénzt öl vmibe
pénz üti vkinek a markát

rossz pénz nem vész el
semmi pénzért
szórja a pénzt
PER 106
pert akaszt vkinek a nyakába
PIRULA 70
lenyeli a keserű pirulát
PLAFON 70
vki a plafonon van
POFA 144
pofá(ka)t vág (vmihez)
pofára esik
van pofája vkinek vmihez
POHÁR 70
a pohár fenekére néz
betelt a pohár (vkinél)
POR 70
nagy port ver fel vmi
összerúgja a port vkivel
porrá zúz vmit
port hint vkinek a szemébe
PORTA 47
mindenki v. ki-ki söpörjön a saját háza/portája előtt!
PUMPA 70
felmegy a pumpa vkiben
PÚP 24
púp a hátán vkinek vmi/vki
RÁCS 71
rács mögé juttat vkit
rács mögött van vki
RÁNC 71
ráncba szed vkit
REND 106
rendbe szedi magát
rendben van v. jól áll vkinek a szénája
RÉS 71
résen van
RÉV 47
révbe ér
RÓKA 145
öreg róka
ROM 71
romokban hever
RONGY 71
rázza a rongyot
ROSTA 71
kihullik a rostán
ROVÁS 106
vkinek/vminek a rovására megy vmi
sok van vkinek a rovásán
RÚD 71
rájár a rúd vkire

SAKK 71
sakkban tart vkit
SÁR 130
állja a sarat
sárba tipor vmit
SAROK[1] (fn) 47
sarokba szorít vkit
SAROK[2] (fn) 25
vkinek a sarkában van
a sarkára áll
SÁTORFA 72
szedi a sátorfáját
SEB 25
vkinek a sebeiben vájkál
a sebeit nyalogatja
SEMMI 106
egy szál semmiben
nem semmi
nesze semmi, fogd meg jól!
semmibe vesz vkit/vmit
SISAK 72
nyílt sisakkal (küzd, vitázik)
SÓBÁLVÁNY 72
sóbálvánnyá válik/változik
SOK 107
ami sok, az sok!
ez már több a soknál!
sokat ad vmire
sokra viszi
SOR 107
jól megy vkinek a sora v. jó sora van vkinek
kilóg a sorból
olvas a sorok között
tiszta sor
SORS 107
megpecsételi vkinek/vminek a sorsát
sorsára hagy vkit/vmit
STAFÉTABOT 72
átveszi vkitől a stafétabotot
SÚLY 72
súlyt helyez/fektet vmire
SULYOK 72
elveti a sulykot
SUT 47
sutba dob vmit
SÜTNIVALÓ 72
vkinek kevés a v. nincs sok sütnivalója
SZÁJ 25
vkinek a szájába rág vmit
a számból vetted ki a szót!
be nem áll a szája
csak a szája jár

csak a száját tátja
eljár vkinek a szája
fogd be a szád!
habzik vkinek a szája
kinyitja a száját
vkinek nagy szája van *v.* nagy vkinek a szája
szájára vesz vkit
szájról szájra jár
tartja a száját
vigyázz a szádra!
SZAKÁLL 26
a saját szakállára (csinál vmit)
SZÁLKA 72
szálka vkinek a szemében
SZALMASZÁL 154
az utolsó szalmaszál
egy szalmaszálat sem tesz keresztbe
SZÁM 107
nem nagy szám
számot ad vmiről
SZÁRNY 145
a szárnyai alá vesz vkit
szárnyait próbálgatja/bontogatja
szárnyra kap/kel (a hír)
SZARV 145
letöri vkinek a szarvát
SZÉK 72
két szék között a pad alá esik
SZEKÉR 73
vkinek a szekerét tolja
SZÉL 130
a széltől is óv vkit
csapja a szelet vkinek
más/új szelek fújnak
mi szél hozott ide/erre?
szélnek ereszt vkit
tudja, honnan fúj a szél
SZÉLMALOMHARC 131
szélmalomharcot folytat/vív vki/vmi ellen
SZEM 26
a két szép szeméért
a szemébe mond vkinek vmit
vkinek a szeme fénye
vkinek a szemére hány/vet vmit
vkinek a szemével néz vmit
csukott szemmel is (megcsinál vmit)
vkinek jó szeme van vmihez
kiszúrja vkinek a szemét vmennyivel/vmivel
(majd') kiszúrja vkinek a szemét vmi
nagyobb a szeme, mint a szája
ne kerülj a szemem elé!
nem hisz a szemének

nem néz vmit jó szemmel *v.* rossz szemmel néz vmit
rajta tartja a szemét vkin/vmin
szem előtt tart vmit
szemet szúr vkinek vmi
szemmel tart vkit/vmit
SZEMÜVEG 73
a saját szemüvegén keresztül lát mindent
SZÉNA 154
rosszul áll vkinek a szénája
SZENNYES 73
kiteregeti a szennyest
SZERENCSE 108
rámosolyog a szerencse vkire
sok szerencsét!
szerencsét próbál
SZÍN[1] (fn) 131
vkinek/vminek a színét sem látta
jó színben tüntet fel vkit/vmit
más színben lát vmit
rossz színben van
semmi szín alatt
színt vall
SZÍN[2] (fn) 108
színre lép
SZITA 73
átlát a szitán
SZÍV 27
ami a szívén, az a száján
vkinek a szívébe markol vmi
a szívére vesz vmit
belopja magát vkinek a szívébe
kiönti a szívét vkinek
megesik vkinek a szíve vkin
nyomja vkinek a szívét vmi
összetöri vkinek a szívét
szívéhez nő vkinek
szíven üt vkit
vérzik a szíve vkiért/vmiért
SZÓ 108–109
ad vkinek a szavára
állja a szavát
a szavába vág vkinek
a szóban forgó
átadja a szót vkinek
belefojtja a szót vkibe
egy szó mint száz
elharapja a szót
fél szóból is ért
issza vkinek a szavait
keresi a szavakat
lehet róla szó
megrágja minden szavát

nem jut szóhoz (vki miatt v. vmitől)
se szó, se beszéd
szaván fog vkit
szavát adja vkinek
vkinek szava van (vmiben)
szó, (a)mi szó
szóba áll vkivel
szóba hoz vmit
szóhoz jut
szót fogad vkinek
szóval tart vkit
szóvá tesz vmit
SZÓL 161
magunk közt szólva
SZÖG 73
kibújik a szög a zsákból
vmi szöget üt vkinek a fejébe
SZŐLŐ 155
savanyú a szőlő
SZŐNYEG 73
szőnyeg alá söpör vmit
SZŐRMENTÉN 161
szőrmentén bánik vkivel
TALAJ 47
ég a lába alatt a talaj
TÁLCA 73
tálcán kap vmit
tálcán nyújt/kínál vmit
TALP 28
feldobja a talpát
talpra áll
TARSOLY 74
tartogat vmit a tarsolyában v. van még vmi
   a tarsolyában
TEHER 110
vkinek a terhére van
leveszi a terhet vkinek a válláról
teherbe esik
TEJ 74
van mit a tejbe aprítania
TÉMA 110
vágja a témát
TENYÉR 29
ismer vkit/vmit, mint a tenyerét
tenyerén hordoz vkit
TÉRD 29
térdre kényszerít vkit
TERÍTÉK 74
vmi terítékre kerül
TÉSZTA 74
ez (már) más tészta

TETŐ 74
ez mindennek a teteje!
tető alá hoz vmit
TISZTA 110
tisztában van vmivel
TOJÁS 145
úgy bánik vkivel/vmivel, mint a hímes tojással
úgy hasonlítanak egymásra, mint két tojás
TOLL[1] (fn) 145
idegen tollakkal ékeskedik
TOLL[2] (fn) 74
megnyomja a tollát
tollat ragad
tollba mond
TOLLVONÁS 74
egy tollvonással (elintéz vmit)
TOROK 29
vkinek a torkában dobog a szíve
vkinek a torkán akad a szó
fojtogatja a sírás vkinek a torkát
torkig van vkivel/vmivel
TŐKE 110
tőkét kovácsol vmiből
TÖNK 75
a tönk szélén áll
TÖRÖLKÖZŐ 75
bedobja a törölközőt
TRÉFA 111
ennek a fele se tréfa
nem ismer tréfát vmiben
TUD 161
nem akar tudni vkiről/vmiről
tudod/tudja, mit?
tudom is én!
TUDOMÁS 111
vkinek a tudomására jut
vedd/vegye tudomásul!
TŰ 75
tűkön ül
tűt keres a szénakazalban
tűvé tesz vmit v. mindent tűvé tesz vkiért/vmiért
TÜSKE 155
tüske van v. tüske maradt vkiben vmi miatt
TŰZ 131
játszik a tűzzel
két tűz között van v. két tűz közé kerül
közel van a tűzhöz
tűzbe teszi/tenné a kezét vkiért
TYÚK 145
a tyúkokkal kel/fekszik
UJJ 29
az ujja köré csavar vkit

egy ujjal sem nyúl vkihez/vmihez
ujjat húz vkivel
ÚR 43
ura a helyzetnek
vmi úrrá lesz vkin/vmin
úrrá lesz vmi vkin
ÚT 48
egyengeti vkinek/vminek az útját
fel is út, le is út!
görbe utakon jár
jó útra tér
kiadja vkinek az útját
külön utakon jár
szabad utat enged vminek
útba ejt vkit/vmit
útban van
zöld utat kap
UTOLÉR 162
nem tudja utolérni magát
ÜGY 111
felkarolja vkinek/vminek az ügyét
nem nagy ügy
ügyet se(m) vet vkire/vmire
ÜT 162
mi ütött beléd?
ÜZLET 111
jó üzlet
rossz üzlet
VADALMA 155
vigyorog, mint a vadalma
VÁGY 111
ég a vágytól
VAJ 75
vajból van a szíve vkinek
vaj van a fején vkinek
VAK 43
a vak is láthatja
vak vezet világtalant
vakon követ vkit/vmit
vakon (meg)bízik vkiben/vmiben
VALAMI 111
ez már valami!
valamit valamiért
viszi valamire
VÁLL 29
levesz vmit vkinek a válláról
sok van vkinek a vállán
VÁRAKOZÁS 112
minden várakozást felülmúl
VAS 75
két/több vasat tart a tűzben
nincs egy vasa se(m) vkinek

VÁSÁR 112
kettőn áll a vásár
rossz vásárt csinál vkivel/vmivel
vásárra viszi a bőrét
VÉG 112
a végére jár vminek
két végén égeti a gyertyát
se vége, se hossza
véget vet vminek
VÉGSŐ 112
a végsőkig kitart
elmegy a végsőkig
VÉKA 75
nem rejti véka alá a véleményét
VELŐ 30
velejéig romlott
VÉR 30
vkinek a vérében van vmi
vkinek a vérévé válik vmi
kifut a vér vkinek az arcából
meghűl/megfagy/elhűl a vér vkinek az ereiben
rossz vért szül
vérbe fojt vmit
vérig sért vkit (vmivel)
vérre megy
vért izzad
VERSENY 113
felveszi a versenyt vkivel/vmivel
versenyt fut az idővel
VÉRSZEM 113
vérszemet kap
VESE 30
vkinek a veséjébe lát
VIHAR 132
vihar egy pohár vízben
vihar előtti csend
VILÁG 132
a világért sem v. a világ minden kincséért sem
egy világ dől/omlik össze vkiben
kicsi a világ
ki lehet kergetni vkit a világból vmivel
mióta világ a világ
nem a világ (vége)
rajta a világ szeme
világgá kürtöl vmit
világot lát
világra jön
VILLÁM 133
mint a villám
villámokat szór vkinek a szeme
VÍZ 133
bedob vkit a mély vízbe

felkapja a vizet
kinn/kint van a vízből
nem sok vizet zavar
tiszta vizet önt a pohárba
veszélyes vizekre evez
VÍZFOLYÁS 133
(úgy) hazudik, mint a vízfolyás
ZÁTONY 133
zátonyra fut

ZOKNI 76
agyilag zokni
ZÖLDSÉG 155
zöldségeket beszél
ZSÁK 76
megtalálja a zsák a foltját
ZSÁKUTCA 48
zsákutcába jut/kerül
ZSEB 76
mélyen nyúl a zsebébe

MEGOLDÓKULCS

KIRÁZZA A KISUJJÁBÓL

1. 1.e 2.f 3.d 4.b 5.c 6.g 7.a 8.h

2. 1.d 2.h 3.g 4.b 5.c 6.f 7.a 8.e

3. 1.b 2.a 3.b 4.c 5.c 6.c 7.a 8.b

4. 1.c 2.a 3.b 4.a 5.c 6.c

5. 1. Te vagy az, Béla? Nem hiszek a szememnek, ezer éve nem találkoztunk! 2. Ne ülj ott ölbe tett kézzel, gyere te is segíteni! 3. Még ki se tettem a lábamat az ajtón, a kutya már beféküdt az ágyamba. 4. Elvesztettem az egész fizetésemet a kaszinóban, soha többet be nem teszem oda a lábamat. 5. Egész hétvégén matek érettségire készültem, az agyamra megy a sok számolás.

6. 1.b 2.a 3.b 4.a 5.c 6.b 7.c 8.b 9.c

7. 1.✓ 2.✓ 3.✗ 4.✗ 5.✗ 6.✗ 7.✗ 8.✓ 9.✓ 10.✓

8. 1.a 2.c 3.b 4.b 5.a 6.c

9. 1.j 2.c 3.d 4.a 5.f 6.e 7.h 8.i 9.g 10.b

10. 1. arcába 2. hajszál 3. fejéből 4. körmére 5. vállán 6. fülét 7. vérig 8. veséjébe 9. szájába 10. szemére

11. 1. orrát 2. lába 3. vér 4. hason 5. fejét 6. gyomrát 7. foga 8. agyba 9. bőrrel 10. fejébe

12. 1. fagy–c 2. kiráz–f 3. izzad–d 4. kap–b 5. levesz–e 6. szúr–h 7. kifut–j 8. görbül–a 9. száll–g 10. meglátszik–i

13. 1. lógatja az orrát 2. az orránál fogva vezet vkit 3. az orrára koppint vkinek 4. nem köt az orrára vkinek vmit 5. az orra előtt ment el

14. 1. mossa a kezeit 2. tartja a száját 3. torkig van vmivel 4. sok van a vállán 5. elhűl a vér vkiben 6. lerágott csont 7. felhúzza az orrát 8. lába kel vminek 9. a kisujját sem mozdítja vmiért 10. nincs az ínyére vmi

15. 1. Nyakamat teszem rá, hogy holnap esni fog. 2. Megesett a szívem rajta. 3. A könyökömön jön ki ez a téma. 4. A testvérem bal lábbal kelt fel. 5. A hasára süt a nap. 6. Minden pénznek a nyakára hágtunk. 7. Minden az én nyakamba szakadt. 8. Majd én szemmel tartom a szerelőt. 9. Egy lángos a férjemnek fél fogára sem elég. 10. Ildikónak hiába beszéltem, az egyik fülén be, a másikon ki.

16. 1. 1. nyakig ült a munkában 2. hajszál híján megmondta 3. kéz a kézben 4. úgy ismerte a várost, mint a tenyerét 5. beletörött a nyelve 6. megmosta a fejét 7. fülét megütötte (akcentus) 8. fejébe szállt a pezsgő 9. törte a fejét 10. torkában dobogó szívvel 11. az orra előtt ment el a busz 12. könyökén jött ki 13. két bal lába volt 14. fejébe vette

2. 1.b 2.c 3.c 4.a

17. 1. 1.E 2.A 3.C 4.F 5.D 6.B

2. 1. igaza van annak, aki 2. született tehetsége volt 3. elcsábította 4. irányította 5. csodálkoztak 6. kényeztették 7. terjedt

18. 1. 1. mindenki szívébe belopta magát 2. a család szeme fénye 3. nem ült ölbe tett kézzel 4. vérében volt a zene 5. tenyerükön hordozták 6. vette le a lábáról 7. jó szeme volt 8. szívbe markolóan 9. összedugták a fejüket 10. szájukat tátották 11. nem éltek nagy lábon 12. tárt karokkal fogadták

2. 1. egy cigányasszony megjósolta 2. főurak 3. bájos volt és tehetséges 4. dobálta a haját, verte a zongorát, megrongálta a hangszereket 5. mert a közönség nem maradt ülve, ezért Liszt kivitette a székeket 6. extravagáns külső és viselkedés (hajdobálás, hangszerek megrongálása), ajándéktárgyak osztogatása

3. 1.c 2.e 3.f 4.g 5.a 6.b 7.d

KITESZÜNK MAGUNKÉRT • HELYBEN VAGYUNK

1. 1.f 2.c 3.a 4.b 5.d 6.e

2. 1.i 2.e 3.b 4.c 5.d 6.g 7.a 8.j 9.f 10.h

3. 1.c 2.a 3.c 4.b 5.a 6.a

4. 1.b 2.a 3.b 4.c 5.a 6.c 7.a

5. 1.✓ 2.✗ 3.✓ 4.✓ 5.✓ 6.✓ 7.✗

6. 1. sarokba 2. malomban 3. helyén 4. embert 5. gödörből 6. konyhára 7. Luca 8. vakon

7. 1. ejt 2. beszél 3. nyer 4. jut 5. hoz 6. vesz 7. egyengeti 8. szorít 9. követ 10. megállja

8. 1. vkiből–e 2. vminek–g 3. magába–b 4. maga alatt–a 5. vminek–f 6. útban–c 7. zsákutcába–d

9. 1. Csehül állunk. 2. Lyukat beszélt a hasamba. 3. Mindenki magából indul ki. 4. Sarokba szorítottak. 5. Ura vagyok a helyzetnek. 6. Túlment minden határon.

10. 1. magyarán szólva 2. úrrá lesz vmin 3. révbe ér 4. egy malomban őrölnek 5. görbe utakon jár 6. dűlőre jut 7. sutba dob vmit 8. emberére talál

11. 1. baleknak nézett 2. kiadtam az útját 3. mindennek van határa 4. görbe utakon járt 5. jó iskola volt 6. vakon megbízni 7. kimászol a gödörből 8. zsákutcába jutott az életem 9. nem vagyok már mai gyerek 10. gyerek még az idő 11. magam alatt vagyok 12. megmondtam neki a magamét

SZÖGET ÜTHET A FEJÉBE

1. 1.e 2.b 3.f 4.a 5.d 6.h 7.g 8.c

2. 1.h 2.a 3.d 4.e 5.g 6.c 7.f 8.b

3. 1.b 2.a 3.a 4.b 5.a 6.b 7.c 8.a 9.a 10.b

4. 1. Nem kell félni a nagymamától, vajból van a szíve. 2. Megeszem a kalapomat, ha meg tudsz enni ennyi csokoládét. 3. Amikor az öcsém fiatalabb volt, utcai zenéléssel kereste a kenyerét. 4. Ne meséld el, amit tegnap hallottál, a falnak is füle van. 5. Ne hallgass a nagybátyádra, mert vizet prédikál, bort iszik.

5. 1.b 2.a 3.c 4.c 5.c 6.a 7.b 8.b 9.c 10.a

6. 1.✓ 2.✗ 3.✓ 4.✗ 5.✓ 6.✓ 7.✓ 8.✗ 9.✓ 10.✓

7. 1.c 2.a 3.c 4.b 5.a 6.c 7.b 8.b 9.a 10.b

8. 1. egy követ fújnak 2. a pohár fenekére néz 3. több vasat tart a tűzben 4. átlát a szitán 5. padlón van 6. kötélnek áll 7. beletörik a bicskája 8. a falnak beszél 9. felmegy benne a pumpa 10. vajból van a szíve

9. 1. csizma 2. szöget 3. kapukat 4. kalap 5. hidat 6. falra 7. tűt 8. fürdővízzel 9. kötélből 10. érem

10. 1. talál 2. dől 3. összehúzza 4. hever 5. jár 6. elszívja 7. behúz 8. marad 9. esik 10. megtalálja

11. 1. otthagy–b 2. van–l 3. áll–c 4. rejti–f 5. ront–f 6. vesz–h 7. pendülnek–a 8. felönt–j

12. 1. ablakba–d 2. kanállal–a 3. sakkban–i 4. terítékre–j 5. fején–f 6. vkitől–e 7. (nagy)dobra–g 8. kártyákkal–c 9. lapátra–h 10. levében–b

13. 1. szélén–g 2. rövidre–l 3. vkiből–f 4. nyelvére–k 5. szemében–j 6. alá–d 7. kockán–a 8. borotvaélen–h 9. zsebébe–i 10. vki mellett–c 11. kátyúba–b 12. felett–e

MEGOLDÓKULCS

14. 1. Kinyílik a bicska a zsebemben, amikor ezt az embert látom. 2. Mi ittuk meg a levét az ő hibájának. 3. Résen kell állni. 4. Szerintem van még valami a tarsolyában. 5. Mindent tűvé tettünk a kulcsért. 6. Péter az egészségét teszi kockára, ha tovább dohányzik. 7. Átrágtam magam a kásahegyen. 8. Ne veszekedjünk, hiszen egy hajóban evezünk. 9. Fabatkát sem ér már ez a mosógép. 10. Biztos vastagon fogott a pincér ceruzája.

15. 1. bedobja a törölközőt 2. vajból van a szíve 3. le a kalappal 4. ez csúcs 5. a pohár fenekére néz 6. a falnak is füle van 7. mi az ábra? 8. nyílt kártyákkal játszik

16. 1. 1. nagy feltűnést keltett 2. elismerés illeti őket 3. elkezdte érdekelni 4. meghallgatták, amit mondott 5. hosszadalmas munkát végeztek 6. lehetetlen feladatra vállalkozik

2. 1. tekintélyes 2. viccesen 3. sejtés 4. eldől 5. megalkotás 6. egyelőre 7. kizárólag

3. 1. ... szerepelt magyar találmány a híres matematikai folyóirat címlapján. 2. .... a Műszaki Egyetemen dolgozik. 3. ... is kerestek hasonló tulajdonságú testet. 4. ..., mert nehezék van benne (nem homogén). 5. ... egy nyaralásuk alatt 2000 kavicsot kellett átválogatniuk pihenés helyett. 6. ... a páncélja segítségével tud visszafordulni. 7. ... leginkább a gömbre hasonlít

A BŐSÉG ZAVARA

1. 1.c 2.e 3.a 4.h 5.b 6.d 7.f 8.g

2. 1.c 2.d 3.h 4.g 5.a 6.b 7.e 8.i 9.j 10.f

3. 1.c 2.a 3.b 4.a 5.b 6.a 7.c 8.a 9.b 10.a 11.a 12.b

4. 1. Jobb dolgod volt a nagyszüleid vidéki házában, mint otthon. 2. Rövid az eszem, elfelejtettem, hogy mit beszéltünk meg. 3. Ne játszd az eszed, te sem tudsz többet a többieknél! 4. Nem leszünk kész a munkával, ha csak fél gőzzel dolgozunk. 5. A vacsora végén a francia sajttal feltette az I-re a pontot. 6. A vitákban a mamám mindig a testvérem oldalára állt. 7. Az apja halála után a legkisebb királyfi elindult szerencsét próbálni.

5. 1.b 2.a 3.b 4.c 5.b 6.a 7.c 8.c 9.a 10.b

6. 1.✓ 2.✗ 3.✓ 4.✗ 5.✓ 6.✓ 7.✓ 8.✓ 9.✓ 10.✓

7. 1.b 2.a 3.b 4.a 5.c 6.c 7.a 8.c 9.c 10.a

8. 1.b 2.c 3.a 4.c 5.b 6.a 7.a 8.b 9.c 10.c

9. 1. hidegre tesz vkit 2. tartja a lelket vkiben 3. leveszi a terhet vkinek a válláról 4. hírbe hoz vkit 5. tartja a szavát 6. sorsára hagy vkit 7. megragadja az alkalmat 8. időtlen idők óta 9. túl lő a célon 10. rossz pénz nem vész el 11. élet és halál között lebeg 12. felveszi a versenyt vkivel/vmivel 13. az ördög nem alszik 14. lelkére köt vmit

10. 1. bőség 2. szénája 3. irigységtől 4. végén 5. lelkén 6. életével 7. csütörtököt 8. mértéket 9. pénz 10. nehézségeket

11. 1. közül–c 2. pácban–j 3. rovásán–a 4. elé–i 5. vkitől–h 6. búval–e 7. végsőkig–g 8. szóval–d 9. között–b 10. semmibe–f

12. 1. időt–f 2. hibáját–i 3. sok–j 4. csodájára–h 5. lelket–g 6. isten–a 7. máról–b 8. ördögöt–e 9. kárán–d 10. munkából–c

13. 1. elharapja a szót 2. szóval tart vkit 3. belefojtja a szót vkibe 4. tartja a szavát 5. szava van vmiben 6. szóvá tesz vmit 7. se szó, se beszéd 8. nem jut szóhoz 9. átadja a szót vkinek 10. belevág a szavába vkinek 11. szóhoz jut

14. 1. rájön 2. kiteszi 3. vet 4. megfogja 5. beszél 6. szed 7. tűz ki 8. ütött 9. megy 10. jut

15. 1. szárad 2. jár 3. betelik 4. hasonlít 5. fújja 6. furdalja 7. megy 8. vágja 9. kovácsol 10. lép

16. 1. Égek a vágytól, hogy részt vehessek… 2. A szomszédom nagy/sok dohányt nyert. / Nagy dohány ütötte a szomszédom markát. 3. Tivadar észbe kapott, és … / Tivadarnak megjött az esze, és …. 4. Majd megüt a guta, olyan mérges vagyok, mert… 5. Foglalkozom a gondolattal, hogy… 6. Főzni tudok, de hadilábon állok a sütéssel. 7. Nagy a hajtás a munkahelyen, … 8. Halálra untam magam a tegnapi színházi előadáson. 9. Kifutottam az időből, már…10. Isten éltessen! 11. Kettőn áll a vásár. 12. Rossz pénz nem vész el.

17. 1. elakadt 2. időzavarral küzdöttek 3. ellátogatott 4. rengeteg pénzbe került 5 szebb volt, mint 6. kielégítette az elvárásokat 7. egyáltalán nem tetszett 8. gazdag választéka 9. hiábavaló volt 10. támogatta a híd ügyét

18. 1.1. nem volt rossz üzlet 2. dühbe gurult 3. minden áldott nap 4. minden kitelik tőle 5. erről nem szól a fáma 6. meggyűlt a baja 7. csak hírből ismerték 8. minden várakozást felülmúlt 9. ki akartak zökkenni a megszokott kerékvágásból 10. elemükben voltak

2. 1. bringa, canga, bicaj 2. haver 3. füvezés 4. lazít 5. bringázik 6.biznisz 7. hiperegészséges 8. sztori 9. rákap 10. járgány 11.lezúg 12. bringázás 13. haver 14. teker

3. 1.✗ 2.✓ 3.✓ 4.✓ 5.✗ 6.✗

A NAPNÁL IS VILÁGOSABB

1. 1.c 2.g 3.f 4.b 5.a 6.d 7.h 8.e

2. 1.e 2.d 3.a 4.c 5.h 6.g 7.f 8.b

3. 1.b 2.a 3.b 4.c 5.b 6.b 7.b 8a

4. 1.b 2.a 3.c 4.c 5.c 6.a 7.c 8.b

5. 1.✓ 2.✓ 3.✗ 4.✓ 5.✗ 6.✓ 7.✗ 8.✓ 9.✓

6. 1. föld 2. sarat 3.színt 4. vizet 5. tűzhöz 6. napjai 7. égnek 8. színben 9. nyomon 10. levegőnek

7. 1. levegőt 2. ég 3. csillag 4. jéghegy 5. szél 6. csepp 7. vízfolyás 8. nap

8. 1. követ 2. rontja 3. tüntet fel 4. említeni 5. fújnak 6. bedob 7. leáldozik 8. ereszt 9. kürtöl

9. 1. délibábokat kerget 2. tűzbe tenné vkiért a kezét 3. csapja a szelet vkinek 4. tiszta vizet önt a pohárba 5. derült égből villámcsapás 6. jó színben tüntet fel vkit 7. az ár ellen úszik 8. villámokat szór a szeme 9. vihar előtti csend 10. éjt nappallá téve dolgozik

10. 1. Ez volt az utolsó csepp a pohárban. 2. Úgy hazudik, mint a vízfolyás. 3. Nem a levegőbe beszélek. 4. Ég és föld a különbség. 5. Égnek állt a hajam, mikor megtudtam. 6. Nem lehet őket egy napon említeni. 7. Nagy kő esett le a szívemről. 8. Leitta magát a sárga földig.

11. 1. mulatozással töltött éjszaka 2. talpraesett embernek tartja magát 3. elérhetetlen vágy 4. fecseg 5. hasonlóan gondolkodtak 6. váratlanul és kellemetlenül 7. reménytelen küzdelmet folytat 8. külföldi utakra is elküldték 9. egyáltalán nem 10. születésétől kedvező helyzetben

NEM ÁRULUNK ZSÁKBAMACSKÁT

1. 1.b 2.d 3.f 4.a 5.c 6.e

2. 1.f 2.e 3.c 4.b 5.d 6.a 7.g 8.h

3. 1.a 2.c 3.a 4.c 5.a 6.b

4. 1.b 2.a 3.c 4.c 5.b

5. 1.✓ 2.✗ 3.✓ 4.✓ 5.✗ 6.✓ 7.✗ 8.✗

6. 1. farkasszemet 2. madarat 3. kutyaszorítóba 4. bolhából 5. lóra 6. ebet 7. disznók 8. darázsfészekbe

7. 1. vág 2. ültet 3. néz 4. kerül 5. üt 6. nyúl 7. kirúg 8. átesik

8. 1. bolhából–e 2. begyében–g 3. lóról–f 4. mókuskerékben–d 5. szárnyra–h 6. nyakán–c 7. nyeregben–a 8. hámból–b 9. harmincadjára–i 10. lóvá–j

9. 1. piszkálja a csőrét vmi 2. van pofája vmit megtenni v. vmihez 3. lóhalálában 4. itt van a kutya eltemetve/elásva 5. bámul, mint borjú az újkapura 6. bogarat tesz a fülébe 7. felhúzza a nyúlcipőt 8. nem tud kiszállni a mókuskerékből 9. madarat lehetne fogatni vele 10. kutya kötelessége

10. 1. A begyemben van. 2. Ártatlan vagyok, mint a ma született bárány. 3. Ne csinálj a bolhából elefántot! 4. Átestél a ló másik oldalára. 5. Két legyet ütöttem egy csapásra. 6. Kerülgeti, mint macska a forró kását.

11. 1. 1. nem várta, hogy a sült galamb a szájába repüljön 2. felhúzta a nyúlcipőt 3. szárnyai alá vette a fiatal tehetségeket 4. nem árult zsákbamacskát 5. kirúgott a hámból

2. 1.c 2.g 3.a 4.f 5.b 6.e 7.d

12. 3.1.✓ 2.✗ 3.✗ 4.✓ 5.✓ 6.✗ 7.✗ 8.✗

KEMÉNY DIÓ • HÁNYADÁN ÁLLUNK?

1. 1.e 2.a 3.f 4.g 5.c 6.d 7.b 8.i 9.j 10.h

2. 1.d 2.b 3.e 4.i 5.g 6.f 7.j 8.h 9.a 10.c

3. 1.b 2.a 3.b 4.a 5.c 6.b 7.a 8.c

4. 1.c 2.b 3.a 4.c 5.b 6.a 7.b 8.a

5. 1.✓ 2.✓ 3.✗ 4.✓ 5.✓ 6.✗ 7.✓ 8.✓

6. 1 sül 2. kaparja 3. ígér 4. fordul 5. kötve 6. csal 7. utolérni 8. mond el 9. vágta 10. áll

7. 1. félvállról–b 2. maga alatt–f 3. vhol–g 4. dugig–e 5. neki/vkinek–h 6. vmivel–i 7. fű alatt–a 8. kapóra–j 9. körömszakadtáig–c 10. tűzre–d

8. 1. azt se tudja, eszik-e, vagy isszák 2. ez nem járja 3. odavan vkiért 4 kemény dió 5. meghozza a gyümölcsét 6. fű alatt 7. ezen él 8. nagy fába vágta a fejszéjét 9. mi fán terem? 10. ez betett neki

9. 1. Jókor jött ez az eső. 2. Jól sült el ez a találkozás. 3. Nem akarok tudni róluk. 4. Mi ütött beléd? 5. Mindig borsot törnek egymás orra alá. 6. Ez fából vaskarika. 7. A tanulás meghozta a gyümölcsét. 8. Befürödtem az új programmal. 9. Károly évek óta csak pihen a babérjain. 10. Úgy öltözz, mintha élnél.

10. 1. citromba harapott 2. mi ütött beléd? 3. megy, mint állat 4. ez nem járja 5. dugig van lóvéval 6. jól sült el 7. odavagyok a motorokért 8. azt se tudja, eszik vagy isszák 9. betett neki 10. jókor jött 11. befürödtem

11. 1. 1. a: csak a focinak élt 2. kemény dió 3. mindenkinek mosolyt csalt az arcára 4. mások számára nem termett babér 5. dióhéjban elmesélve 6. nagy fába vágva a fejszéjét 7. meghozta gyümölcsét

2. 1.g 2.a 3.j 4.i 5.h 6.b 7.e 8.c 9.f 10.d

3. 1. Aranycsapat kapitánya, a Nemzet Sportolója, a legsikeresebb magyar futballista, leghíresebb magyar 2. sváb 3. szegények voltak, rongyból, harisnyából 4. mert még túl fiatal volt, hamis papírokkal játszott 5. Öcsi: mert fiatalként került a felnőtt csapatba, Sváb: származása miatt 6. az influenzajárvány miatt sok játékos megbetegedett 7. az angolok veretlenek voltak, ott van a futball őshazája 8. alacsony, túlsúlyos 9. vidám, kedves, optimista 10. a labdát

MEGOLDÓKULCS

BEDOBJUK A MÉLYVÍZBE – ÖSSZEFOGLALÓ FELADATOK

1. 1. Ez nem az én asztalom. 2. Egy cipőben járunk. 3. Bolhából csinálsz elefántot. 4. Magam alatt vagyok. 5. Bedobom a törölközőt. 6. Ez már valami! 7. Ezzel keresem a kenyerem. 8. Érti a dolgát.

2. 1. Irén ágynak dőlt. 2. Szerintem ez csak vihar egy pohár vízben. 3. A gatyánk is ráment az utazásra. 4. Az idegeimre mennek a gyerekek. 5. Eszemben sincs ma strandra menni 6. Ezzel darázsfészekbe nyúltál. 7. Ennek az embernek nem volt gyerekszobája. 8. A nyaralás nem volt fenékig tejfel. 9. Elcsaptam a hasamat tegnap. 10. Ez az ember halálra keresi magát.

3. 1 áll 2. néz 3. evezünk 4. találja 5. indul ki 6. jár 7. eszik 8. néz

4. 1. szólva 2. nyomja 3. rángat 4. gurul 5. ég 6 megissza 7. kap 8. rúgja 9. ütheti 10. üt

5. 1.✗ 2.✗ 3.✓ 4.✓ 5.✓ 6.✗ 7.✓ 8.✓ 9.✗ 10.✗

6. 1.✓ 2.✗ 3.✓ 4.✓ 5.✗ 6.✓ 7.✓ 8.✓ 9.✓ 10.✗

7. 1. ad, adni, add 2. beszél, beszélni, beszélek 3. áll, állok, állnak 4. tartják, tartom, tartsd 5. húznák, húzta, húzta 6. találtad, talált, találja 7. teszem, tettünk, teszem 8. kapsz, kaptak, kaptam 9. néztem, nézzen, nézték

8. 1.1. sok volt a munka 2. tudta 3. kihasználja a helyzetet 4. váratlanul beteg lett 5. rossz lelkiállapotban volt

2.1.✗ 2.✓ 3.– 4.– 5.– 6.✓ 7.✓ 8.✓

3.1. bejelentkezik 2. részvétnyilvánító 3. meglepődik 4. meleg 5. üzenet, levél 6. képernyő 7. kivételesen 8. elhuny 9. elront 10. elájul 11. szeretett 12. bejelentkezés

9. 1. g-B 2. f-H 3. h-A 4. b-D 5. e-C 6. a-E 7. c-F 8. d-G

10. 1. Se füle, se farka ennek a történetnek. 2. A számból vetted ki a szót. 3. Ég és föld a különbség. 4. Ha a főnököm a feje tetejére áll is! 5. Biztosan dől a pénz hozzá. 6. Játssza az eszét. 7. Ne feszegessük ezt a kérdést! 8. Szerintem megáll a maga lábán. 9. Majd én beszélek a fejével!

11. 1.c 2.j 3.i 4.e 5.b 6.h 7.d 8.a 9.g 10.f

12. 1.i 2.e 3.g 4.j 5.d 6.b 7.h 8.f 9.a 10.c

13. 1.b 2.a 3.c 4.c 5.c 6.b 7.a 8.c 9.b 10.c

14. 1.b 2.a 3.b 4.c 5.c 6.b 7.b 8.a 9.a 10.c

15. 1. megmossa a fejét vkinek 2. port hint vkinek a szemébe 3. töri a fejét 4. szemére hány vkinek vmit 5. világot lát 6. beletörik a nyelve vmibe 7. hasára üt 8. szívébe markol 9. mellbe vág vkit vmi 10. vkinek a szekerét tolja 11. furdalja a lelkiismeret 12. szót fogad

1. mellbevágó 2. szívbe markoló 3. nyelvtörőket 4. fejtörést 5. világlátott 6. szemrehányást 7. fejmosás 8. szekértolói 9. lelkiismeret-furdalásom 10. hasraütésből 11. szófogadó 12. porhintés

16. 1. szidja, mint a bokrot 2. ártatlan, mint a ma született bárány 3. megy, mint a karikacsapás 4. iszik, mint a kefekötő 5. éhes, mint egy farkas 6. úgy bánik vele, mint a hímes tojással 7. sovány, mint a hét szűk esztendő 8. szegény, mint a templom egere

17. 1.a 2.b 3.b 4.c 5.b 6.a 7.b 8.c 9.a 10.a

18. 1. behúz a csőbe 2. látja az alagút végét 3. elássa a csatabárdot 4. rúgja a bőrt 5. nyeregben érzi magát 6. felveszi a kesztyűt 7. csontváz a szekrényben 8. ez nem az én asztalom 9. a falnak beszél 10. láb alatt van

19. 1. egy cipőben járunk / egy hajóban evezünk 2. kinyitja a száját 3. nagy fába vágta a fejszéjét 4. kemény dió 5. pálcát tör vki felett / lándzsát tör vki mellett

MEGOLDÓKULCS

20. 1. levegőbe beszél 2. torkig van vmivel (torokfájás elleni gyógyszer) 2. hűlt helye van vminek (megfázás elleni gyógyszer) 3. vmennyit hoz a konyhára (levespor) 4. egy szempillantás alatt (szemcsepp)

21. 1. boksz 2. molnár 3. futás 4. nehézatlétika 5. sakk 6. kovács 7. versenyfutás 8. kártyajáték 9. párbaj 10. kártya

22. 1.f 2.e 3.a 4.c 5.b 6.d; kakukktojás: O. Nagy Gábor: Mi fán terem?, mert nem szépirodalmi mű, hanem szólásgyűjtemény magyarázatokkal

23. Kos: megáll a maga lábán; hadilábon áll a türelemmel
Bika: a jég hátán is megél; fogához veri a garast
Ikrek: ég a keze alatt a munka; elemében van
Rák: mindenkit az ujja köré csavar; nem a levegőbe beszél; szereti a hasát
Oroszlán: szerencsés csillagzat alatt született; sokra viszi; magas lóról beszél
Szűz: állja a szavát; megfogja a pénzt
Mérleg: minden alkalmat megragad; fél gőzzel dolgozik
Skorpió: tudja tartani a száját; belelát az ember veséjébe
Nyilas: mindenbe beleüti az orrát; világot látni; délibábot kerget
Bak: két lábbal áll a földön, a jobb keze; megrágja minden szavát
Vízöntő: sok van a vállán; két végén égeti a gyertyát; elveszti a mértéket
Halak: hazudik, mint a vízfolyás; kicsúszik a lába alól a talaj

24. 1. 1. próbálnak szerencsét 2. se szó, se beszéd 3. fabatkát sem ér az élete 4. addig nincs nyugtom 5. életével fizetett 6. a napra lehetett 7. farkasszemet nézzen velük 8. haja szála sem görbülhet meg 9. erőre kapott 10. csodájára járt 11. megszólalásig hasonlítottak 12. kéz a kézben 13. össze kellett húzni a nadrágszíjat 14. nyakukba vették a világot 15. nagyot néztek 16. helyén volt a szíve 17. meghűlt a vér az ereiben

2. 1. ... világgá mentek. 2. ..., hogy valamelyiküknek baja lett. 3. ..., hogy idegen van a kastélyban, hogy megérezték az emberszagot. 4. ..., akinek az apját az óriások ölték meg. 5. ..., mert a testvére veszélyben volt. 6. ..., hogy dobja a tűzbe. 7. ..., mert az óriások a fiai voltak. 8. ..., de amikor meglátta, felvidult.

25. 1. 1. révbe ért 2. csapta neki a szelet 3. anyai örömök elé nézett 4. a széltől is óvták 5. leveszi róla a kezét 6. azon melegében 7. jó iskola volt a számára 8. egy ültő helyében 9. embert faragni 10. nagyra tartotta 11. törte a magyar nyelvet 12. össze kellett húzni a nadrágszíjat 13. szemére hányták

2. 1. ... nagyon vigyáztak rá. 2. ... apja elszegényedett. 3. ... szlovák, mert anyja szlovák volt. 4. ... nem ivott sokat, nem szerette a bort. 5. ... nem végezte el iskoláit. 6. ... ismeretlen jegyző volt. 7. ... nem tudni, hol a sírja.

3. 1.g 2.e 3.f 4.a 5.d 6.h 7.b 8.c

26. 1. szemüknek 2. szelek 3. villám 4. sarat 5. csínját- 6. csodájára 7. bélyegét 8. ideje 9. darabig 10. napvilágot 11. tisztában

27. 1. 1.G 2.B 3.J 4. D 5.H 6.K 7.A 8.F 9.L 10.C 11.I 12.E

2. 1. veszélyes dolgokkal foglalkozott 2. nem pihent addig, amíg, felhasználta 3. felhasználta 4. szólt vmiért 5. elkezdett dolgozni 6. örült/boldog volt 7. egyértelmű volt 8. szünet nélkül 9. nagyon sokat dolgozik 10. elgondolkodtatta / ötletet adott neki 11. elfogja 12. életét kockáztatta

3. 1.✓ 2.✓ 3.✗ 4. – 5.✓ 6.✓ 7.✗ 8.✗ 9.✓ 10. –

28. 1.e 2.a 3.b 4.d 5.g 6.c 7.f